Anatomia duszy

Siedem poziomów siły i uzdrawiania

Caroline Myss

Anatomia duszy

Siedem poziomów siły i uzdrawiania

Przełożyla
Wanda Grajkowska

WYDAWNICTWO MEDIUM

Tytuł oryginału: Anatomy of the Spirit

Projekt okładki: Bartosz Woziwodzki
Opracowanie redakcyjne: Anna Jutta-Walenko
Skład i łamanie: Katarzyna Lubańska

Wydawnictwo MEDIUM Sp. z o.o.
05-510 Konstancin-Jeziorna
Czarnów 172/2 (ul. Diamentowa 11)
zamówienia:
tel. (0-22) 754-62-16, fax (0-22) 754-71-69
internet: http://www.medium.com.pl
e-mail: sekretariat@medium.com.pl

Dział Handlowy, dystrybucja:
Grupa A5 Sp. z o.o.
92-101 Łódź, ul. Krokusowa 1-3
tel./fax (0-42) 674-37-95, 676-49-29
e-mail: handlowy@grupaa5.com.pl

Księgarnia wysyłkowa:
„ESSE" Sp. z o.o.
92-101 Łódź, ul. Krokusowa 1-3
tel. (0-42) 674-77-69, 676-49-59
Internet: http://www.dobreksiazki.pl

ISBN: 978-83-87025-49-6

Książkę tę dedykuję
z wyrazami bezgranicznej miłości
i wdzięczności
moim trzem aniołom,
bez których nie przetrwałabym
najmroczniejszych chwil mojego życia:
mojej matce,
będącej dla mnie niewyczerpanym źródłem siły;
mojemu bratu Edwardowi,
który zawsze tryska humorem i optymizmem;
i bratowej Amy,
która stała się naszym rodzinnym klejnotem.

Przedmowa

Rzadko zdarza się nam spotkać kogoś wyjątkowego, kto radykalnie zmienia nasz sposób patrzenia na świat i na samych siebie. Właśnie dzięki tej książce poznacie taką nadzwyczajną osobę. Caroline Myss, autorka i diagnostyk medycyny intuicyjnej, intryguje, prowokuje i inspiruje czytelnika swoimi poglądami na temat duchowości oraz osobistej odpowiedzialności człowieka za własne zdrowie. Niektóre wnioski zawarte w jej pracy wydadzą ci się tak bardzo zgodne ze zdrowym rozsądkiem, że będziesz się dziwić, dlaczego sam do nich nie doszedłeś. Inne spostrzeżenia Caroline pobudzą cię emocjonalnie i psychicznie i sprawią, że zechcesz na nowo przemyśleć obraną przez siebie ścieżkę duchową.

Zapoznałem się z filozofią Caroline około dziesięciu lat temu. Jej proste, niezwykle sugestywne przesłanie głosi, że każdy z nas przyszedł na świat po to, aby wykonać ściśle określone zadanie, wypełnić święty kontrakt i nauczyć się mądrze, odpowiedzialnie i z pełną miłością korzystać z własnej mocy wewnętrznej. Przez tysiące lat w społeczeństwie dominował pogląd, że siła demoralizuje, a władza absolutna demoralizuje kompletnie. Władza i kontrola, pieniądze i seks stwarzały sztuczne poczucie siły. W opublikowanym niedawno artykule poświęconym Johnowi F. Kennedy'emu podkreślano, że miał on aż nadto pieniędzy oraz doświadczał pełnego zaspokojenia w sferze seksu, ale nie posiadał władzy. Autor artykułu trywializował pojęcie władzy, podtrzymując powszechnie panującą iluzję, że JKF junior mógł sobie tę władzę w jakiś sposób kupić, wydając elitarne czasopismo. Jeżeli ty również masz takie wyobrażenie o władzy i sile, przygotuj się na to, że lektura tej książki będzie dla ciebie mocnym wstrząsem, bo Caroline ukazuje tu o wiele głębszą wizję prawdziwej siły – siły ludzkiej duszy.

Na przestrzeni wieków żyło wielu utalentowanych mistyków i ludzi obdarzonych intuicją, którzy wyczuwali istnienie ośrodków siły w ciele człowieka. Pisali na ten temat Alice Bailey, Charles W. Leadbetter i Rudolf Steiner, ale nikt tak jak Caroline nie potrafił uchwycić i opisać głębi i istoty struktury elektromagnetyczno-duchowej człowieka. Nikt dotychczas nie ukazał tak klarownie anatomii naszej duszy. Książka ta buduje fundamenty medycyny dwudziestego pierwszego wieku.

Najważniejsze pytanie, jakie ludzie stawiają sobie od wieków, brzmi: „Co jest celem mojego życia?”. Caroline daje na to prostą i wyczerpującą odpowiedź. Celem człowieka jest żyć w sposób zgodny z jego duchowymi ideałami, w każdej chwili kierować się zasadą miłości bliźniego i każdą swą myśl traktować jak świętą modlitwę. To takie proste, ale wcale niełatwe!

Przez chwilę wyobraź sobie, że wchodzisz do pokoju pełnego ludzi i że od razu uświadamiasz sobie, iż nie czujesz się tu dobrze. Wyobraź sobie dalej, że potrafisz wsłuchać się w dialog przebiegający w podświadomości każdej z tych osób i że wiesz o energii oraz o stanie zdrowia każdej z nich. Co ważniejsze, znasz szczegóły dotyczącej twojej własnej energii, a także czynniki osłabiające twą siłę intelektualną, fizyczną i emocjonalną. Mądrość zawarta w tej książce da ci narzędzia potrzebne do tego, abyś rozwinął umiejętność widzenia energii swojej i innych ludzi.

Fizycy kwantowi potwierdzili istnienie podstawowej wibracji stanowiącej istotę wszelkiego życia – wibracji, którą wyczuwają ludzie obdarzeni podwyższoną intuicją. DNA człowieka wibruje z częstotliwością 52–78 gigaherców (miliardów drgań na sekundę). Mimo że za pomocą przyrządów naukowych nie można jeszcze zmierzyć częstotliwości konkretnego człowieka ani rozpoznać przeszkód blokujących przepływ energii, to dwóch faktów z pewnością nie sposób podważyć. Po pierwsze, energia życiowa nie jest statyczna, lecz kinetyczna; rozprzestrzenia się wokół. Po drugie, osoby obdarzone silną intuicją, takie jak Caroline, potrafią tę energię określić, chociaż ani umysł, ani układ energetyczny człowieka nie poddają się dotychczas żadnym dokładnym metodom pomiaru. Prawdę mówiąc, w ciągu dwudziestu pięciu lat mojej pracy z ludźmi obdarzonymi intuicją, którą prowadziłem na całym świecie, nie spotkałem nikogo, kto miałby tak klarowny umysł i trafny osąd jak Caroline.

Caroline wsłuchuje się w subtelną energię naszego organizmu i odczytuje mowę naszej energetycznej istoty. Jej diagnozy nieodmiennie potwierdzają wpływ energii emocjonalnej, z przeszłości i obecnej, na nasze zdrowie fizyczne; Caroline odczytuje ślady głębokich i traumatycznych przeżyć, przekonania i postawy zmieniające częstotliwość drgań naszych komórek i naruszające spójność naszego układu energetycznego. Czyta w naszej duszy, która w końcu stanowi naszą prawdziwą siłę.

W książce tej znajdziesz szczegółowe informacje na temat siedmiu ośrodków siły w ciele ludzkim. Ośrodki te regulują przepływ siły życiowej. Są symbolem podstawowych biologicznych ogniw naszej emocjonalnej biografii. „Twoja biografia staje się twoją biologią” – jeśli nie nauczysz się z tej książki niczego innego, przynajmniej przyda ci się to właśnie stwierdzenie. Dowiesz się także, jak unikać przykrych skutków własnych przywiązań oraz wpływu negatywnej energii innych ludzi; jak bronić poczucia własnej tożsamości i godności, tak by nie zachwiały nim fałszywe symbole siły, takie jak pieniądze, seks i władza. Nauczysz się również rozwijać własne zdolności intuicyjne.

Anatomia duszy prezentuje nowy, ekscytujący, ekumeniczny sposób rozumienia istoty siedmiu energetycznych ośrodków ludzkiego ciała. Łączy judaistyczne, chrześcijańskie, hinduistyczne i buddyjskie pojęcia siły w siedem uniwersalnych zasad duchowych. Caroline pisze: „Uniwersalnym klejnotem zawartym w czterech głównych religiach świata jest myśl, że w naszym układzie biologicznym zamknięta jest boskość na siedmiu poziomach siły, co prowadzi nas ku doskonaleniu i przeistaczaniu naszej własnej mocy".

Na zawsze odmieni cię siła płynąca z połączenia metafizycznych znaczeń sakramentów chrześcijańskich, kabały oraz czakr. Mądrość jest potęgą, a mądrość ukazana w tej książce stanowi klucz do osiągnięcia siły wewnętrznej.

Książka ta ukazuje istotę medycyny alternatywnej z taką przejrzystością, że natchnie cię to do życia zgodnego z własnymi ideałami duchowymi i pomoże ci otworzyć się na cuda samouzdrawiania. Jestem szczęśliwy, że obserwowałem długi proces narodzin tego dzieła. Jego mądrość wzbogaciła moje życie w sposób niewyobrażalny. Życzę ci, abyś również tego doświadczył.

Dr med. C. Norman Shealy
założyciel Shealy Institute for Comprehensive Health Care,
założyciel i prezes American Holistic Medical Association,
naukowiec i profesor kliniczny psychologii
w Forest Institute of Professional Psychology,
autor książki *Miracles Do Happen*.

Boże, bądź w mojej głowie i w moim rozumieniu.
Boże, bądź w moim wzroku i w moim patrzeniu.
Boże, bądź w moich ustach i w mojej mowie.
Boże, bądź w moim języku i w moim smakowaniu.
Boże, bądź w moich wargach i w mym pozdrawianiu.

Boże, bądź w moim nosie i w moim węchu/oddechu.
Boże, bądź w moich uszach i w moim słyszeniu.
Boże, bądź w moim karku i w mej pokorze.
Boże, bądź w moich barkach i moim dźwiganiu.
Boże, bądź w moich plecach i w moim trwaniu.

Boże, bądź w moich ramionach i w mym sięganiu/
przyjmowaniu.
Boże, bądź w moich dłoniach i w mym działaniu.
Boże, bądź w moich nogach i w mym chodzeniu.
Boże, bądź w moich stopach i w mym staniu.
Boże, bądź w moich stawach i w mych powiązaniach.

Boże, bądź w moich trzewiach i w mym odczuwaniu.
Boże, bądź w moich jelitach i w mym przebaczaniu.
Boże, bądź w moich lędźwiach i w mym spółkowaniu.
Boże, bądź w moich płucach i w mym oddychaniu.
Boże, bądź w moim sercu i w mym kochaniu.

Boże, bądź w mojej skórze i w mym dotykaniu.
Boże, bądź w moim ciele i w mym cierpieniu,
Boże, bądź w mojej krwi i w mej witalności,
Boże, bądź w moich kościach i w mym umieraniu.
Boże, bądź przy mej śmierci i mym zmartwychwstaniu.

Tradycyjna modlitwa odmawiana przez wielebnego Jima Cottera, zaczerpnięta z jego książki *Prayer at Night* (Cairns Publications, Sheffield, England 1988).

Wstęp

Jak zostałam diagnostykiem medycyny intuicyjnej

Jesienią 1982 roku, gdy zakończyłam karierę dziennikarki prasowej i uzyskałam tytuł magistra teologii, wraz z dwójką moich znajomych założyliśmy wspólnymi siłami wydawnictwo o nazwie Stillpoint. Wydawaliśmy książki poświęcone metodom uzdrawiania alternatywnym wobec medycyny tradycyjnej. Jednak mimo że interesowałam się terapią alternatywną, nie miałam ochoty sama się tym zajmować. Nie czułam potrzeby spotkań z uzdrowicielami. Nie chciałam medytować. Odstręczały mnie dzwoneczki wietrzne, muzyka New Age i rozmowy o dobroczynnych skutkach organicznej uprawy roślin. Paliłam papierosy, wypijając przy tym hektolitry kawy, i stale podtrzymywałam swój wizerunek kutej na cztery nogi reporterki prasowej. W żadnym razie nie byłam przygotowana na mistyczne doświadczenia.

Niemniej, jeszcze tej samej jesieni, stopniowo uświadomiłam sobie, że moje zdolności percepcji znacznie się rozwinęły. Pewnego razu mój przyjaciel wspomniał, iż ktoś z jego znajomych nie czuje się dobrze, a w mojej głowie od razu pojawiła się informacja o przyczynie dolegliwości tej osoby. Moja diagnoza okazała się w pełni trafna, a pogłoska o tym szybko rozeszła się po okolicy. Wkrótce do wydawnictwa zaczęło dzwonić mnóstwo ludzi, którzy chcieli umówić się na seans intuicyjnego odczytu stanu ich zdrowia. A wiosną 1983 roku dokonywałam już takich odczytów dla osób z kłopotami zdrowotnymi i życiowymi problemami, począwszy od depresji aż po nowotwory.

Stwierdzenie, iż chodziłam wówczas jak we mgle, to o wiele za mało. Byłam zupełnie zdezorientowana i przerażona. Nie potrafiłam zrozumieć, w jaki sposób odbieram takie informacje. Były one, i są nadal, jak sny na jawie, które pojawiają się w momencie, gdy tylko otrzymuję pozwolenie od danej osoby oraz poznaję jej imię i wiek. Bezosobowość odbieranych wrażeń, ich neutralny, pozbawiony emocji charakter jest dla mnie niezwykle istotny, ponieważ dzięki temu wiem, że nie tworzę ich sama ani nie dokonuję ich projekcji. Przypomina to różnicę między oglądaniem albumu ze zdjęciami kogoś obcego – kiedy to nie jesteśmy z nim związani emocjonalnie – a oglądaniem fotografii członków własnej rodziny. Napływające wrażenia są przejrzyste, lecz całkiem pozbawione emocji.

Ponieważ nie wiedziałam także, na ile trafne są moje odczucia, po kilku miesiącach udzielania konsultacji zaczęłam się strasznie bać każdego spotkania, czując, iż niesie ono ze sobą wielkie ryzyko. Przetrwałam jakoś te pierwsze sześć miesięcy, ale tylko dlatego, że wmówiłam sobie, iż posługiwanie się medyczną intuicją jest dla mnie jedynie zabawą. Cieszyłam się każdym „trafieniem”, ponieważ świadczyło ono, że jestem jeszcze przy zdrowych zmysłach. Lecz mimo to za każdym razem się zastanawiałam: „Czy teraz mi się uda? A co będzie, jeśli nie pojawią się żadne wrażenia? A jeśli się w czymś pomyliłam? Co będzie, gdy ktoś zapyta mnie o coś, na co nie umiem odpowiedzieć? A jeżeli powiem jakiejś osobie, że jest zdrowa, a potem dowiem się, że jest nieuleczalnie chora?

I przede wszystkim, dlaczego dziennikarka-teolog-wydawca zajmuje się czymś, co graniczy wręcz z szaleństwem?".

Czułam się, jakby nagle spadła na mnie odpowiedzialność za to, aby – nie mając do tego żadnego przygotowania – wytłumaczyć wolę Bożą dziesiątkom smutnych, przerażonych ludzi. Jak na ironię, im bardziej te osoby chciały zrozumieć, co Bóg im zgotował, tym bardziej ja sama pragnęłam wiedzieć, co przeznaczył On dla mnie. Silne napięcie, jakie zaczęłam odczuwać, zaowocowało w efekcie ciągnącymi się przez lata migrenami.

Chciałam żyć jak dotychczas, tak jakby moje budzące się zdolności w niczym nie różniły się od talentu do pieczenia ciast, wiedziałam jednak, że to niemożliwe. Wychowałam się w rodzinie katolickiej i studiowałam teologię, toteż zdawałam sobie sprawę, że zdolności paranormalne nieuchronnie prowadzą do klasztoru – lub do domu wariatów. W głębi duszy czułam, że nawiązuję kontakt z czymś, co jest z natury święte, i że ta wiedza rozbija mnie na dwie części. Z jednej strony, ogarniał mnie lęk, że stanę się zupełnie nieprzystosowana do życia, jak dawni mistycy; z drugiej strony, czułam, że moim przeznaczeniem jest życie, w którym będę wystawiona na ocenę i osąd zarówno swoich zwolenników, jak i sceptyków. Jednak niezależnie od tego, jak widziałam swoją przyszłość, odnosiłam wrażenie, że zmierzam ku zagładzie.

Niemniej fascynowały mnie moje nowo odkryte zdolności i czułam potrzebę ich wykorzystywania. W tym wczesnym okresie informacje, jakie otrzymywałam podczas odczytów, dotyczyły głównie obecnego stanu zdrowia fizycznego danej osoby oraz związanego z tym jej stresu emocjonalnego lub psychicznego. Mogłam jednak również *zobaczyć* energię otaczającą ciało klienta. Widziałam ją wypełnioną informacjami dotyczącymi jego historii. Postrzegałam ją także jako obraz jego duszy. Zaczęłam rozumieć coś, czego nigdy nie uczono mnie w szkole: że dusza stanowi istotną część naszego codziennego życia; gromadzi nasze myśli i emocje, zapisując każdą z nich, od najbardziej przyziemnych do całkiem wizjonerskich. Aczkolwiek uczono mnie, że dusza po śmierci idzie – mówiąc najprościej – „w górę" lub „w dół", zależnie od tego, jak żyliśmy, to teraz przekonałam się, że jest ona czymś więcej. Bierze udział w naszym życiu, w każdej jego sekundzie. Jest świadomą siłą stanowiącą jego esencję.

Kontynuowałam te swoje konsultacje zdrowotne nieco automatycznie, mając mieszane uczucia wobec własnych zdolności, aż pewnego dnia uległo to zmianie. Prowadziłam właśnie sesję z kobietą chorą na raka. Dzień był upalny i odczuwałam już zmęczenie. Siedziałyśmy naprzeciwko siebie w moim małym gabinecie w Stillpoint. Zakończyłam badanie i przez chwilę zwlekałam z wyjawieniem jego wyników. Bałam się powiedzieć owej kobiecie, że w całym ciele ma już przerzuty nowotworowe. Wiedziałam, że zapyta, dlaczego to nieszczęście przytrafiło się właśnie jej. Czułam irytację, że spada na mnie obowiązek udzielenia jej na to odpowiedzi. I jak to było do przewidzenia, ledwie otworzyłam usta, ona nachyliła się ku mnie, położyła rękę na mojej nodze i zapytała: „Caroline, wiem, że mam nowotwór złośliwy. Ale czy możesz mi powiedzieć, dlaczego właśnie mnie to spotyka?".

Usłyszawszy to znienawidzone pytanie, poczułam jeszcze większą złość i już miałam odwarknąć: „Skąd mam wiedzieć?", gdy nagle zalała mnie niezwykła fala energii. Przewaliła się przez moje ciało, jak gdyby chciała zepchnąć mnie na bok, by zawładnąć moimi strunami głosowymi. Nie patrzyłam już na siedzącą naprzeciwko kobietę. Czułam się tak, jakbym skurczyła się do wielkości monety, i usłyszałam gdzieś w głowie polecenie: „Bądź czujna".

Przemawiał przeze mnie jakiś głos. „Pozwól, że oprowadzę cię po twoim wcześniejszym życiu i zbadamy każdy z twoich dawnych związków uczuciowych – powiedział do kobiety. – Przejdziemy przez wszystkie twoje dawne lęki i zobaczymy, jak zapanowały one nad tobą na tak długi czas, że pozbawiły cię energii życiowej".

Ta „obecność" oprowadziła kobietę po wszystkich szczegółach jej życia; właśnie tak: wszystkich szczegółach. Przypomniała jej nawet te najkrótsze rozmowy, a także chwile ogromnej samotności, gdy w ciszy roniła łzy, i każdą znajomość, która miała dla niej jakiekolwiek znaczenie. „Obecność" pozostawiła wrażenie, iż każda sekunda naszego życia – i każda wypełniająca owe sekundy aktywność mentalna, emocjonalna, twórcza, fizyczna, a nawet odpoczynek – zostaje zauważona i zapisana. Zanotowany jest też każdy nasz osąd. Każda nasza postawa jest źródłem pozytywnej lub negatywnej energii, za którą ponosimy odpowiedzialność.

Przeraziło mnie to doświadczenie. Zaczęłam się modlić, częściowo ze strachu, a częściowo z pokory wobec wyjątkowej i absolutnej doskonałości wszechświata. Zawsze zakładałam, że nasze modlitwy zostają „wysłuchane", ale nie wiedziałam, w jaki sposób. Nie pojmowałam także moim prostym ludzkim umysłem, jak dany system, choćby nawet Boski, może śledzić potrzeby i pragnienia wszystkich ludzi, spełniając przede wszystkim prośby o odzyskanie zdrowia, a dopiero potem o pomoc finansową. Nie byłam przygotowana na ów święty spektakl, w którym każda sekunda naszego życia traktowana jest z wielką miłością i ma ogromną wartość.

Kiedy się modliłam, nadal będąc jedynie obserwatorem, prosiłam, aby ta kobieta pozostała zupełnie nieświadoma, że to nie ja do niej przemawiam. Ponieważ nie odpowiedziałam jej na pytanie: „Dlaczego właśnie mnie to spotyka?", nie mogłam także wyjaśnić, skąd znam szczegóły dotyczące jej przeszłości. Gdy skończyłam się modlić, znów popatrzyłam na twarz kobiety. Spostrzegłam, że moja dłoń spoczywa na jej kolanie, jakbym naśladowała jej gest w moim kierunku, chociaż nie przypominałam sobie ruchu swojej ręki.

Zaczęłam cała drżeć i cofnęłam rękę. Kobieta powiedziała tylko: „Bardzo ci dziękuję. Teraz zniosę wszystko", a potem dodała: „Nawet śmierć mnie już nie przeraża. Wszystko jest w porządku".

Opuściła mój gabinet, a w chwilę później ja także wyszłam, do głębi wstrząśnięta. Znalazłam się na pięknym otwartym terenie otaczającym wydawnictwo i wtedy postanowiłam korzystać ze swoich zdolności intuicyjnych bez względu na wszystko.

Począwszy od owego jesiennego dnia w 1983 roku, z całym oddaniem pracowałam jako diagnostyk w zakresie intuicji medycznej. Korzystałam ze swoich zdolności intuicyjnych, aby pomagać ludziom zrozumieć charakter emocjonalnej, psychicznej i duchowej energii, która tkwiła u podstaw ich chorób, niedomagań i problemów życiowych. Potrafię odczytać rozwijającą się chorobę, gdy człowiek jeszcze w ogóle nie wie, że jest chory. Najczęściej jednak ludzie, z którymi pracuję, doskonale zdają sobie sprawę z tego, że w ich życiu została zakłócona równowaga i że coś szwankuje.

Moich zdolności intuicyjnych nie wyzwoliło żadne dramatyczne wydarzenie. Po prostu obudziły się we mnie spokojnie i naturalnie, jakby zawsze tam były i czekały tylko na odpowiednią chwilę, by się ujawnić. Gdy dorastałam, zawsze byłam bardzo czujna i jak większość ludzi kierowałam się instynktem. Ty także instynktownie i czasem świadomie oceniasz energię innych ludzi, lecz zwykle albo ich znasz, albo przynajmniej miałeś z nimi wcześniej jakiś kontakt. W przypadku mojej intuicji nietypowe jest to, że potrafię zdiagnozować osoby, których dotąd nie znałam. W gruncie rzeczy nawet wolę oceniać stan zdrowia osób, z którymi wcześniej się nie zetknęłam, ponieważ widok czyjejś przerażonej twarzy bardzo osłabia moją zdolność klarownego „widzenia".

Im częściej używałam swojej intuicji, tym jej wskazania stawały się trafniejsze. Teraz kierowanie się intuicją jest dla mnie czymś całkowicie naturalnym, aczkolwiek jej działanie nadal pozostaje dla mnie tajemnicą. Chociaż do pewnego stopnia mogę uczyć ludzi, jak rozwinąć intuicję, to w rzeczywistości nie wiem, jak sama się tego nauczyłam. Podejrzewam, że mam tak wysokie zdolności intuicyjne na skutek swojego zainteresowania sprawami duchowymi, połączonego z głęboką frustracją, jaką odczuwałam wówczas, gdy życie nie toczyło się według mojego planu. Równie dobrze jednak moja intuicja medyczna mogła się pojawić dlatego, że coś zjadłam. Wiem, jak działają bogowie, więc wcale by mnie to nie zdziwiło.

Nie było mi łatwo doskonalić intuicję, mimo że podjęłam takie postanowienie. Nie miałam żadnych wzorców do naśladowania ani nauczycieli, choć w końcu uzyskałam wsparcie i wskazówki od kolegów lekarzy. Dzisiaj jednak, po czternastu latach nieprzerwanej pracy, ta moja zdolność stała się niejako mym szóstym zmysłem. A to oznacza, że nadeszła pora, bym nauczyła innych ludzi języka energii i intuicji medycznej.

Posługując się intuicją, odkrywałam emocjonalne i psychologiczne przyczyny chorób. Bez wątpienia pomiędzy fizycznym i emocjonalnym napięciem a określoną chorobą istnieje silny związek. Jest to dobrze udokumentowane, jak na przykład powiązanie między chorobą wieńcową i nadciśnieniem a tak zwaną osobowością typu A. Jednak moje osobiste przemyślenia prowadzą mnie do wniosku, że główną przyczyną w s z y s t k i c h dolegliwości fizycznych są napięcia lub zakłócenia emocjonalne i d u c h o w e. Co więcej, pewne kryzysy emocjonalne i duchowe odpowiadają ściśle określonym zaburzeniom konkretnych części ciała. Zauważyłam na przykład, że osoby z chorobą wieńcową miały za sobą doświadczenia, które kazały im wyprzeć ze swojego życia miłość i bliskość; osoby z bólem krzyża nieustannie martwiły się o swoją sytuację finansową; chorzy na raka często mieli niezakończone powiązania z przeszłością, niezałatwione sprawy zawodowe oraz problemy emocjonalne; a ludzie z zaburzeniami układu krwionośnego nierzadko przeżywali kiedyś głęboki konflikt z rodziną. Im dokładniej badałam ludzki układ energetyczny, tym bardziej uświadamiałam sobie, że w naszym ciele i w naszym życiu niewiele rzeczy powstaje w sposób „przypadkowy". Powiązania między napięciem emocjonalnym i duchowym a określoną chorobą najlepiej można zrozumieć w kontekście anatomii naszego układu energetycznego – anatomii naszej duszy – co jest przedmiotem moich wykładów i warsztatów, które prowadzę w całych Stanach Zjednoczonych i w innych krajach, oraz stanowi istotę tej książki.

Intuicja medyczna pozwoliła mi odkrywać nie tylko energetyczne przyczyny chorób, ale również trudności, jakie napotykamy w uzdrawianiu samych siebie. Uświadomiłam sobie – co było dla mnie niezwykle istotne – że „uzdrowienie" nie zawsze oznacza odzyskanie zdrowia fizycznego. Uzdrowienie oznacza także, iż dusza danego człowieka uwolniła się od długo skrywanych lęków i negatywnych myśli o sobie lub innych. Tego rodzaju duchowe wyzwolenie i uleczenie następuje nawet wtedy, gdy czyjeś ciało umiera w sensie fizycznym.

Poznanie sposobu funkcjonowania układu energetycznego człowieka to doskonałe narzędzie poznania samego siebie, to droga do pokonywania wyzwań duchowych. Zgłębiając anatomię energii, zrozumiesz wzorce, jakim podlega twoje życie, oraz istotę współdziałania twojego umysłu, ciała i duszy. Wiedza o samym sobie daje radość i spokój umysłu, a jednocześnie prowadzi do emocjonalnego i fizycznego uzdrowienia.

Niniejsze wprowadzenie do intuicji medycznej to podsumowanie czternastu lat moich badań nad anatomią i intuicją, ciałem i umysłem, duszą i siłą. W tej książce uczę cię języka energii, którym sama się posługuję. Zdobywając dogłębną wiedzę o anatomii energii, uświadomisz sobie znaczenie swojego ciała jako przejawu duszy. Nauczysz się czytać własne ciało jak książkę. Rozumienie mowy energii pozwoli ci oglądać własną duszę w swym ciele i pojmować, co ją tworzy i co daje jej – i tobie – siłę. W nowy sposób spojrzysz wtedy na swoją wewnętrzną moc. Zorientujesz się także, co osłabia twoją duszę i moc osobistą, i będziesz mógł przeciwdziałać dalszej utracie energii. Gdy poznasz język energii i ludzki układ energetyczny, będziesz mógł skuteczniej odbierać przekazy swej intuicji, ponieważ staną się one bardziej zrozumiałe i konkretne, a ty przestaniesz sprawiać wrażenie człowieka gapiącego się ślepo w próżnię w poszukiwaniu odpowiedzi.

W książce tej odwołuję się do głębokiej, nieprzemijającej mądrości dawnych tradycji duchowych – do hinduskiej nauki o czakrach, do sakramentów chrześcijańskich oraz do kabalistycznego Drzewa Życia. Pomoże mi to lepiej zaprezentować nowy pogląd na temat współdziałania ciała i duszy.

Pragnę zaznaczyć, że świadomie nie włączam do moich rozważań bogatej tradycji islamu. Nie dlatego, że nie szanuję głoszonych w nim prawd, ale dlatego, że nie poznałam islamu tak dobrze jak kultury judeochrześcijańskiej, hinduistycznej i buddyjskiej i nie czuję się w tej mierze dostatecznie kompetentna. Kiedy nauczysz się patrzeć na swoje ciało i duszę z perspektywy tych dawnych prawd, zaczniesz rozwijać własną intuicję, rozumieć swoje wnętrze i nim kierować.

Początkowo chciałam skoncentrować się w tej książce „tylko" na układzie energetycznym człowieka, na filozofii i praktyce diagnozowania przy użyciu energii i na intuicji medycznej. Jednak gdy zaczęłam pisać, doszłam do wniosku, że nie zdołam dokładnie omówić tych zagadnień w oderwaniu od kontekstu duchowego. Wierzę, że naszym zadaniem jest zobaczyć ten nasz ciało-umysł jako duchową indywidualność będącą przejawem doskonalszej Boskiej energii. Mamy odkryć zarówno nasza własną siłę wewnętrzną, jak i nasz wspólny cel, który polega na tym, byśmy poszerzali swój wymiar duchowy.

Wszystkich nas łączy to, że posiadamy ciało fizyczne, które choruje i tak samo powraca do zdrowia. Wspólne nam wszystkim są również kryzysy emocjonalne i psychiczne będące integralną częścią ludzkiego doświadczenia. Każdy z nas boi się odrzucenia, straty lub zdrady; gniew bywa równie toksyczny w ciele żyda, jak i w ciele chrześcijanina lub wyznawcy hinduizmu, i wszyscy pragniemy miłości. Jeśli chodzi o zdrowie naszej duszy i naszego ciała, nie ma między nami żadnej różnicy.

Dlatego mówiąc w tej książce o ciele i duszy, używam występującego w języku duchowym pojęcia „patrzenie symboliczne". Patrzenie symboliczne to sposób postrzegania i rozumienia samego siebie, innych ludzi i sytuacji życiowych w kategoriach uniwersalnych wzorców archetypicznych. Rozwijając umiejętność symbolicznego postrzegania świata, zwiększysz swoje zdolności intuicyjne, ponieważ nauczysz się zdrowego obiektywizmu, który pozwala dostrzec symboliczne znaczenie wydarzeń, osób i stojących przed tobą wyzwań, zwłaszcza najbardziej bolesnego wyzwania, jakim jest choroba. Patrzenie symboliczne sprawia, że możesz wejrzeć w swoją duszę i zobaczyć swój nieograniczony potencjał w zakresie uzdrawiania i doświadczania pełni.

Na moje wykłady i warsztaty przychodzą ludzie różnego pokroju: osoby, które zajmują się leczeniem zawodowo, ludzie szukający pomocy w swych problemach zdrowotnych lub ci, którzy chcą rozwinąć intuicję medyczną. Ale wszystkich łączy pragnienie poznania siły własnej duszy. Pragną wewnętrznej klarowności, chcą słyszeć wskazówki swej intuicji. Lekarze, licznie przychodzący na moje zajęcia, zwierzają mi się ze swych rozterek, gdy wewnętrzne przeczucie mówi im, że u podłoża choroby pacjenta leży przyczyna emocjonalna lub nawet duchowa, ale oni nie mogą postawić duchowej diagnozy, ponieważ pojęcia duchowe nic nie znaczą w świecie tradycyjnej nauki. Wielu lekarzy tłumi swoje wrażenia intuicyjne, gdyż jak powiedział jeden z nich: „Przeczucie i dowód nie są jeszcze równoznaczne w świetle wymagań stawianych przez firmy ubezpieczeniowe". Inny lekarz stwierdził: „Nie potrzebuję intuicji medycznej. Mam jej wystarczająco dużo. Chciałbym dowiedzieć się czegoś więcej o wzorcach rodzinnych i poznać głębsze problemy duchowe moich pacjentów, bo wiem, że właśnie takie informacje pomogłyby mi w leczeniu. Ci pacjenci potrzebują czegoś więcej niż lekarstw, które tylko doraźnie maskują symptomy choroby". Pragnienie duchowego odniesienia i duchowej interpretacji życia staje się powszechne. Jestem przekonana, że posługiwanie się językiem energii i praktykowanie patrzenia symbolicznego wypełni lukę między medycyną konwencjonalną a duchowym podejściem do zdrowia i uzdrawiania.

Niemniej, gdy dopiero zaczynałam wykrywać choroby za pomocą intuicji, byłam – jak wspomniałam wcześniej – przerażona i zmartwiona tym, że nie umiem ująć ich w kontekście medycznym i duchowym. Przez pierwsze dwa lata zachowywałam więc dla siebie wiele informacji, które udało mi się wyczuć. Ograniczałam się do tego, aby pomagać ludziom w interpretacji emocjonalnych, psychicznych i duchowych napięć oraz czynników wywołujących rozwój choroby. Nie rozmawiałam z nimi o specjalnych metodach leczenia ani zabiegach chirurgicznych, lecz kierowałam ich do lekarzy. Ale w 1984 roku poznałam doktora medycyny C. Normana Shealy'ego i zaczęłam przy jego wsparciu intensywnie studiować fizyczną anatomię ludzkiego ciała. Rozmawiając z pacjentami osobiście – i za jego pośrednictwem – na temat ich życia i chorób, mogłam lepiej rozumieć wrażenia, które odbierałam. To dodało mi otuchy, dzięki czemu zaczęłam doskonalić swoje umiejętności, choć nadal nie leczę moich klientów, tylko staram się im pomóc w wyjaśnieniu duchowych problemów, które leżą u podstaw ich emocjonalnych i fizycznych kłopotów.

Dzięki wieloletniej pracy z Normem, który stał się moim partnerem zawodowym i bliskim przyjacielem, uświadomiłam sobie, że moja zdolność jest najbardziej cenna wówczas, gdy choroba nie zdążyła się jeszcze rozwinąć. Zanim ciało wytworzy chorobę, pewne wskazówki energetyczne, takie jak ustawiczna ospałość lub depresja, mówią nam, że tracimy witalność. Ludzie w takim stanie szukają rady u lekarza, ponieważ zdają sobie sprawę, że nie czują się dobrze – odbierają sygnał, że ich ciało traci energię. Często jednak badania lekarskie nie wykazują żadnych zaburzeń, gdyż nie można na ich podstawie stwierdzić, że na poziomie fizycznym coś się dzieje. Tradycyjne badania nie wykażą ubytku energetycznego i większość lekarzy całkiem odrzuca teorię o dysfunkcji energii. Ciągle jednak pojawiają się nowe, skomplikowane choroby, które nie poddają się konwencjonalnym metodom leczenia. Niektóre, jak AIDS, można zdiagnozować tradycyjnymi sposobami, podczas gdy inne wydają się powstawać wskutek zbyt szybkiego tempa naszego życia i nieustannego wystawiania się na wpływ energii elektromagnetycznej komputerów, anten satelitarnych, telefonów komórkowych i wielu innych urządzeń, którymi przeładowane jest nasze środowisko. Takie dolegliwości jak zespół chronicznego zmęczenia czy zaburzenia spowodowane degradacją środowiska nie są obecnie „oficjalnie uznawane" za choroby; zgodnie z konwencjonalnymi standardami medycznymi, nie można stwierdzić w ich przypadku obecności chorobotwórczych mikroorganizmów. Jednak z pewnością są one chorobami w kontekście definicji energetycznej dysfunkcji organizmu, ponieważ ich symptomy dowodzą, że pole energetyczne pacjenta ulega osłabieniu.

Intuicja medyczna może pomóc tym lekarzom, którzy rozumieją, że ciało człowieka jest zarówno strukturą fizyczną, jak i energetyczną, którzy podchodzą do ludzkich doświadczeń w sposób duchowy, aby odczytać stan energetyczny choroby fizycznej i wyeliminować zarówno jej przyczynę, jak i objawy. Leczenie pola energetycznego może polegać na stosowaniu szeregu terapii, takich jak psychoterapia, akupunktura, masaż, homeopatia. Zasadniczym elementem uzdrawiania energetycznego pozostaje jednak aktywne zaangażowanie się samego pacjenta. Bez względu na to, jak poważne są intuicyjne ostrzeżenia o możliwości wystąpienia choroby, same one nie uzdrowią. Trzeba działać.

Byłabym szczęśliwa, mogąc natychmiast, za pośrednictwem książek i warsztatów, przekazać innym moje umiejętności. Ale tylko dzięki wieloletniej praktyce można w pełni rozwinąć własną intuicję. Dzięki „stażowi w zakresie intuicji", jaki odbyłam pod okiem Norma, absolwenta Harvardu, neurochirurga, założyciela American Holistic Medical Association, zyskałam możliwość profesjonalnego diagnozowania intuicyjnego. Wszyscy mogą czerpać korzyści z nauk zawartych w tej książce i doskonalić swoją intuicję. Ponieważ jednak program stażowy jest tak ważny dla jej pełnego rozwinięcia, w niedalekiej przyszłości zamierzamy razem z Normem pomagać studentom obdarzonym szczególną intuicją realizować go w holistycznych ośrodkach zdrowia na terenie całego kraju. Norm i ja prowadzimy na jego farmie w Springfield, w stanie Missouri, program nauczania intuicji, którego celem jest przygotowanie słuchaczy do korzystania z intuicji jako zwykłego narzędzia postrzegania.

Pomysł stworzenia programu stażowego w zakresie intuicji medycznej wydawałby się dziwaczny jeszcze dziesięć lat temu, ale od tamtego czasu staliśmy się, jako społeczeństwo, dużo bardziej otwarci na metody leczenia wykorzystujące dawną wiedzę o przepływie energii w ludzkim ciele i wokół niego, takie jak akupunktura, akupresura, chi-kung. W książce *Meaning and Medicine* doktor medycyny Larry Dossey pisze, że potrzebujemy „medycyny III ery" – a więc terapii łączących w sobie podejście duchowe i fizyczne, holistyczne i alopatyczne – do leczenia zaburzeń fizycznych i emocjonalnych. Nie mogę się oprzeć wrażeniu, że osoby diagnozujące za pomocą intuicji staną się w końcu bardzo ważnymi członkami zespołów opieki zdrowotnej zarówno w USA, jak i na całym świecie.

Świat medycyny konwencjonalnej stoi o krok od tego, aby dostrzec związek między zaburzeniem energetycznym lub duchowym a chorobą. Nieuniknione jest to, że pewnego dnia medycyna zniesie oddzielenie ciała od duszy; ale na razie możemy sobie pomóc, sami budując most do naszej duszy, a uczynimy to, ucząc się języka energii i sztuki patrzenia symbolicznego. Mam nadzieję, że dzięki tej książce nauczysz się myśleć o sobie w kategoriach energii tak wyraziście, jak myślisz o swoim ciele, i zaczniesz dbać o swoją duszę równie świadomie, jak troszczysz się o swe ciało fizyczne.

Wprowadzenie

Kilka słów o sobie

Osobom, które biorą udział w moich warsztatach i wykładach, mówię, że poprowadzę ich do świata, którego „nie widać”. Jednak lepiej uświadomisz sobie istnienie wewnętrznego przewodnictwa w swoim życiu, jeżeli najpierw opowiem ci o serii moich przebudzeń, dzięki którym spojrzałam na świat z nowej perspektywy, oraz o różnych ludziach i wydarzeniach, które po wielu latach skłoniły mnie do podjęcia decyzji, by zostać diagnostykiem w zakresie intuicji medycznej.

PUNKTY ZWROTNE

Wszystkiego, co pod względem zawodowym, osobistym i duchowym jest dla mnie cenne, nauczyłam się dzięki diagnozowaniu intuicyjnemu. Ale jako studentka zdążałam w całkiem innym kierunku. Powodowana nadmiernymi ambicjami, studiowałam dziennikarstwo, a na pierwszym roku postanowiłam, że jeszcze przed trzydziestką zdobędę nagrodę Pulitzera. Problem z tym planem polegał na tym – co stwierdziłam w swojej pierwszej pracy, w redakcji gazety – że brakowało mi talentu, by odnieść sukces w dziennikarstwie.

Porzuciłam więc tę pracę, lecz nie umiałam zaakceptować faktu, że moje jedyne marzenie zawodowe – zostać pisarką – się nie ziściło. Nie mając w zanadrzu innego marzenia, pogrążyłam się w wyniszczającej, zatruwającej depresji, w klasycznej „mrocznej nocy duszy". W tych najtrudniejszych dla mnie miesiącach spałam do późna, a potem siadałam na podłodze w mym mieszkaniu i wpatrywałam się w swoje nieukończone artykuły.

Któregoś ranka, gdy budziłam się właśnie z głębokiego snu, ale byłam jeszcze na granicy między snem a jawą, ogarnęło mnie przejmujące wrażenie, że oto umarłam i że tylko przypominam sobie swoje życie. Czułam wdzięczność za to, że się skończyło. Kiedy w końcu otworzyłam oczy i uświadomiłam sobie, że nadal żyję, zemdliło mnie i resztę ranka spędziłam, wymiotując całe to swoje rozczarowanie. Wyczerpana wróciłam do łóżka, by zastanowić się, gdzie popełniłam błąd w swoich życiowych planach. I nagle przypomniałam sobie o ćwiczeniu, które kazano mi kiedyś wykonać na zajęciach dziennikarstwa.

Moja profesorka nieustannie podkreślała znaczenie obiektywizmu w pracy reporterskiej. Mówiła, że polega on na tym, aby zachowywać dystans emocjonalny do przedmiotu reportażu i wyszukiwać tylko „fakty" opisujące sytuację. Prosiła, byśmy wyobrazili sobie, że jakiś budynek stoi w ogniu i że opisuje to czterech reporterów znajdujących się po jego czterech stronach. Każdy z nich miałby inny ogląd sytuacji. Każdy rozmawiałby ze świadkami stojącymi po danej stronie. Zadała nam pytanie: „Który z reporterów zna prawdziwe fakty i ma właściwy pogląd na sprawę? A zatem, który widzi prawdę?" – nad którym mieliśmy się zastanowić.

I nagle to proste zadanie sprzed lat nabrało dla mnie ogromnego symbolicznego znaczenia. Pomyślałam, że może „prawda" i „rzeczywistość" to w gruncie rzeczy tylko kwestia sposobu postrzegania. Może oglądałam świat tylko jednym okiem; widziałam budynek wyłącznie z jednej strony i mówiłam o tym ludziom, którym także brakowało głębi spojrzenia. Zrozumiałam, że muszę otworzyć drugie oko i popatrzeć na wszystko z innej perspektywy.

Mój zmęczony, sfrustrowany umysł wykonał wówczas jeszcze jeden skok w przeszłość. W rok po ukończeniu college'u opuściłam rodzinne miasto Chicago, aby latem pracować na Alasce. Wraz z bliskimi przyjaciółmi przemierzyłam kraj aż do Seattle, gdzie wsiedliśmy na prom i odbyliśmy trzydniowy rejs do Haines. Przez ten czas prawie nie spaliśmy, toteż gdy dotarliśmy do Haines, widzieliśmy wszystko podwójnie.

W porcie czekał na nas mężczyzna, który zabrał nas furgonetką do miejscowego hotelu. Padliśmy na łóżka i wszyscy oprócz mnie zasnęli kamiennym snem. Byłam zbyt podekscytowana, żeby spać, wyszłam więc z hotelu i zaczęłam włóczyć się po okolicy. Zauważył mnie kierowca furgonetki i spytał, dokąd się wybieram. Powiedziałam, że chcę pospacerować. Zaproponował, bym wsiadła do samochodu, co też uczyniłam, a on ruszył i po pewnym czasie zatrzymał się przed starym piętrowym budynkiem z drewna. „Wejdź na piętro – powiedział. – Mieszka tam kobieta o imieniu Rachel. Pogadaj z nią chwilę, a ja niebawem po ciebie przyjdę".

Dzisiaj, mieszkając znów w Chicago, uznałabym takie zachowanie za niebezpieczne. Ale wtedy moją zdolność oceny sytuacji przytłumiło zmęczenie i fascynacja Alaską. Zrobiłam więc to, co powiedział – weszłam na piętro i zapukałam do drzwi. Otworzyła mi osiemdziesięcioletnia Indianka, która rzekła: „Proszę wejść. Zrobię herbatę". Zachowała się według zwyczajów panujących na Alasce – życzliwie, ufnie i gościnnie. Nie sprawiała wrażenia zdziwionej moim widokiem ani niezadowolonej z tej niespodziewanej wizyty. Dla niej fakt, że ktoś wpadł na pogawędkę przy herbacie, był czymś normalnym.

Gdy tak siedziałam u Rachel, niemal zasypiając, czułam się jakby na pograniczu dwóch różnych światów. Połowę mieszkania zdobiły przedmioty kultury rosyjskiej – ikony z Czarną Madonną, samowar, w którym gospodyni przygotowywała herbatę, rosyjskie koronkowe firanki. W drugiej części zobaczyłam przedmioty kultury indiańskiego plemienia Atapasków; był tam niewielki słup totemiczny i indiański koc wiszący na ścianie.

Podnosząc wzrok znad samowara, Rachel zauważyła, że oglądam totem.

– Wiesz, jak się go odczytuje? – spytała.

– Nie – odparłam. – W ogóle nie miałam pojęcia, że można go „odczytywać".

– Ależ tak. Totemy są zapisem mówiącym o duchach opiekuńczych czuwających nad plemieniem. Spójrz na ten. Zwierzę na górze to niedźwiedź. Oznacza to, że naszemu szczepowi przewodzi dusza niedźwiedzia. Jest on silny, sprytnie tropi zdobycz, choć nigdy nie zabija dla przyjemności, tylko w obronie własnej, i aby odzyskać siły, potrzebuje długiego snu. Powinniśmy go naśladować.

Słysząc te słowa, oprzytomniałam. Była przy mnie świetna nauczycielka, a dobrzy nauczyciele natychmiast przyciągają moją uwagę.

Rachel powiedziała, że jest pół Rosjanką, pół Atapaską i że jej rodzina mieszkała na Alasce na długo przedtem, zanim stała się ona częścią Stanów Zjednoczonych. Krótka opowieść Rachel o duchowej tradycji Atapasków na zawsze odmieniła moje życie.

– Widzisz ten dywan na ścianie? Jest bardzo szczególny. W kulturze Atapasków tkanie dywanów, pisanie piosenek i każde inne zajęcie otoczone jest wielkim szacunkiem.

Aby śpiewać piosenki, trzeba mieć pozwolenie ich autora, bo jest w nich jego dusza. A jeśli jesteś tkaczem, nie możesz zacząć nowego dywanu, gdy nie masz pewności, że będziesz żyć wystarczająco długo, by go skończyć. Gdy człowiek stwierdzi, że ma potrzebę umrzeć (wyobraź sobie, tak właśnie powiedziała: „ma potrzebę umrzeć"), musi odprawić ceremonię przekazania swej pracy komuś, kto zgodzi się ją dokończyć. Człowiek nie może umrzeć, jeśli nie wykonał do końca swego zadania, bo wtedy pozostawia na Ziemi część swojej duszy. Ten dywan był już prawie skończony – ciągnęła Rachel – kiedy to Wielki Duch pojawił się we śnie kobiety, która go tkała, i kazał jej przygotować się do opuszczenia Ziemi. Spytała, czy mogłaby jeszcze trochę pożyć, aby dokończyć dywan. Duch obiecał dać jej potrzebny czas. Umarła dwa dni po ukończeniu swej pracy. W tym dywanie tkwi dobro i siła jej duszy, które dodają mi otuchy. Życie jest proste – mówiła Rachel. – Rodzimy się, by dbać nawzajem o siebie i o Ziemię. A potem otrzymujemy znak, że nasz czas dobiega już końca, że musimy przygotować się do odejścia, by nie zostawić żadnej „niedokończonej sprawy". Musimy przeprosić kogo trzeba, przekazać komuś swoje obowiązki plemienne i przyjąć od współplemieńców wyrazy wdzięczności i miłości za to, że spędziliśmy z nimi czas. To proste.

Rachel na chwilę przerwała, by nalać herbaty, po czym ciągnęła dalej.

– Jutro wieczorem wybieram się na ceremonię potlaczu. Pewien człowiek przygotowuje się do opuszczenia Ziemi i przekaże plemieniu cały swój dobytek. Ułoży swoje ubrania i narzędzia w podłużnym naczyniu, a plemię przyjmie symbolicznie jego rzeczy na znak, że jest on zwolniony z wszelkich obowiązków plemiennych, tak aby mógł dokończyć swą duchową pracę. Dopiero wtedy od nas odejdzie.

Byłam ogromnie zdziwiona jej spokojem i rzeczowością, zwłaszcza naturalnym podejściem do śmierci. Gdzie podział się ten strach przed umieraniem, do którego tak przywykłam w mojej kulturze? Rachel wywróciła do góry nogami cały mój świat, szczególnie moje pojmowanie duchowego wymiaru życia lub Boga – a przecież pojawiła się tak przypadkowo jak letni deszcz. Chciałam zlekceważyć prawdy, które wypowiadała, popijając herbatę, i uznać je tylko za zwykły zabobon, lecz przeczucie mówiło mi, że zna ona Boga o wiele bardziej realnego niż mój.

– Skąd ten człowiek wie, że niedługo ma umrzeć? Jest chory? – spytałam.

– Och – odparła – poszedł do szamana. Szaman przyjrzał się jego energii i to ona powiedziała mu, co dzieje się z mężczyzną.

– Skąd szaman wie o takich rzeczach?

Wydawała się zaszokowana moją ignorancją.

– Powiedz mi – rzekła, patrząc mi prosto w oczy – jak to możliwe, że ty o nich nie wiesz? Jak można żyć, nie mając pojęcia, co robi i co mówi nasza dusza? Wszyscy chodzą do szamana – dodała – aby dowiedzieć się, co mówi ich dusza. Przed laty szaman mi powiedział: „Wkrótce złamiesz nogę, jeśli nie będziesz chodzić prosto". Wiedziałam, że nie ma na myśli mojego fizycznego chodu. Chodziło mu o to, że nie byłam uczciwa, ponieważ pragnęłam męża innej kobiety. Musiałam przestać się z nim widywać. Było to dla mnie trudne, bo go kochałam. Ale moja dusza zaczynała chorować od tej nieuczciwości. Opuściłam tamto miejsce, a gdy wróciłam, chodziłam już wyprostowana.

Ogromnie chciałam zostać z Rachel i więcej się od niej nauczyć. Zaproponowałam, że będę sprzątać jej w mieszkaniu, robić zakupy, załatwiać różne sprawy, co tylko zechce. Ale kiedy przyszedł po mnie kierowca, odprawiła mnie i już nigdy jej nie spotkałam. Gdy gramoliłam się do furgonetki, kierowca powiedział: „Ta kobieta to ktoś, prawda?".

Gdy jesienią opuściłam Alaskę, do domu wróciło tylko moje ciało, nie dusza. Wiele miesięcy zajęło mi ich ponowne zjednoczenie. Przed spotkaniem z Rachel nigdy nie zastanawiałam się nad siłą ludzkiej duszy, tak jak ona to przedstawiała. Nigdy nie sądziłam, że wkładamy duszę we wszystko, co robimy, i w każdego człowieka, którego spotykamy. Nie myślałam również, że moje decyzje życiowe są odzwierciedleniem mojej duszy i wpływają na moje zdrowie.

Teraz widzę, że opowieść Rachel o emocjonalnym i fizycznym uzdrawianiu jest dobrym przykładem tego, jak patrzenie symboliczne może zmienić nasze życie. Choć wówczas tego nie wiedziałam, popołudnie spędzone z Rachel wprowadziło mnie w świat intuicji medycznej. Mimo że zaczęłam pracować w tej dziedzinie dopiero osiem lat później, wspomnienie o tej kobiecie pozwoliło mi wyjść z „podziennikarskiej" depresji i nadało mojemu życiu inny bieg. Postanowiłam studiować teologię z nadzieją, że zyskam szerszą perspektywę, taką jak Rachel, i wyzwolę się z ciasnych zaułków moich uprzedzeń i ograniczeń mentalnych. Może Bóg, którego, jak sądziłam, znam, nie istnieje naprawdę, skoro nie odpowiada na moje modlitwy o to, bym została pisarką. Może Bóg, którego jeszcze nie poznałam, okaże się bardziej przychylny.

Przyjechałam na uczelnię kompletnie załamana i pierwszy raz w życiu czułam się bezsilna. Uzyskałam jednak stopień magistra po studiach w zakresie mistycyzmu i schizofrenii – choroby psychicznej pojawiającej się na drodze ku oświeceniu duchowemu. Później zrozumiałam, że owo poczucie niemocy pchnęło mnie do studiowania istoty siły wewnętrznej, ponieważ żywoty mistyków są świetną lekcją emocjonalnych i duchowych rozczarowań i upadków, po których następuje odrodzenie i odzyskanie mocy. Za zamkniętymi drzwiami, przez ból i ekstazę, mistycy uzyskiwali dostęp do świata duchowego, tak głęboki, że potrafili tchnąć energię, niczym boską elektryczność, w zwykłe słowa i czyny. Zdobywali umiejętność uzdrawiania innych ludzi poprzez prawdziwą miłość, wybaczenie i wiarę.

Uważa się, że najbardziej znani mistycy kultury chrześcijańskiej, święty Franciszek z Asyżu, święta Klara z Asyżu, Julian z Norwich, święta Teresa z Avila, święta Katarzyna ze Sieny i bardziej nam współczesny ojciec Pio, prowadzili nieustanny dialog wewnętrzny z Bogiem i mieli jasność widzenia znacznie przewyższającą świadomość zwykłego człowieka. Świat, którego „nie widać", jest dla mistyków nieskończenie bardziej realny niż świat postrzegany wzrokiem. W swym sposobie widzenia rzeczywistości i siły różnią się od innych ludzi. W języku chrześcijaństwa mówi się, że są „w świecie, ale nie ze świata". Buddyści i hinduiści powiedzieliby, że mistycy są wolni od iluzji świata fizycznego; potrafią widzieć symbolicznie, klarownie, ponieważ nie są uśpieni. (Słowo „budda" znaczy „ten, który nie śpi"). Aczkolwiek duchowa ścieżka do osiągnięcia tego stopnia świadomości i klarowności może być trudna i mistycy doświadczali po drodze wielu cierpień fizycznych, żaden z nich nigdy nie zapragnął powrócić do wcześniejszego stanu świadomości.

Posługując się intuicją i patrzeniem symbolicznym, aby pomóc ludziom zrozumieć, dlaczego zachorowali, często zastanawiam się nad życiem mistyków, a szczególnie interesuje mnie ich podejście do siły duchowej. Gdy byłam jeszcze nowicjuszką w diagnozowaniu intuicyjnym, nie dostrzegałam związku między chorobą, uzdrowieniem i siłą wewnętrzną, ale teraz jestem przekonana, że właśnie ta siła stanowi fundament zdrowia. Mój obiektywizm – szukanie symbolicznego znaczenia wydarzeń – pomaga mi dostrzegać stosunek ludzi do owej siły oraz do tego, jak wpływa ona na ich ciało i duszę.

Teraz sama posługuję się językiem Rachel, aby wyjaśniać ludziom, że pchnęli swą duszę w jakieś negatywne uwikłania i że jeśli chcą wyzdrowieć, muszą na chwilę się zatrzymać, odzyskać swoją duszę i znów nauczyć się chodzić prosto. Powinniśmy podążać za tymi jasnymi wskazówkami, ponieważ w duszy zawiera się nasze życie i są w niej nasze życiowe wybory. I rzeczywiście angażujemy ją w wydarzenia i związki uczuciowe. Życie naprawdę jest proste.

UCZENIE SIĘ INTUICJI

Gdy wracam myślą do czternastu minionych lat, widzę teraz, że moja edukacja przebiegała według pewnego planu, który miał nauczyć mnie interpretowania mowy energii potrzebnego do diagnoz intuicyjnych. W latach 1983–1989, kiedy praktykowałam diagnozowanie, pewne niezwykłe zbiegi okoliczności pomogły mi zrozumieć to, co było dla mnie konieczne.

Po pierwsze, zauważyłam, że spotykam grupy osób zmagających się z tą samą chorobą. W jednym tygodniu skontaktowały się ze mną trzy osoby cierpiące na podobnego rodzaju nowotwór. Kilka tygodni później otrzymałam telefony od trzech innych, zmagających się z ostrą migreną. Potem pojawiały się kolejne grupy cukrzyków, osób z rakiem piersi, z zaburzeniami okrężnicy, rakiem prostaty, wypadaniem zastawki dwudzielnej, depresją i innymi licznymi problemami zdrowotnymi. Zanim postanowiłam zająć się badaniem intuicyjnym, ludzie przychodzili do mnie zupełnie przypadkowo, bez określonego schematu.

Równocześnie poprawiała się jakość odbieranych przez mnie wrażeń. Uświadomiłam sobie, jak emocjonalny, psychiczny i fizyczny stres w życiu ludzi, których badałam, przyczynia się do rozwoju ich choroby. Początkowo tylko odnotowywałam wrażenia, jakie do mnie płynęły, nie porównując zachowań stresowych poszczególnych osób. W końcu jednak zorientowałam się, że żadna choroba nie powstaje przypadkowo, i ponownie przeanalizowałam wcześniejsze przypadki, aby znaleźć jakieś emocjonalne lub psychologiczne schematy poprzedzające pojawienie się zaburzeń. Z nadejściem 1988 roku potrafiłam już rozpoznać wzorce dla prawie stu różnych chorób. Moje odkrycia potwierdziło i wykorzystało wielu lekarzy i innych ludzi zawodowo zajmujących się leczeniem, których nauczałam.

Poznanie Norma Shealy'ego było kolejnym niezwykłym wydarzeniem. Norm jest nie tylko neurochirurgiem, ale także założycielem American Holistic Medical Assiociation i czołowym amerykańskim ekspertem w dziedzinie leczenia bólu. Od 1972 roku interesuje się zagadnieniami metafizycznymi.

Wiosną 1984 roku zaproszono mnie na bardzo ważną konferencję – nie z powodu moich zdolności intuicyjnych, lecz jako przedstawicielkę wydawnictwa Stillpoint, gdzie wciąż pracowałam, traktując to jako główne zajęcie. Podczas konferencji poznałam pewnego psychologa, który wskazał na Normana i nie wiadomo dlaczego powiedział: „Widzi pani tego faceta? Jest lekarzem, którego interesuje intuicja medyczna". Zaczęłam się okropnie denerwować, ale postanowiłam podejść do doktora Shealy'ego i poinformować go, że diagnozuję za pomocą intuicji.

Któregoś dnia podczas lunchu usiadłam obok Norma i powiedziałam mu, że potrafię diagnozować ludzi na odległość. Nie wydawał się szczególnie zaskoczony. Nadal obierając jabłko, zapytał: „Dobra w tym jesteś?". Odparłam, że sama nie wiem, a wtedy on zadał następne pytanie: „Czy umiesz wykryć u kogoś raka mózgu? Czy widzisz, jak w ciele człowieka rozwija się choroba? Nie potrzebuję kogoś, kto mi powie, że czyjaś energia jest «niska», bo sam to widzę. Potrzebny mi jest ktoś, kto prześwietla pacjenta jak aparat rentgenowski".

Powiedziałam doktorowi, że nie jestem pewna trafności moich odczytów, ponieważ zajmuję się tym dopiero od niedawna. Obiecał, że zadzwoni do mnie, gdy będzie mieć pacjenta, który mógłby skorzystać z moich umiejętności.

Po miesiącu – w maju 1984 roku – zadzwonił do wydawnictwa. Miał akurat w gabinecie pacjenta, podał mi jego imię i wiek i czekał na moją odpowiedź. Bardzo dobrze pamiętam swoją diagnozę, ponieważ byłam okropnie zdenerwowana; mówiłam o swoich wrażeniach raczej obrazowo, niż posługując się terminologią medyczną. Powiedziałam doktorowi, że czuję, jakby jego pacjent miał zatkane gardło. Następnie stwierdziłam, że według mnie fizyczne zaburzenia zostały poprzedzone problemami emocjonalnymi. Pacjent, narkoman, tak bardzo bał się przyznać do swojego uzależnienia, że dosłownie nie mógł wydusić z siebie prawdy. Jakby słowa zamarzły w jego krtani. Gdy skończyłam, doktor mi podziękował i odłożył słuchawkę. Nie miałam pojęcia, czy wykonałam dobrą robotę, ale później poinformował mnie, że pacjent miał raka przełyku.

Tak wyglądały początki mojej pracy z Normem. Jego chłodne komentarze na temat moich diagnoz okazały się ogromnym błogosławieństwem. Gdyby wówczas rozwodził się nad moimi zdolnościami, nabrałabym zbytniej pewności siebie i może próbowałabym wywrzeć na nim wrażenie, co bez wątpienia wpłynęłoby niekorzystnie na trafność moich odczytów. Jego dystans pomógł mi zachować obiektywizm i klarowność. Od mojej nauczycielki dziennikarstwa nauczyłam się czegoś, czego teraz sama uczę innych: dystans jest podstawowym warunkiem uzyskiwania trafnych odczytów. Nic tak nie przeszkadza jak potrzeba, aby mieć „rację" lub udowodnić, że potrafisz dokonać odczytu intuicyjnego.

Przez następny rok Norm pomagał mi studiować anatomię człowieka i kilkakrotnie zwracał się do mnie telefonicznie z prośbą o ocenę stanu zdrowia jego pacjentów. Stopniowo stawałam się coraz dokładniejsza pod względem technicznym. Niebawem, zamiast odbierać niejasne wrażenia dotyczące narządów ciała, potrafiłam już rozpoznawać i rozróżniać wibracje poszczególnych chorób i ich umiejscowienie w organizmie. Odkryłam, że każde zaburzenie i każdy narząd mają własną „częstotliwość", czyli wzorzec wibracji.

Nigdy wcześniej nie myślałam, że razem z Normem stworzymy zespół. Chociaż już postanowiłam rozwijać swoje umiejętności, to nadal większość energii wkładałam w osiąganie sukcesów wydawniczych. I wtedy, w marcu 1985 roku, poznałam młodego mężczyznę, który wykazywał taką odwagę w obliczu swej choroby i tak bardzo chciał wyzdrowieć, że poczułam w sobie siłę, by wykorzystać moją intuicję w nowy sposób.

Pracując z Normem, bardziej uwierzyłam w swoją zdolność rozpoznawania konkretnych chorób, jak również związanych z nimi napięć energetycznych i objawów. Nie chciałam jednak sugerować klientom żadnych terapii i metod leczenia, pozostawiając to Normowi. Moja skromna wiedza na temat uzdrawiania opierała się tylko na materiałach, które przeczytałam, i na rozmowach z kolegami.

Pewnego sobotniego ranka, w marcu 1985 roku, zadzwonił do mnie Joe, mężczyzna, którego poznałam przypadkiem po moim wykładzie w Kansas City. Powiedział, że ma przeczucie, iż coś niedobrego dzieje się z jego synem Peterem. Zapytał, czy mogłabym wykonać odczyt. Ponieważ Peter był już dorosły, zasugerowałam, by Joe się z nim skontaktował i uzyskał jego zgodę na taką diagnozę. Po dziesięciu minutach ojciec znów zadzwonił, oświadczając, że syn gotów jest przyjąć każdą oferowaną przez mnie pomoc. Zapytałam o wiek Petera i gdy tylko usłyszałam odpowiedź, natychmiast ogarnęło mnie przeczucie, że chory jest na białaczkę. Nie wspomniałam o tym ojcu, tylko poprosiłam o numer telefonu Petera, mówiąc, że chciałabym z nim porozmawiać osobiście.

Gdy notowałam swoje intuicyjne spostrzeżenia, uświadomiłam sobie, że wibracje, jakie odczuwałam, wcale nie wskazują na białaczkę. Nie potrafiłam jednak rozpoznać tej częstotliwości, ponieważ nigdy wcześniej się z taką nie spotkałam. I nagle zdałam sobie sprawę, że Peter jest nosicielem wirusa HIV. Wspomnienie tej naszej rozmowy pozostaje żywe w mej pamięci, gdyż wyobrażałam sobie, jak dziwnie bym się poczuła, gdyby obca kobieta zadzwoniła do mnie z drugiego końca kraju i stwierdziła: „Halo, właśnie zbadałam pani układ energetyczny i nie tylko ma pani wirusa HIV, ale jeszcze zaczyna się u pani rozwijać AIDS". W gruncie rzeczy organizm Petera zaczynał już wykazywać objawy pneumocystozy (PCP), najbardziej rozpowszechnionej choroby płuc związanej z wirusem HIV.

Tego ranka powiedziałam Peterowi:

– Jestem znajomą twojego ojca. Mam zdolności intuicyjne. – Spróbowałam mu wyjaśnić, czym się zajmuję, a na koniec dodałam: – Peter, odczytałam twoją energię i widzę, że masz AIDS.

– O Jezu, Caroline, tak strasznie się boję. Przeszedłem dwa testy na HIV i oba są pozytywne – odrzekł.

Byłam głęboko poruszona tonem jego głosu i tym, że natychmiast mi zaufał. Zaczęliśmy rozmawiać o tym, co powinien teraz zrobić. Zwierzył mi się, że ojciec nie wie nawet, że on jest homoseksualistą, a tym bardziej że ma AIDS. Obiecałam, że nic ojcu nie powiem, ale zachęciłam go, aby uczciwie podszedł do swojego życia i zdrowia. Nasza rozmowa trwała około pół godziny. Ledwie odłożyłam słuchawkę, zadzwonił jego ojciec i zapytał, do jakich wniosków doszłam. Odparłam, że Peter chce z nim porozmawiać i że nie czuję się upoważniona zdradzać mu treść naszej rozmowy.

– Wiem, co mu jest – stwierdził. – Chce rzucić studia prawnicze i boi się powiedzieć mi o tym.

Nie odpowiedziałam i na tym skończyliśmy tę rozmowę.

Dwadzieścia minut później Joe zatelefonował ponownie.

– Zastanawiałem się, co najgorszego mogłoby się przydarzyć mojemu synowi – powiedział. – I stwierdziłem, że gdyby do mnie zadzwonił i oświadczył: „Tato, mam AIDS", nadal bym go kochał.

– Mam nadzieję, że tak myślisz, bo właśnie to usłyszysz – odrzekłam.

Minęło kolejne trzydzieści minut. Joe zadzwonił znowu, by powiedzieć, że Peter właśnie do niego jedzie i że nazajutrz w południe zjawią się u mnie w moim domu w New Hampshire. Byłam oszołomiona i od razu skontaktowałam się z Normem.

Wspólnie ułożyliśmy dla Petera program leczenia, który obejmował zdrową, prawie wegetariańską dietę, aerobik, rzucenie papierosów, codzienne czterdziestopięciominutowe okłady z oleju rycynowego, stosowane na brzuch, oraz psychoterapię, która miała uwolnić Petera od lęku przed ujawnieniem swojej orientacji seksualnej. Peter robił wszystko, aby odzyskać zdrowie, nie skarżył się ani nie narzekał, że proces leczenia go męczy. W gruncie rzeczy miał postawę w rodzaju: „Może jeszcze coś?".

Muszę tu stwierdzić, że wiele osób rozpoczyna swój program uzdrawiania z poczuciem, że jest on dla nich karą. Razem z Normem pracowaliśmy z wieloma ludźmi, między innymi z kobietą cierpiącą na otyłość, cukrzycę i przewlekły ból. Powiedzieliśmy jej, że mogłaby natychmiast poprawić stan swego zdrowia, gdyby tylko zmieniła sposób odżywiania i zaczęła uprawiać średnio intensywną gimnastykę. Jej odpowiedź była następująca: „Absolutnie wykluczone. Nie zrobię tego. Nie mam dość silnej woli. Czy moglibyście zaproponować mi coś innego?". Peter natomiast z wdzięcznością zaakceptował fakt, że wynik leczenia zależy od niego, i chętnie wypełniał wszystkie wymagania związane z programem leczenia. Po upływie sześciu tygodni zrobił badanie krwi na obecność wirusa HIV – wynik był ujemny. Obecnie Peter pracuje jako prawnik i do dziś jest zdrowy.

Później opisaliśmy ten przypadek w naszej pierwszej książce, *AIDS: Passageway to Transformation* (Stillpoint, 1987). W efekcie pracy z Peterem ja i Norm zaczęliśmy prowadzić warsztaty dla osób zarażonych wirusem HIV i dla chorych na AIDS, wierząc głęboko, że skoro jeden człowiek zdołał siebie wyleczyć, inni też to potrafią.

OD HOBBY DO ZAWODU

Niezwykłe wyjście Petera z choroby uznawanej za nieuleczalną zaowocowało tym, że otrzymałam kilka zaproszeń z zagranicy, bym wygłosiła tam wykłady na temat AIDS i leczenia w ogólności. Przypadek Petera okazał się dla mnie punktem zwrotnym i sprawił, że zajęłam się badaniem przyczyn chorób. Interesowało mnie zwłaszcza, jak i dlaczego powstaje choroba, co trzeba zrobić, by ją wyleczyć, i dlaczego jedni ludzie zdrowieją, a inni nie. Zastanawiałam się szczególnie nad tym, co sprawia, że cała społeczność podatna jest na epidemię. Jakie czynniki emocjonalne i fizyczne kształtują określoną chemię dużych grup ludzi, prowadząc do choroby?

Patrząc na sprawę przez pryzmat symboliki, postrzegam AIDS jako chorobę globalną. Pneumocystoza związana z AIDS może być symbolem niszczenia lasów deszczowych, dostarczających najwięcej tlenu. Podobnie, mięsak Kaposiego, nowotworowe zmiany skórne występujące u wielu pacjentów chorych na AIDS, symbolizuje niszczenie naturalnej skorupy ziemskiej, głównie przez próby z bronią jądrową, ale także przez toksyny i innego rodzaju zanieczyszczenia. I w końcu ludzki układ immunologiczny mógłby symbolizować ziemską warstwę ozonową, która obecnie jest tak słaba jak układ odpornościowy bardzo chorego człowieka.

Niektórzy mówią, że przypadek Petera to „cud", sugerując, iż doświadczył on szczególnej łaski od Boga, co pomogło mu się wyleczyć. Bez tej łaski nigdy nie powróciłby do zdrowia. Chociaż rzeczywiście tak mogło być, trzeba by zapytać: „Co zrobić, aby zdarzył się cud?". Jestem przekonana, że w naszych tkankach znajdują się wzorce wibracyjne naszych postaw i systemów przekonań oraz że występuje w nich – albo nie – specyficzna częstotliwość energetyczna, czyli „łaska", którą możemy aktywować, odciągając swoją duszę od wszelkich negatywnych przywiązań.

W *Kursie cudów* mówi się: „Cuda są czymś naturalnym. Jeśli się nie zdarzają, to znaczy, że coś jest nie w porządku". Wyzdrowienie Petera kazało mi się zastanowić, co takiego robimy, że ulega zakłóceniu energia wywołująca cuda. Na przykład można być wegetarianinem i biegać dziesięć kilometrów dziennie, ale jeśli człowiek tkwi w nieudanym związku, nienawidzi swojej pracy lub codziennie kłóci się z rodzicami, to traci energię – lub siłę – co może prowadzić do choroby lub hamować proces zdrowienia. Z drugiej strony, jeśli jesteś duchowo skoncentrowany i uwalniasz energię od negatywnych przekonań, możesz jeść karmę dla kotów i mimo to być zdrowym.

Wcale nie namawiam do złego odżywiania i porzucenia ćwiczeń fizycznych – mówię tylko, że samo zdrowe jedzenie i ćwiczenia nie wystarczą, abyś był zdrowy. Nie twierdzę również, że praca nad poszerzeniem świadomości duchowej gwarantuje ci zdrowie. Jednak poprawi ona twoje życie i zrozumienie siebie, a także stworzy sprzyjające warunki do wyzdrowienia – natychmiastowego lub stopniowego – fizycznego i duchowego.

Im lepiej rozumiałam związek między naszą wewnętrzną dynamiką a jakością naszego zdrowia – a także życia w ogólności – tym bardziej chciałam się poświęcić diagnostyce intuicyjnej. Nadal wspólnie z Normem prowadziliśmy badania naukowe i w 1988 roku w książce *The Creation of Health* opublikowaliśmy nasze wnioski dotyczące emocjonalnych i psychologicznych czynników, które prowadzą do powstania choroby.

OSTATNI ZAKRĘT NA DRODZE

Wkrótce po ukończeniu tamtej książki miałam wypadek, w którym z powodu okropnego krwotoku z nosa omal nie wykrwawiłam się na śmierć. Wieziona karetką do szpitala siedziałam na noszach, trzymając na kolanach wielką miskę, do której spływała krew, bo gdybym leżała, mogłabym się udusić. Nagle moja głowa poleciała do przodu i znalazłam się na zewnątrz karetki, unosząc się nad autostradą i patrząc przez okno ambulansu na własne ciało i na gorączkową akcję ratunkową sanitariuszy.

W jednej chwili wpadłam w euforię, poczułam się niezwykle lekka i pełna życia jak nigdy wcześniej. Zrozumiałam, że przebywam poza swym ciałem i może nie żyję. Czekałam na ów „tunel", o którym tak dużo słyszałam, ale nic takiego się nie pojawiło. Zamiast tego poczułam, że oddalam się od Ziemi. Weszłam w stan tak niezwykłego spokoju, że nawet dzisiaj, gdy sobie to przypominam, jestem głęboko poruszona. Potem ujrzałam postać Norma. Stał na podium, przygotowując się do wykładu, i podnosił w górę egzemplarz *The Creation of Health*. Usłyszałam, jak mówi: „Myślałem, że będzie to początek naszej wspólnej pracy, ale niestety okazało się to jej końcem".

Poczułam palącą potrzebę powrotu do mojego ciała, chęć odzyskania życia fizycznego, i nagle zaczęłam ku niemu pędzić i znów się w nim znalazłam. Po tym doświadczeniu zadałam sobie tylko jedno pytanie: „Dlaczego będąc w tym stanie, nie zobaczyłam mojego wydawnictwa?". I zrozumiałam wtedy, że je opuszczę i przez resztę życia będę zajmować się diagnozowaniem.

Jako zawodowy diagnostyk intuicyjny współpracowałam z piętnastoma lekarzami z całego kraju, w tym z doktor medycyny Christiane Northrup, specjalistką w dziedzinie położnictwa i ginekologii. Jest ona jedną z założycielek kliniki dla kobiet Women to Women, mieszczącej się w Yarmouth w stanie Maine, oraz autorką książki *Women's Bodies, Women's Wisdom* (Bantam, 1994). Jesienią 1990 roku Chris zadzwoniła do mnie z prośbą o zdiagnozowanie stanu jej zdrowia, a potem telefonowała jeszcze kilkakrotnie w sprawie odczytu intuicyjnego dla jej pacjentów. Możliwość współpracy z Chris i innymi lekarzami była dla mnie sygnałem, że oto nadchodzi pora na prowadzenie własnej praktyki, i wskazywała, że lekarze mogliby wykorzystywać moją pracę nad układem energetycznym człowieka, by pomagać swym pacjentom.

W latach 1990–1992 oprócz poszerzania współpracy z lekarzami prowadziłam - sama lub z Normem - bardzo wiele warsztatów w USA, Australii, Europie, Meksyku i Kanadzie. Podczas tych zajęć miałam zawsze wykład na temat układu energetycznego człowieka, a następnie dokonywałam intuicyjnej diagnozy stanu zdrowia wszystkich uczestników. Oznaczało to, że czasem robiłam sto dwadzieścia odczytów podczas jednego weekendowego kursu. Często kończyłam zajęcia cała zlana potem. Pod koniec dnia czułam się kompletnie wyczerpana. Po dwóch latach takiej pracy byłam wypalona.

I stało się to co zawsze – gdy doszłam do kresu sił, otworzyły się przede mną nowe drzwi. W lutym 1992 roku prowadziłam warsztaty w New Hampshire. Grupa wróciła właśnie z lunchu. Rozpoczęłam popołudniową sesję od tego, że usiadłam koło jednej z kobiet i zapytałam:

– Co mogę dziś dla ciebie zrobić?

Sądziłam, że tak jak inni uczestnicy wspomni o problemach ze zdrowiem, a ja zrobię co należy. Ona jednak skrzyżowała ręce na piersiach, spojrzała na mnie, jakbym była oszustką, i powiedziała:

– Nie wiem. Ty mi to powiedz. Przecież za to zapłaciłam.

Powiedzieć, że wpadłam we wściekłość, to tak jakby stwierdzić, że zima w Montanie jest trochę chłodna. Miałam ochotę chwycić tę babę i wyrzucić za drzwi. Próbując się opanować, zaczerpnęłam powietrza i odparłam:

– Wiesz co? Posiedzę tu przy tobie, dopóki nie wymyślę jakiegoś powodu, aby ci podziękować za te słowa. Możliwe, że będziemy tu siedzieć bardzo długo.

Atmosfera na sali stawała się ciężka. Nikt się nie poruszył.

I naraz mnie olśniło. Zerwałam się z krzesła i oświadczyłam:

– Nie będę już nikomu stawiać diagnoz. Zamiast tego nauczę was robić to samodzielnie. Jestem tylko jedna i jeśli nadal będę to ciągnąć, długo nie pożyję. Jeżeli ktoś chce, by zwrócono mu pieniądze, niech powie o tym teraz. Jeśli nie, wyjmijcie zeszyty, bo zabieramy się do pracy. Nauczycie się widzieć własne ciała, tak samo jak ja je widzę. Pomogę wam o wiele skuteczniej, jeśli nauczę was, jak samodzielnie, bez mojej pomocy, możecie znajdować problem we własnym ciele.

Popatrzyłam na tamtą kobietę, która teraz wyglądała na poruszoną, i oświadczyłam:

– Myślę, że być może właśnie ocaliłaś mi życie. Jestem ci wdzięczna.

Nikt nie poprosił o zwrot pieniędzy i tamtego dnia zaczęłam uczyć innych ludzi „samodiagnozowania".

Jesienią 1992 roku zastanawialiśmy się z Normem nad opracowaniem programu szkoleniowego w zakresie intuicji. Spotkaliśmy się z pewnym przedsiębiorcą z Holandii, który zgodził się finansować pierwsze etapy tego programu, i w 1993 roku zaczęliśmy prowadzić intensywne kursy nauki diagnozowania intuicyjnego. Wyniesione z nich doświadczenia zaowocowały właśnie tym, że napisałam niniejszą książkę.

Prowadząc te zajęcia, miałam okazję słuchać historii życia moich słuchaczy; niektóre zamieszczam w tej książce. Byli wśród nich pacjenci, którzy wyleczyli sami siebie na poziomie energetycznym, nie dopuszczając do rozwoju choroby fizycznej, i na poziomie fizycznym, cofając chorobę, która już zdążyła się ujawnić.

Zastanawiając się nad strukturą tej książki, zachowałam kolejność, która się sprawdziła, gdy uczyłam technicznych aspektów intuicji medycznej oraz intuicyjnych odczytów stanu zdrowia. Rozdział pierwszy części I opisuje zasady diagnozowania intuicyjnego, tak jak je pojmuję, i zawiera wskazówki, jak korzystać z tych zasad.

Rozdział drugi wprowadza komplementarny i, jak sądzę, nowy model ludzkiego układu energetycznego oparty na syntezie trzech tradycji duchowych: hinduistycznej nauki o czakrach, symboliki siedmiu sakramentów chrześcijańskich i mistycznej interpretacji dziesięciu sefir – czyli Drzewa Życia – przedstawionej w Zoharze, najważniejszej księdze kabały, systemu mistycznych nauk judaizmu. Siedem czakr, siedem sakramentów chrześcijaństwa oraz Drzewo Życia to symbole siedmiu poziomów w układzie energetycznym człowieka, siedmiu etapów rozwoju ludzkości, a także siedmiu podstawowych lekcji na uniwersalnej ścieżce duchowej lub w wędrówce bohatera, jak powiedziałby Joseph Campbell. Rozdział drugi pod wieloma względami stanowi jądro tej książki, ponieważ ukazuje duchowo-biologiczny profil ludzkiego układu energetycznego.

Rozdział ten zamyka się dokładnym omówieniem duchowych i energetycznych spostrzeżeń, którymi obecnie kieruję się w mojej pracy. Spostrzeżenia te stworzą fundament przydatny w nauce języka energii i patrzenia symbolicznego. Może dzięki nim łatwiej ci będzie zrozumieć wzorce energetyczne fizycznego i duchowego zdrowia twojego i twoich bliskich.

W części II, na którą składa się siedem rozdziałów, opisuję siedem ośrodków siły w ludzkim ciele, podaję podstawowe informacje oraz opisy rzeczywistych przypadków, ilustrujących, w jaki sposób korzystamy z danych energetycznych w swoim rozwoju duchowym.

W posłowiu zawarte są sugestie, jak można wykorzystywać patrzenie symboliczne, by zadbać o swój rozwój wewnętrzny i swoje zdrowie.

Na początku każdych zajęć mówię swoim słuchaczom: „Weźcie z tego tylko to, co wam odpowiada i co w głębi serca uważacie za prawdziwe”.

Część I

Nowy język duszy

Rozdział 1

Medycyna energetyczna a intuicja

Niektórzy ludzie są zdumieni tym, co mówię im o intuicji, ponieważ wyrażam przekonanie, że umiejętność intuicyjnego lub symbolicznego widzenia nie jest darem, lecz sztuką – opartą na naszej ocenie samych siebie. Rozwijanie tej sztuki – i zdrowej oceny siebie – staje się łatwiejsze, gdy człowiek posługuje się terminologią, pojęciami i zasadami medycyny energetycznej. Tak więc czytając ten rozdział, potraktuj naukę korzystania z intuicji jako naukę interpretacji języka energii.

POLE ENERGETYCZNE CZŁOWIEKA

Wszystko, co żyje, tętni energią, w której zawiera się informacja. Choć nie ma nic dziwnego w tym, że koncepcję tę przyjmują osoby zajmujące się medycyną alternatywną i komplementarną, to znaczący jest fakt, że istnienie pola magnetycznego, wytwarzanego przez procesy biologiczne naszego ciała, akceptują nawet niektórzy fizycy kwantowi. Uczeni przyznają, że ciało człowieka wytwarza energię, gdyż produkuje ją żywa tkanka.

Twoje ciało fizyczne otoczone jest polem energetycznym, które sięga na szerokość rozpostartych ramion i przebiega wzdłuż całego ciała. Pole to jest zarówno ośrodkiem informacji, jak i niezwykle czułym systemem postrzegania.

System ten sprawia, że nieustannie pozostajemy „w kontakcie" ze wszystkim wokół nas, ponieważ jest on swego rodzaju świadomą elektrycznością, która przenosi i odbiera informacje do i ze świata zewnętrznego. Dane, które napływają do pola energetycznego i znajdują się w jego obrębie, są właśnie tym, co odczytuje intuicja.

Osoby zajmujące się medycyną energetyczną uważają, że pole energetyczne zawiera energię danego człowieka i ją odzwierciedla. Otacza nas ono ze wszystkich stron, niosąc ze sobą ładunek emocjonalny stworzony przez nasze doświadczenia wewnętrzne i zewnętrzne – pozytywne i negatywne. Ów czynnik emocjonalny wywiera wpływa na fizyczną tkankę naszego ciała. W taki sposób twoja biografia – to znaczy wydarzenia, z których składa się twoje życie – staje się twoją biologią.

Wśród doświadczeń wprowadzających energię emocjonalną do naszego systemu energetycznego znajdują się dawne i obecne znajomości, zarówno osobiste, jak i zawodowe; ważne lub traumatyczne przeżycia i wspomnienia; wzorce przekonań i postaw, a wśród nich wszystkie wyznawane przez nas prawdy duchowe i przesądy. Emocje płynące z tych doświadczeń zostają zakodowane w naszym układzie biologicznym i przyczyniają się do budowy struktur komórkowych, które z kolei wytwarzają energię odzwierciedlającą owe emocje. Z tych śladów energetycznych powstaje język energii zawierający dosłowne i symboliczne informacje, które można odczytać za pomocą intuicji.

A oto przykład informacji, jakiej może dostarczyć pole energetyczne. Powiedzmy, że kiedy chodziłeś do szkoły podstawowej, miałeś kłopoty z matematyką. Zazwyczaj wiedza, że dwanaście to tuzin, nie zawiera w sobie ładunku emocjonalnego, który może zmienić stan zdrowia struktury komórkowej. Jeśli jednak zdarzyłoby się, że nauczyciel cię wyśmiewał, ponieważ nie wiedziałeś o tym, w twoim doświadczeniu powstałyby ślady emocjonalne mogące tę strukturę uszkodzić, zwłaszcza gdybyś rozpamiętywał tamtą sytuację jeszcze w dorosłym życiu albo uznawał ją za probierz tego, jak masz radzić sobie z krytyką, ze zwierzchnikami, z nauką lub niepowodzeniami. Osoba zajmująca się odczytami intuicyjnymi potrafi dostrzec dosłowny obraz twoich stosunków z nauczycielem lub każdy inny negatywny symbol związany z tamtym doświadczeniem.

W polu energetycznym przechowywane są również pozytywne odczucia oraz energia pozytywnych doświadczeń. Przypomnij sobie chwilę, gdy ktoś cię pochwalił za wyniki w pracy, za jakieś udane działanie lub za udzieloną pomoc. Od razu czujesz pozytywną energię – falę wewnętrznej siły w swoim ciele. Pozytywne i negatywne doświadczenia są rejestrowane w strukturze komórkowej, jak również w polu energetycznym. Doktor Candace Pert, neurobiolog, udowodniła, że neuropeptydy – substancje chemiczne wywoływane przez emocje – to myśli przekształcone w materię. Nasze emocje przebywają w sposób fizyczny w naszym organizmie i wchodzą we wzajemne reakcje z komórkami i tkankami. W gruncie rzeczy doktor Pert nie mogła już, jak mówi, oddzielać dłużej ciała od umysłu, ponieważ te same komórki, które w mózgu wytwarzają i odbierają substancje chemiczne związane z emocjami, obecne są w całym ciele. Czasami ciało reaguje w sposób emocjonalny i wytwarza odpowiednie substancje, zanim jeszcze mózg zarejestrował jakiś problem. Zauważ na przykład, że ciało reaguje na hałas szybciej, nim zdążysz ten hałas odnotować w myślach.

Doktor Pert, rozmawiając z Billem Moyersem o jego książce *Healing and the Mind*, stwierdziła: „Najwyraźniej istnieje inna forma energii, której jeszcze nie rozumiemy.

Na przykład energia, która opuszcza ciało, gdy ono umiera. (...) Twój umysł znajduje się w każdej komórce twego ciała". Moyers zapytał: „Chcesz przez to powiedzieć, że moje emocje gromadzą się w moim ciele?". „Oczywiście – odparła. – Nie wiedziałeś o tym? Jest wiele zjawisk, których nie zdołamy wytłumaczyć, nie odwołując się do energii".

Odczytywanie pola

Oprócz konkretnych traumatycznych przeżyć z dzieciństwa osoba obdarzona intuicją potrafi czasem dostrzec u klienta jego przesądy, zwyczaje, schematy zachowań czy upodobania muzyczne lub literackie. Niekiedy wrażenia energetyczne mają charakter symboliczny. Na przykład u pacjenta skarżącego się na duszności odczytywałam symboliczny jego obraz, jak stoi przed plutonem egzekucyjnym i zostaje trafiony kulą w serce. Oczywiście nie przytrafiło mu się to w sensie dosłownym, ale poddał się kiedyś szczegółowym badaniom medycznym, które nie wykazały żadnej znanej przyczyny fizycznej jego dolegliwości. Gdy powiedziałam mu o swoich spostrzeżeniach, zwierzył mi się, że żona kilkakrotnie go zdradziła, co odczuwał jak strzał w samo serce. Przyznając się teraz do tych emocji, które wcześniej próbował ignorować, mógł rozpoznać istotę swoich problemów – zarówno małżeńskich, jak i zdrowotnych.

Nasza energia emocjonalna przekształca się w materię biologiczną w efekcie bardzo złożonego procesu. Podobnie jak stacje radiowe nadają na określonych częstotliwościach, tak każdy narząd i układ w ciele przystosowany jest do odbioru i przetwarzania konkretnych energii psychicznych i emocjonalnych. Znaczy to, że każdy obszar ciała wysyła energię o konkretnej, dokładnie określonej częstotliwości i kiedy jesteśmy zdrowi, to wszystko jest „dostrojone".

Część ciała, która „nie nadaje” na swej zwykłej częstotliwości, wskazuje na występowanie problemu. Wielkość zmiany tej częstotliwości świadczy o charakterze i zaawansowaniu choroby oraz o stresie, który przyczynił się do jej powstania.

Taki sposób interpretacji energii ciała zwany jest czasem medycyną wibracyjną. Przypomina najstarsze wierzenia i praktyki medyczne, począwszy od medycyny chińskiej aż po tubylcze praktyki szamańskie, medycynę ludową i terapię alternatywną. To prawda, że medycyna energetyczna nie jest niczym nowym; ale uważam, że moja interpretacja jej zasad oraz sposobów, w jaki można ją wykorzystywać do uzdrawiania duchowego w połączeniu ze współczesnymi metodami leczenia, jest wyjątkowa. Jeżeli ktoś umie wyczuć intuicją, że traci energię wskutek stresującej sytuacji – a następnie stara się uzupełnić tę stratę – to prawdopodobieństwo, iż ów stres przerodzi się w zaburzenia fizyczne, maleje lub w ogóle znika.

Mimo że mogę krok po kroku nauczyć cię języka energii, tak byś zaczął widzieć i czuć pole energetyczne człowieka, zrozumiał związaną z nim anatomię duchową, poznał źródła swej siły wewnętrznej i zaczął rozwijać intuicję, to pewne trudności sprawia mi dokładne wyjaśnienie, jak ja sama zdobywam informacje o energii. Inne osoby obdarzone taką intuicją mają chyba te same problemy, ale łączy nas jedno: wszyscy odbieramy informacje o najsilniejszych impulsach – najbardziej intensywne. Impulsy te zwykle dotyczą akurat tej części ciała, która jest osłabiona lub choruje. Z reguły system energetyczny człowieka wysyła tylko te informacje, które najskuteczniej zwrócą uwagę jego świadomości na wystąpienie choroby. Informacja o charakterze symbolicznym, taka jak ów obraz „strzału w serce”, może czasem niepokoić. Lecz taka intensywność obrazu jest konieczna, aby sygnał od ciała mógł się przedrzeć przez ustalone schematy emocjonalne lub mentalne, które są główną przyczyną pojawienia się choroby. Diagnostycy intuicyjni współpracują z ciałem, którego intencją jest troszczyć się o własne zdrowie i życie. Znaczy to, że nasza energia zawsze będzie kierować się ku zdrowiu, niezależnie od tego, co robimy na poziomie fizycznym. Jeśli na przykład kłamiemy, nasze pole energetyczne często przekaże drugiej osobie „fakt energetyczny", że nie mówimy prawdy. Energia nie może i nie umie kłamać.

Pozostań przy swoim pierwszym wrażeniu

Gdy odbierasz wrażenia intuicyjne dotyczące ciebie lub osoby badanej, zwracaj uwagę na każdy napływający obraz. Wiele osób czeka na informacje bezpieczne, a nie te prawdziwe, ponieważ zazwyczaj chcą bezpiecznie wkroczyć w przyszłość, w nieznane. Możesz więc ulegać pokusie, by pomniejszać znaczenie niepokojącego obrazu, jaki otrzymujesz, obrazu niespójnego z pragnieniami twoimi lub osoby diagnozowanej. Większość ludzi, którzy proszą mnie o diagnozę, ma już intuicyjne przeczucie, że coś jest z nimi nie w porządku, ale żywią nadzieję, że nadam ich przeczuciom inny sens, że powiem: „Twoje ciało przechodzi tylko naturalną przemianę, ale w sensie fizycznym nic ci nie jest". Trzeba jednak mówić ludziom prawdę, a nie to, co chcą usłyszeć.

Ciągle spotykam się z sytuacją, że muszę potwierdzać negatywne przeczucia ludzi szukających u mnie pomocy. Zdolni są odbierać informacje tak samo trafnie jak ja; ci ludzie wiedzą, że są chorzy. Ponieważ jednak nie odczuwam ich strachu, lepiej niż oni mogę interpretować dane, jakie przekazuje mi intuicja.

Ludzie muszą stawić czoło temu, co ich przeraża. Ów mężczyzna „trafiony strzałem w serce" sądził, że bezpieczniej dla niego będzie zataić przed niewierną żoną podejrzenia o zdradę. Zamiast słuchać wskazówek intuicji, kierował swój żal i gniew „do podziemia", chował je w swym ciele, które w końcu zareagowało bólem w klatce piersiowej. Ciało i dusza starały się obudzić w nim potrzebę zmierzenia się z niewiernością żony, lecz tak jak wielu ludzi liczył na to, że unikając konfrontacji z problemami, sprawi, że same znikną. Jego ciało pokazało jednak, że prawdziwą ceną takiej postawy są kłopoty zdrowotne. Historia tego mężczyzny ilustruje, jak silna jest intuicja i jak pokonuje ona wszelkie postanowienia umysłu, by zapewnić nam zdrowie.

Życie czasem bywa bolesne i w sensie duchowym jesteśmy tu po to, by stawić czoło cierpieniom, jakie nam ono niesie. W kulturze Zachodu często jednak niewłaściwie interpretuje się plany Boga dotyczące ludzkości. Spodziewamy się, że życie będzie przyjemne i wolne od trosk. Obecność Boga w naszym życiu mierzymy poziomem naszego komfortu; wierzymy, że Bóg istnieje, jeśli spełniają się nasze modlitwy. Lecz ani Bóg, ani Budda, ani żaden inny przywódca duchowy czy wiara nie dają nam gwarancji na życie wolne od cierpień. Nauczyciele duchowi zachęcają nas, byśmy dojrzewali dzięki różnym bolesnym doświadczeniom, z których każde stanowi lekcję duchowości. Rozwijanie zdolności intuicyjnych pomoże nam opanować lekcje zawarte w naszych doświadczeniach.

Miej refleksyjny umysł

Nie ma jednego sposobu na rozwijanie własnej intuicji. Niektórzy poszerzają ją dzięki medytacji, inni – przez zdobywanie jakiejś umiejętności czy uprawianie sportu. Często słyszałam, jak ludzie mówią, że zdolności intuicyjne są owocem uduchowionego sposobu życia, ale nie jest to prawda. Takie zdolności posiada każdy z nas, ponieważ służą naszemu przetrwaniu, a nie duchowości. Jednak refleksyjne, medytacyjne nastawienie umysłu ułatwia odbiór wrażeń intuicyjnych. W interpretacji tych wrażeń i w nadawaniu im symbolicznego duchowego sensu pomoże ci obiektywizm.

Najważniejszy jest obiektywizm

Doświadczenie nauczyło mnie widzieć różnicę między spostrzeżeniami o charakterze osobistym a bezosobowymi; moim wskaźnikiem trafnego odbioru tych obrazów jest brak emocji. W moim przypadku czysty obraz nie ma żadnego zabarwienia emocjonalnego. Jeżeli czuję, że odbieranym przeze mnie wrażeniom towarzyszy jakaś emocja, uznaję, że są „zanieczyszczone". Często jednak badana przez ciebie osoba będzie odczuwać emocje płynące z obrazów, jakie otrzymujesz.

Wrażenia, które odbieram, nie są ani słuchowe, ani wzrokowe. Przypominają raczej szybko przelatujące przez umysł obrazy mentalne, które mają w sobie ledwo wyczuwalny prąd elektryczny. Gdy badam czyjeś ciało, skupiam uwagę kolejno na każdym z ośrodków energetycznych i czekam, aż pojawi się obraz. Po jakichś pięciu sekundach zaczynają ukazywać się obrazy, trwa to przez pewien czas, po czym samoistnie ustaje. Czas ten jest różny w przypadku różnych osób; u niektórych pacjentów wynosi prawie godzinę, u innych zaledwie dziesięć minut.

Niekiedy zdarza mi się, że nie potrafię odczytać stanu zdrowia pacjenta ani mu pomóc. Wówczas mogę tylko snuć domysły. Kilkakrotnie odnosiłam wrażenie, że nic z tego, co powiedziałam badanemu, nie miało dla niego sensu, a innym razem wydawało mi się, że pacjent czeka tylko na konkretną odpowiedź, której jednak nie mogłam mu podać, na przykład, dlaczego jego małżeństwo się rozpadło. Staję się też zupełnie nieskuteczna, jeśli jestem zmęczona lub zbyt zaabsorbowana własnymi sprawami.

Gdy uczysz się odczytywać ludzki układ energetyczny, powinieneś najpierw poznać zasady, na których opiera się praktyka, a następnie zdobywać doświadczenie praktyczne. W niniejszej książce znajdziesz podstawy teoretyczne i wskazówki, jak zbadać własne zdolności intuicyjne, ale rozwijając dalej tę umiejętność i chcąc stosować ją w życiu, musisz zaufać swoim wewnętrznym przeczuciom – na to kładę największy nacisk.

ZASADA PIERWSZA: BIOGRAFIA STAJE SIĘ BIOLOGIĄ

Zgodnie z medycyną energetyczną, wszyscy jesteśmy żywymi księgami. Nasze ciało zawiera całą naszą historię – rozdział, akapit i wers każdego wydarzenia z naszego życia i każdej znajomości. Gdy życie płynie, nasze zdrowie biologiczne staje się żywym, oddychającym obrazem biograficznym zawierającym nasze zalety, wady, nadzieje oraz nasze lęki.

Każda myśl, która pojawiła się w twojej głowie, przemierzyła też twój układ biologiczny i wzbudziła reakcję fizjologiczną. Niektóre myśli są jak głębokie wstrząsy i wywołują zmiany w całym ciele. Strach, na przykład, jest czynnikiem pobudzającym każdy układ twojego ciała: czujesz ściskanie w żołądku, serce bije ci szybciej i oblewasz się potem. Myśl przepojona miłością sprawia, że się odprężasz. Niektóre myśli są ledwo zauważalne, a inne zupełnie nieświadome. Wiele jest bez większego znaczenia; przelatują przez ciało jak wicher i nie zaprzątają uwagi, a ich wpływ na nasze zdrowie jest znikomy. Natomiast każda świadoma myśl – i wiele nieuświadomionych – wywołuje reakcję fizjologiczną.

Wszystkie myśli, niezależnie od swej treści, najpierw przedostają się do naszych układów jako energia. Te spośród nich, które mają ładunek emocjonalny, mentalny, psychologiczny lub duchowy, wytwarzają reakcję biologiczną, która następnie przechowywana jest w naszej pamięci komórkowej. W ten sposób nasza biografia stopniowo, powoli, dzień po dniu, wplatana jest w nasze układy biologiczne.

Historia młodego mężczyzny, pacjenta Norma, to dobry przykład działania tego procesu. Norm zadzwonił do mnie, aby poradzić się w sprawie swego pacjenta, dentysty, który ogólnie czuł się kiepsko i był coraz bardziej wyczerpany. Miał ostre bóle w prawej części brzucha, a poza tym przeżywał głęboką depresję.

Ustawiczne, narastające zmęczenie, które przytępia umysł i emocje, jest energetycznym symptomem wskazującym, iż w ciele występują jakieś zaburzenia. Większość osób nie zauważa tych objawów, bo w gruncie rzeczy są bezbolesne. Ale poprzez ciągłe zmęczenie, które nie ustępuje nawet przy większej ilości snu, ciało stara się zasygnalizować, że człowiek jest chory „energetycznie". Reagując na tę informację, często można zapobiec rozwojowi choroby.

Depresja to inny symptom, że coś jest nie w porządku. W środowisku medycznym depresję uważa się na ogół za zaburzenie emocjonalne i mentalne. Przedłużająca się depresja często jednak poprzedza chorobę fizyczną. W języku energii mówi się, że depresja w sensie dosłownym jest wyzbywaniem się energii – lub, inaczej, siły życiowej

– bez udziału świadomości. Jeśli porównać energię do pieniędzy, to depresja przypomina otwarcie portfela i oświadczenie: „Nie obchodzi mnie, kto weźmie moje pieniądze i na co zostaną wydane". Trwająca długo depresja nieuchronnie prowadzi do chronicznego zmęczenia. Jeśli nie dbasz o to, kto i jak wydaje twoje pieniądze, z pewnością zbankrutujesz. Tak samo, bez energii nie możesz zachować zdrowia.

Gdy Norm badał owego dentystę, odniósł wrażenie, że w ciele pacjenta rozwija się choroba. Ponieważ uskarżał się on na bóle brzucha, Norm wykonał mu testy na raka trzustki, ale nie wykazały niczego. Zadzwonił więc do mnie, prosząc o konsultację. Jak zwykle podał mi tylko imię i wiek pacjenta, nie mówiąc ani o jego bólach, ani o własnych podejrzeniach. Oceniając intuicyjnie stan zdrowia tego mężczyzny, zauważyłam, że z prawej strony ciała, w okolicach trzustki, wytwarza się toksyczna energia. Powiedziałam Normowi, że człowiek ten czuje na sobie ogromny ciężar odpowiedzialności i że właśnie to jest nieustającym źródłem jego cierpień. Miał bardzo silne uczucie, że nie potrafi żyć tak, jak chce, i stale borykał się z tą myślą, nie dopuszczając do siebie prawie żadnych innych emocji. (Wszyscy, rzecz jasna, mamy negatywne uczucia, ale nie wszyscy wytwarzamy z tego powodu poważną chorobę fizyczną. Aby powstało zaburzenie, negatywizm musi stać się emocją dominującą, tak jak w przypadku owego młodego dentysty).

Przekazując Normowi swoje wrażenia, powiedziałam, że pacjent ma raka trzustki. Norm przyznał, że sam to podejrzewał, ale testy niczego nie wykazały. Pożegnał się ze mną i zajął się swoim pacjentem. Poradził mu, by zastanowił się, czy dobrze służy mu jego praca, ponieważ jest całkiem prawdopodobne, że będzie musiał coś w swoim życiu zmienić, jeśli chce osiągnąć to, czego pragnie.

Pacjent przyznał, że miał zamiar rzucić stomatologię, ale czuł, że nie będzie zdolny zająć się niczym innym, bo jego decyzja bardzo dotknie tych, za których jest odpowiedzialny. Norm nie powiedział mu, że w jego ciele znajduje się energia o częstotliwości charakterystycznej dla raka, lecz rozmawiał z nim o jego frustracjach zawodowych i starał się mu pomóc w zmianie postawy. Niestety, pacjent nie poszedł za radą Norma. Uważał, że odpowiedzialność to obowiązek troszczenia się o innych ludzi, a nie o siebie, i nie mógł przeformułować swojego życia tak, by obejmowało ono również troskę o samego siebie i samorealizację.

Dwa tygodnie później jego lekarz rodzinny zlecił powtórzenie testów na raka trzustki. Tym razem okazały się dodatnie. Natychmiast przeprowadzono operację, ale po czterech miesiącach mężczyzna zmarł.

Czasem trzeba ogromnego wysiłku, aby zmienić nastawienie umysłu, tak by pozwolić sobie na odzyskanie zdrowia. Chociaż dentysta nie umiał przyjąć do wiadomości faktu, że jego niezadowolenie z pracy i poczucie, iż tkwi w pułapce, wpływają na chemię jego ciała i stan zdrowia, inni dostrzegli to z całą oczywistością. Zaakceptowanie idei, że każda cząstka twojego życia – począwszy od wydarzeń na poziomie fizycznym, a kończąc na każdej postawie, opinii i przekonaniu, jakie w sobie nosisz – wywiera wpływ na twą strukturę biologiczną, to jednak tylko część procesu uzdrawiania. Musisz tę prawdę przenieść z poziomu mentalnego na fizyczny, do swojego ciała, tak abyś poczuł ją każdą komórką i całkowicie w nią uwierzył.

Bardzo łatwo nauczyć się czegoś i stosować potem tę wiedzę tylko od czasu do czasu. Myśl, że biografia staje się biologią, zakłada, że w pewnym stopniu uczestniczymy w procesie powstawania choroby. Ale – i jest to bardzo ważne – nie powinniśmy obwiniać o chorobę ani samych siebie, ani pacjentów. Ludzie rzadko świadomie wywołują chorobę. Choroba jest raczej konsekwencją schematów zachowań i postaw, z których biologicznej toksyczności nie zdajemy sobie sprawy, dopóki nie odczujemy ich skutków. Dopiero gdy choroba zmusza nas do przeanalizowania sytuacji, zaczynamy rozumieć, że nasze codziennie lęki czy zgorzknienie to substancje biologicznie szkodliwe.

Oczywiście, wszyscy mamy negatywne uczucia, ale nie każdy negatywizm wywołuje chorobę. Aby powstało zaburzenie, negatywne emocje muszą dominować, a cały proces przyśpiesza świadomość tego, że negatywna myśl jest toksyczna, i równoczesne przyzwolenie, aby trwała ona w twoim umyśle. Na przykład, możesz zdawać sobie sprawę, że powinieneś komuś wybaczyć, a mimo to uznać, że chowanie urazy daje ci więcej siły. Obsesyjny gniew stwarza większe prawdopodobieństwo, że rozwiniesz w sobie chorobę, ponieważ energetyczną konsekwencją negatywnej obsesji jest bezsilność. Energia jest siłą, a gdy wysyłasz ją w przeszłość, rozpamiętując bolesne wydarzenia, wówczas odbierasz siłę swojemu teraźniejszemu ciału i może to prowadzić do choroby.

Siła jest podstawą odzyskiwania i zachowywania zdrowia. Poczucie bezsilności nie tylko prowadzi do niskiej samooceny, ale również pozbawia ciało energii i ogólnie osłabia organizm. Dlatego kolejna zasada mówi o podstawowym znaczeniu, jakie dla naszego zdrowia ma siła wewnętrzna.

ZASADA DRUGA: SIŁA WEWNĘTRZNA JEST NIEZBĘDNA DLA ZDROWIA

Pewnego dnia Norm zadzwonił do mnie z prośbą, bym postawiła diagnozę kobiecie cierpiącej na depresję oraz na przewlekłe bóle karku i dolnej części pleców. Zapytał, czy moim zdaniem pomogłyby jej zabiegi elektromagnetyczne. „Wykluczone – odparłam. – Nie ma ona w sobie dość energii, aby mogła skorzystać z tych wszystkich urządzeń".

Wtedy po raz pierwszy wypowiedziałam się na temat czyjejś siły wewnętrznej w odniesieniu do zdrowia. Norm poprosił, abym mu to dokładniej wytłumaczyła, i dopiero wówczas uświadomiłam sobie, co właściwie znaczyły moje słowa. Nagle w całkowicie inny sposób spojrzałam na energetyczny układ człowieka – jako na odzwierciedlenie jego siły wewnętrznej.

Wyjaśniłam Normowi, że przekonania tej kobiety pozbawiały ją sił życiowych. Czuła się niedowartościowana, ciągle szukała aprobaty i panicznie bała się samotności. Jej samoocena opierała się tylko na zdolności sprawowania kontroli nad innymi, zwłaszcza nad własnymi dziećmi. Jej lęki i niepewność były jak czarna dziura, która przyciąga do siebie wszystkich, głównie dzieci, tylko po to, aby ich w końcu zniszczyć. Stale krytykowała swoje dzieci, chcąc, by pozostawały od niej zależne, ponieważ słabym dzieciom trudno jest opuścić rodzinne gniazdo. Znajdowała wady we wszystkich ich osiągnięciach, czy to w nauce, czy w sporcie, gdyż nie mogła ryzykować, że je wzmocni, dając im wsparcie emocjonalne. Kontrolowanie innych wymaga ogromnej energii, a ponieważ owa kobieta nigdy nie czuła, że ma taką kontrolę, była nieustannie wyczerpana. Chroniczny ból także wynikał z tego, że nie mogła sprawować kontroli nad innymi. Gdy przyszła do gabinetu Norma, wyglądała na wykończoną.

Kobieta nie potrafiła pogodzić się z nieuchronnością tego, że dzieci ją opuszczą, ale twierdziła, że wszystko robi dla ich dobra. We własnym mniemaniu była troskliwą matką, bo dzieci miały wysprzątany dom, zdrową żywność i modne ubrania. Stale jednak dążyła do tego, by przyhamować ich rozwój emocjonalny, i nie potrafiła się do tego przyznać.

Ponieważ nie pomogły jej tradycyjne metody leczenia, Norm rozważał możliwość zastosowania terapii alternatywnych, łącznie z psychoterapią, elektryczną stymulacją czaszkową oraz terapią światłem i kolorem. Zdałam sobie sprawę, że jeśli skorzysta z tych technik, poczuje ulgę na tydzień lub na miesiąc, lecz nie wyzdrowieje całkowicie, dopóki nie porzuci swej patologicznej walki o zachowanie kontroli.

Tamtego popołudnia zrozumiałam, że aby terapia alternatywna zakończyła się sukcesem, pacjent musi mieć wewnętrzną świadomość, czym jest siła – i umieć w sobie gromadzić energię i czerpać ze swych zasobów emocjonalnych, takich jak wiara we własną samowystarczalność.

Ta kobieta miała tylko zewnętrzną wiedzę o sile – i siłę tę czerpała z zewnętrznego źródła, ze swoich dzieci. Mogłaby oczywiście chodzić na sesje psychoterapeutyczne, lecz jeśli nie przyjęłaby prawdy o samej sobie, to przez tę godzinę tygodniowo nadal by tylko użalała się nad sobą. Nie nastąpiłoby żadne rzeczywiste uzdrowienie. M. Scott Peck w swoich książkach *People of the Lie* i *Drogą mniej uczęszczaną* (wyd. Medium, Warszawa 1998) mówił, że najważniejsze dla odzyskania zdrowia jest to, by dostrzec i zaakceptować prawdę o sobie, o swej roli w tworzeniu własnych problemów i o swoim stosunku do innych ludzi.

Diagnozowanie tej kobiety pozwoliło mi przemyśleć rolę siły w naszym życiu i układzie energetycznym. Siła tkwi u podstaw ludzkiego doświadczenia. Nasze postawy i systemy przekonań, pozytywne lub negatywne, odzwierciedlają sposób, w jaki określamy i wykorzystujemy – lub nie – własną siłę. Nikomu nie są obce te problemy. Może próbujemy uporać się z poczuciem bezsilności czy niższości, a może staramy się zachować kontrolę nad ludźmi lub sytuacjami, co w naszym mniemaniu daje nam władzę. Może w kontaktach z innymi usiłujemy zachować poczucie bezpieczeństwa, będące synonimem siły. Wielu ludzi, tracąc coś, co dla nich symbolizuje siłę – na przykład pieniądze czy pracę – albo tracąc kogoś, z kim wiązali poczucie własnej tożsamości – małżonka, ukochaną, rodzica lub dziecko – rozwija w sobie chorobę. Nasze podejście do siły tkwi u podstaw naszego zdrowia.

Rozważmy pierwszą zasadę – że biografia staje się biologią – w powiązaniu z drugą – że siła wewnętrzna jest niezbędna dla zdrowia. Siła ta łączy nasz świat wewnętrzny z zewnętrznym, przemawiając językiem mitów i symboli. Weźmy na przykład najbardziej znany symbol władzy i siły: pieniądze. Gdy ktoś w głębi duszy przekonany jest, że pieniądze symbolizują siłę, wówczas ich zdobywanie i posiadanie staje się dla niego równoznaczne ze zdrowiem; gdy zdobywa pieniądze, jego układ biologiczny otrzymuje sygnał, że oto do ciała napływa siła. Jego umysł przekazuje podświadomości informację: „Mam forsę. Jestem więc bezpieczny. Jestem silny i wszystko jest w porządku". To pozytywne stwierdzenie, przesyłane do całego układu biologicznego, tworzy zdrowie.

Oczywiście zarabianie mnóstwa pieniędzy nie daje zdrowia, lecz nieuchronnie wiąże się z udręką, bezsilnością i chorobą. Gdy zaczynasz mieć kłopoty ze zdobywaniem pieniędzy albo nagle je tracisz, twój układ biologiczny może osłabnąć. Pamiętam pewnego mężczyznę, który w latach 80. wydawał się mieć dotyk króla Midasa. Jego firma odnosiła coraz większe sukcesy, a on sam miał energię dziesięciu ludzi. Pracował do późnych godzin, bawił się aż do rana, po czym pierwszy zjawiał się w pracy, zawsze rześki, wesoły i we wszystkim dobrze zorientowany. I wtedy, w czerwcu 1987 roku, nastąpił krach na giełdzie i jego firma znalazła się w tarapatach. W ciągu kilku miesięcy całkiem podupadł na zdrowiu. Zaczął mieć migreny, potem bóle w krzyżu i w końcu poważne zaburzenia żołądkowe. Nie mógł już dłużej pracować do późna ani wypełniać terminarza spotkań i wycofał się z wszelkich przedsięwzięć, starając się tylko, by przetrwało jego imperium finansowe.

Mężczyzna nie zdawał sobie sprawy, że swoje zdrowie uzależnił od zdolności zarabiania pieniędzy. Ale gdy zachorował, natychmiast dostrzegł ten związek. Zrozumiał, że pieniądze były dla niego symbolem wolności i stylu życia, o jakim zawsze marzył. Gdy stracił fortunę, opadł z sił i zaledwie w ciągu kilku tygodni jego układ biologiczny również uległ katastrofie. Z pewnością stres związany z próbą odbudowy firmy osłabiłby każdego, ale ten mężczyzna żył w napięciu już wtedy, gdy firma świetnie prosperowała, i właśnie ono pozbawiło go sił.

Każdy z nas zna wiele symbolów siły, a wszystkie mają swoje biologiczne przeciwieństwo. Dentysta z rakiem trzustki uznał za swój symbol siły pracę zawodową. Ale gdy z biegiem czasu przestał ją lubić, z każdym dniem tracił siły. Ich ubytek prowadził do reakcji biologicznej, co trwało do momentu, kiedy mężczyzna wytworzył w sobie nieuleczalną chorobę.

Nasze życie obraca się wokół symbolów siły – pieniędzy, władzy, tytułów, urody, bezpieczeństwa. Ludzie obecni w naszym życiu i wybory, których co chwila dokonujemy, są wyrazem i symbolem naszej siły wewnętrznej. Często nie chcemy przeciwstawiać się osobie, która, jak sądzimy, ma więcej siły niż my, i niejednokrotnie zgadzamy się na pewne rzeczy, czując, że nie jesteśmy dość silni, by odmówić. W bardzo wielu sytuacjach i związkach czynnikiem dominującym jest ocena siły: kto nią dysponuje i w jaki sposób możemy mieć w niej swój udział.

Poznanie symboliki języka energii oznacza, że musimy nauczyć się oceniać siłę swoją i innych. Informacje energetyczne zawsze są zgodne z prawdą. Chociaż ktoś może publicznie mówić, że się z czymś zgadza, to jego energia pokaże, jakie rzeczywiście są jego odczucia, a owe odczucia znajdą sobie drogę, by ujawnić się w jakiejś symbolicznej formie. Nasze układy biologiczny i duchowy zawsze chcą wyrazić prawdę i za każdym razem znajdują na to właściwy sobie sposób.

Musisz wiedzieć, co daje ci siłę. Łatwiej wyjdziesz z każdej choroby, gdy rozpoznasz swoje symbole siły oraz swój symboliczny i fizyczny z nimi związek i będziesz śledzić wszelkie informacje, jakie na ich temat przesyła ci twoje ciało i twoja intuicja.

ZASADA TRZECIA: SAM MOŻESZ SOBIE POMÓC WYZDROWIEĆ

Medycyna energetyczna to filozofia holistyczna, która mówi: „Ponoszę odpowiedzialność za swoje zdrowie. A więc do pewnego stopnia przyczyniłem się do powstania tej choroby. Mogę uczestniczyć w pozbyciu się jej, uzdrawiając sam siebie, to znaczy uzdrawiając jednocześnie swoje emocjonalne, psychiczne, fizyczne i duchowe ja".

Uzdrowienie i wyleczenie to nie to samo. „Wyleczenie" następuje wówczas, gdy człowiek skutecznie kontroluje i hamuje fizyczny postęp choroby. Wyleczenie dolegliwości fizycznej niekoniecznie musi oznaczać, że ustąpiły także napięcia emocjonalne i psychiczne będące częścią choroby. W takim przypadku istnieje duże prawdopodobieństwo jej nawrotu.

Proces leczenia ma charakter bierny, co oznacza, że pacjent skłonny jest oddać władzę nad sobą lekarzowi i poddać się przepisanej terapii, zamiast aktywnie stawić czoło chorobie i odzyskać zdrowie. Uzdrawianie natomiast jest procesem aktywnym i wewnętrznym, wymagającym przeanalizowania własnych postaw, wspomnień i przekonań – po to, aby porzucić wszelkie negatywne wzorce, które uniemożliwiają pełny powrót do zdrowia duchowego i emocjonalnego. Taka wewnętrzna analiza nieuchronnie prowadzi do przyjrzenia się okolicznościom zewnętrznym i do próby rekonstrukcji własnego życia w sposób pozwalający rozbudzić swoją wolę – wolę, by dostrzegać i akceptować prawdę o sobie i o korzystaniu z własnej energii; oraz wolę, by zacząć korzystać z tej energii do tworzenia miłości, wiary w siebie i zdrowia.

Język medycyny konwencjonalnej przypomina żargon wojskowy. Mówi się: „Pacjenta zaatakował wirus" albo: „Tkanki zostały zatrute toksynami, co doprowadziło do powstania guza". Filozofia medycyny tradycyjnej uważa pacjenta za niewinną – lub całkowicie bezsilną – ofiarę ataku, którego w żaden sposób nie sprowokowała.

W leczeniu konwencjonalnym pacjenci realizują program przepisany przez lekarza, toteż odpowiedzialność za rezultaty spada na niego. Współpraca pacjenta w procesie leczenia jest oczywiście mile widziana, ale jego postawa nie ma znaczenia – główną rolę mają odegrać lekarstwa i zabiegi. W terapiach holistycznych jest odwrotnie – aby leczenie zakończyło się sukcesem, konieczne jest, by pacjent gotów był w pełni uczestniczyć we własnym uzdrawianiu.

Medycyna holistyczna i tradycyjna prezentują dwa różne podejścia do kwestii siły: aktywne i pasywne. W medycynie konwencjonalnej stosowanie leków nie wymaga od pacjenta świadomego uczestnictwa, natomiast techniki holistyczne w rodzaju wizualizacji zakładają jego aktywne zaangażowanie. Innymi słowy, pomiędzy świadomością pacjenta a skutecznością terapii i czasem nawet samym terapeutą pojawia się łączność energetyczna. Gdy pacjent jest bierny – z nastawieniem: „Róbcie, co do was należy" – nie wyzdrowieje w pełni; może wyleczyć się w sensie fizycznym, lecz nigdy nie upora się do końca ze źródłem swej choroby.

Podejście pasywne

Matka cierpiąca na depresję oraz przewlekły ból szyi i pleców to przykład kogoś, kto ma tylko siłę bierną. Taka zależna od innych osoba czuje, że musi czerpać siłę z otoczenia zewnętrznego, od kogoś innego albo za jego pośrednictwem. Myśli, świadomie lub nie: „Sama jestem nikim". Chce zdobyć siłę poprzez pieniądze, status towarzyski, władzę polityczną, społeczną, wojskową lub religijną czy znajomości z wpływowymi ludźmi. Nie wyraża swoich potrzeb otwarcie, lecz staje się mistrzem manipulacji lub tolerowania sytuacji niewygodnych.

Rys. 1. Obwody energetyczne biegną przez ciało i kierują się ku celom energetycznym.

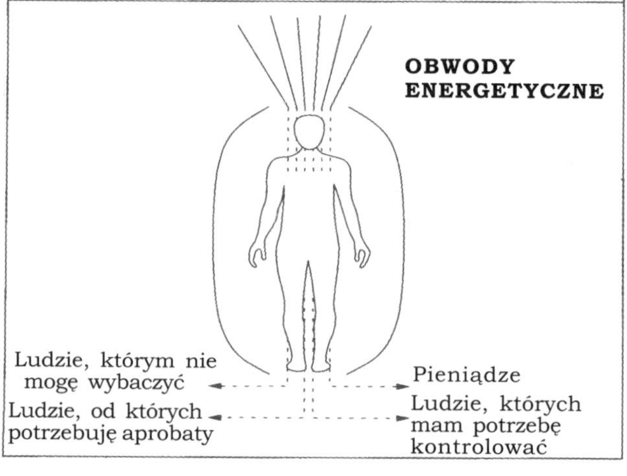

Jeśli chodzi o układ energetyczny człowieka, nasze indywidualne interakcje z otoczeniem można by porównać do obwodów elektromagnetycznych. Obwody te biegną przez nasze ciało i łączą nas z obiektami i ludźmi na zewnątrz. Niektóre przedmioty i osoby, czyli „cele energetyczne" przyciągają nas, abyśmy mogli z nich przelewać siłę do własnego układu energetycznego. Połączenie z takim celem sprawia jednak, że z naszego pola wypływa część energii i dąży do owego celu.

Początkowo obwody energetyczne uważałam tylko za symbol, ale doszłam do przekonania, że takie ścieżki energii istnieją naprawdę. Często słyszę, jak ludzie mówią, że czują się „uzależnieni" od kogoś lub od jakiegoś wydarzenia z przeszłości. Niektórzy zauważają, że po spotkaniu z jakąś osobą lub po pobycie w jakimś miejscu czują się „wyczerpani". Te potoczne określenia, lepiej niż myślimy, oddają prawdę o wzajemnym oddziaływaniu między naszym polem energetycznym a otoczeniem. Gdy ktoś stwierdza, że jest negatywnie „uzależniony" od kogoś lub czegoś albo że nadmiernie się z czymś identyfikuje, sam nieświadomie stawia sobie diagnozę – mówi, w jaki sposób traci energię. Takich ludzi nazywam pasywnymi.

Skrajnym przykładem człowieka pasywnego jest nałogowiec. Bez względu na rodzaj uzależnienia takiego człowieka – czy są to narkotyki, alkohol, czy potrzeba kontrolowania innych – jego obwody energetyczne są tak mocno złączone ze źródłem siły, że nie potrafi on już posługiwać się rozumem. Gdy prowadziłam w Danii warsztaty dla osób z wirusem HIV oraz dla chorych na AIDS, wydarzyło się coś, co w dramatyczny sposób ilustruje energetyczne konsekwencje uzależnienia.

Anna zaraziła się wirusem HIV, uprawiając swój zawód – prostytucję. Była drobnej budowy i wyglądała jak dziewczynka. Utykała, ponieważ miesiąc wcześniej jeden z „klientów" połamał jej żebra.

Na zajęciach mówiłam, co należy zrobić, aby wyleczyć się z poważnej choroby. Napomknęłam, że uzależnienia, takie jak papierosy i alkohol, hamują proces powrotu do zdrowia. Podczas przerwy Anna podeszła do mnie i spytała: „Ależ Caroline, co może być złego w wypalaniu tylko dwóch papierosów dziennie?". Gdy na nią popatrzyłam, zrozumiałam, że gdybym w lewej ręce trzymała lekarstwo na AIDS, a w prawej papierosa i kazała jej wybrać, co chce, to jej umysł wybrałby lekarstwo, lecz wszystkie obwody elektryczne skierowałyby się prosto do tego jednego papierosa.

Podkreślam jeszcze raz: celami, z którymi człowiek pasywny łączy swoje obwody energetyczne, są osoby lub przedmioty, którym oddaje on swoją energię – a zwłaszcza oddaje władzę nad sobą. Nałóg palenia miał nad Anną większą władzę niż pragnienie, by wyzdrowieć. Nieprzyzwyczajona do samodzielnego dokonywania trafnych wyborów, postępowała według wzorca przekazywania własnej energii innym – najczęściej swojemu sutenerowi i papierosom, dwu siłom, które całkowicie nią zawładnęły. Nie mogła wyzdrowieć, bo jej siła istniała teraz na zewnątrz, poza granicami jej fizycznego ciała.

Umysłowi nie jest łatwo konkurować z naszymi potrzebami emocjonalnymi. Anna dobrze wiedziała, że zarówno jej profesja, jak i nałóg niszczą jej zdrowie. Lecz i tak pragnęła nikotyny, bo uważała, że papierosy ją relaksują. Była nadal związana z sutenerem, gdyż wierzyła, że się nią opiekuje. Umysł Anny zracjonalizował jej przywiązania emocjonalne i starał się negocjować proces leczenia, sugerując, że dwa papierosy dziennie nie powinny zaszkodzić jej zdrowiu. Nie mogąc rzucić nałogu, Anna nie była zdolna odzyskać siły potrzebnej do wyzdrowienia.

To nie umysł, lecz potrzeby emocjonalne decydują o naszym przywiązaniu do celów energetycznych. Powiedzenie: „Serce ma swoje racje, których rozum nie zna" doskonale ilustruje tę sytuację. Dla ludzi pasywnych korzystanie z własnej intuicji jest zawsze ogromnie trudne. Ich samoocena tak bardzo zależy od opinii osób będących dla nich celami energetycznymi, że automatycznie odrzucają każdą informację, jaką przekazuje im intuicja. Aby rozwinąć swoją intuicję, trzeba nauczyć się szanować własne wrażenia. Jeśli potrzebujesz innych ludzi, aby je potwierdzali, bardzo osłabiasz swoje zdolności intuicyjne.

Ponieważ zdrowia nie można wynegocjować, jego odzyskiwanie jest dla ludzi pasywnych o wiele większym wyzwaniem niż dla osób aktywnych. Uzdrawianie to w gruncie rzeczy zadanie samodzielne. Nikt nie może się leczyć za kogoś innego. Nikt również nikogo nie zmusi, by porzucił bolesne wspomnienia i doświadczenia, co jest warunkiem powrotu do zdrowia. Ponieważ ze swej natury siła bierna jest „siłą czerpaną z przywiązania", przeciwstawia się ona dążeniom układu biologicznego, aby oderwać się od zewnętrznych celów odbierających energię. Ludzie pasywni są niemal zaprogramowani na korzystanie z konwencjonalnych metod leczenia. Nie zawsze jest to złe; dopóki pozostają pasywni, terapie tradycyjne stanowią dla nich najlepszą formę powrotu do zdrowia.

Zmiana kierunku siły

Większość ludzi przychodzi na moje zajęcia dlatego, że zdają sobie sprawę, iż muszą zmienić swoje życie. Niektórzy boją się opuścić swego partnera lub porzucić pracę, inni szukają sposobu, aby jakoś pogodzić się z sytuacją, która nie odpowiada im potrzebom emocjonalnym. Nie potrafię już zliczyć, ile razy słyszałam: „Myślę, że lepiej mi było przedtem, zanim zrozumiałem, jak bardzo jestem nieszczęśliwy".

Gdy już poznamy swoje potrzeby emocjonalne, nie potrafimy o nich zapomnieć. Gdy zdamy sobie sprawę ze źródła naszego niezadowolenia, nie możemy wymazać tego ze świadomości. Musimy podjąć decyzję. Zdolność dokonywania wyboru wymaga jednak aktywności, a świadomość, że mamy tę aktywną siłę, zarówno nas ekscytuje, jak i przeraża – ponieważ wówczas chcemy zmienić w swoim życiu to, co już przestało nam odpowiadać. Wprowadzanie tych zmian inspiruje nas z kolei do tego, byśmy stawili czoło innym aspektom naszego życia, które nie w pełni nas zadowalają.

Często trudno jest zmienić dotychczasowe życie z powodu istniejących zobowiązań. Zwykle w rodzinie uczymy się być obowiązkowi i lojalni – i tacy wobec niej jesteśmy. Lojalność wobec siebie to już zupełnie inna wartość i próba jej dochowania może wywołać konflikt w stosunkach rodzinnych. W imię takiej lojalności kobieta może na przykład dojść do wniosku, że nie powinna pozostawać dłużej w związku małżeńskim. Kiedy poinformuje o tym męża, usłyszy od niego: „Pomyśl o dzieciach". Jest to przykład częstego konfliktu między lojalnością wobec grupy a lojalnością wobec siebie. Godząc się z niezadowalającą nas sytuacją, możemy przez pewien czas zaspokajać oczekiwania grupy i starać się nie myśleć o własnych potrzebach emocjonalnych.

W pewnym momencie jednak nasze ciało emocjonalne stanie się na tyle silne, że umysł nie będzie już mógł oszukiwać serca. Nieszczęśliwa żona albo nadal będzie się męczyć, tkwiąc w nieudanym małżeństwie, albo zdecyduje się na rozwód i będzie mieć ustawiczne poczucie winy, że nie pozostała lojalna wobec grupy, czyli swojej rodziny. Prawdę mówiąc, zdajemy sobie sprawę ze swych osobistych potrzeb dopiero wtedy, gdy już jesteśmy uwikłani w określony układ.

Julie przyszła na moje warsztaty, bo chorowała na nowotwór piersi i jajników. Jej małżeństwo od kilku lat nie funkcjonowało dobrze. Chciała wyleczyć się z raka, ale żyła z mężczyzną, który traktował ją z ogromną pogardą, co zaczęło się już dwa lata po ślubie. Chociaż była bardzo atrakcyjną kobietą, bez przerwy jej powtarzał, że mdli go na sam jej widok. Starając się zdobyć jego względy, odchudzała się i ciągle ćwiczyła. Określiła siebie jako mistrzynię manipulacji, ponieważ posługiwała się nią, aby dać sobie radę w tym małżeństwie, chociaż bez żadnego skutku. Chcąc zwrócić na siebie uwagę męża, wymyślała historyjki o ludziach, których rzekomo spotkała podczas zakupów. Pewnego razu zadzwoniła do niego do biura z fikcyjną opowiastką o jakimś mężczyźnie, który napadł na nią podczas joggingu i chciał zgwałcić. Żadna sfabrykowana historia nie wzbudzała w nim jednak ani krzty zainteresowania.

Innym problemem w tym małżeństwie były pieniądze. Chociaż mąż Julie bardzo dobrze zarabiał, ograniczał jej wydatki i kazał rozliczać się z każdego centa. Mimo takiego poniżenia Julie nigdy nie pomyślała o podjęciu pracy, by mieć własne pieniądze, uważając, że nie posiada żadnych liczących się na rynku umiejętności.

Pożycie intymne ustało po dwóch latach małżeństwa. Nieudane próby Julie, by ożywić tę sferę, powodowały dalsze upokorzenia. Gdy stwierdzono u niej raka, mąż odmówił spania z nią w jednym łóżku. W reakcji na takie odtrącenie Julie zaczęła sypiać na podłodze pod drzwiami sypialni. Każdego dnia w drodze do łazienki mąż musiał dosłownie nad nią przechodzić i nieraz spluwał, kiedy prosiła go o pomoc.

Na moje pytanie, dlaczego od niego nie odeszła, powiedziała, że nigdy nie umiała zadbać o siebie w sensie emocjonalnym ani finansowym, a teraz bardziej niż kiedykolwiek potrzebuje kogoś, kto się o nią zatroszczy. Jak na ironię, gdy tylko wspominała o mężu, przybierała nieobecny wyraz twarzy, jakby ktoś rzucił na nią urok, i mówiła, że w rzeczywistości jest on bardzo opiekuńczy, ale po prostu ogromnie zestresowany swoją pracą. Poza tym w gruncie rzeczy ją kocha, tylko ostatnio nie potrafi okazywać uczuć.

Gdy zasugerowałam jej, że powinna odwiedzić psychoterapeutę, stwierdziła, że nie zrobi tego, bo mąż nie ma dobrego zdania o psychoterapeutach. Powiedziałam jej również, że nabrałaby więcej sił, stosując zdrową, bogatą w witaminy dietę. I znów odparła, że posłucha tych rad, jeśli mąż je zaakceptuje.

Patrząc na to z energetycznego punktu widzenia, znamienne jest, że Julie rozwinęła raka w narządach kobiecych; najpierw w jajnikach, potem w piersiach. Choroba w symboliczny sposób odzwierciedliła jej poczucie, że została odrzucona jako kobieta. Jak dowiesz się w następnym rozdziale, nasze narządy płciowe zawierają energię naszej biografii, zwłaszcza naszych związków z innymi ludźmi oraz z otoczeniem. Julie nie mogła uważać siebie za kogoś, kto ma wewnętrzną siłę, ponieważ za źródło swego bezpieczeństwa uznawała męża; jej układ biologiczny wciąż otrzymywał „sygnały niemocy". Po roku Julie zmarła.

Osoby aktywne całkowicie różnią się od pasywnych, takich jak Julie. Same sobie dostarczają motywacji – uważają, że przede wszystkim trzeba zatroszczyć się o siebie, a ich obwody energetyczne ukierunkowane są na samoświadomość, siłę wewnętrzną i hart ducha. Taki człowiek potrafi zrobić wszystko, co jest konieczne, aby zachować równowagę między ciałem, umysłem i duszą.

Rys. 2. Obwody energetyczne biegną przez ciało kobiety do jej męża.

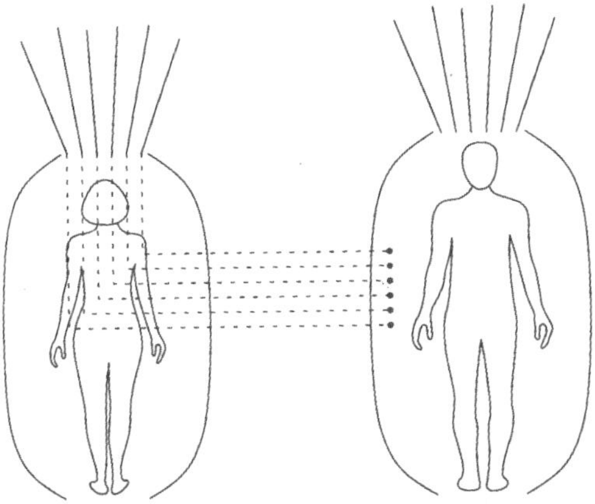

UWAGA: Ponieważ ta kobieta jest całkowicie zależna od swojego męża, cała jej energia związana jest z jego polem energetycznym. W rezultacie tego zachwiania równowagi kobieta nie ma siły i traci zdrowie, a jednocześnie u mężczyzny rodzi się poczucie przytłoczenia.

Joanna, podobnie jak Julie, miała nieudane małżeństwo i zachorowała na raka piersi. Aczkolwiek sytuacja w domu Joanny nie była tak przerażająca jak u Julie, również występowały tu problemy. Neal, mąż Joanny, utrzymywał bliskie kontakty z kilkoma innymi kobietami. Joanna wiedziała o tym, ale starała się to ignorować. Chcąc sobie poradzić z jego niewiernością, zapisała się do grupy wsparcia dla kobiet. Dzięki tym zajęciom zrozumiała w końcu, że zachowanie Neala burzy jej osobiste granice emocjonalne. Wcześniej nigdy nie myślała o istnieniu takich granic. Uważała po prostu, jak inni, że dwoje ludzi powinno stanowić jeden związek uczuciowy.

Joanna niebawem uświadomiła sobie, że jej raka piersi – który pojawił się w obszarze ciała związanym z dawaniem i troską – da się wyleczyć tylko wówczas, gdy ona sama zacznie siebie szanować, gdy nabierze dobrego mniemania o sobie. Stopniowo ukształtowała w swoim umyśle obraz samej siebie jako silnej indywidualności. Myśląc o sobie jak o indywidualności, spojrzała na siebie tak, jak nigdy wcześniej nie wydawało jej się możliwe, ponieważ pojmowała własną tożsamość zawsze w kontekście męża.

Gdy Joanna zdała sobie sprawę z własnych potrzeb, wykorzystała siłę, jaką w sobie znalazła, przeciwstawiła się Nealowi i zażądała, aby wywiązywał się z małżeńskiej przysięgi. Obiecał, że się zmieni, ale dotrzymał słowa zaledwie przez dwa miesiące. Joanna zrozumiała, że nie zdoła go zmienić – i że sama zmieniła się tak bardzo, iż nie może już dłużej znosić jego zachowań. Uświadomiła sobie, że jeśli ma się wyleczyć, musi porzucić sytuację, która rujnowała jej zdrowie. Rozwiodła się z Nealem i wyzdrowiała.

Grupy wsparcia dla osób chorych często pomagają uczestnikom na nowo określić samych siebie. Poznając własne potrzeby i oceniając zgodnie z nimi swoje życie, ludzie ci stwierdzają, że nie mogą dłużej akceptować obecnej sytuacji, ponieważ stali się już kimś innym, ani nie sprzyja ona ich uzdrowieniu. Zdają sobie sprawę, że muszą poczynić kroki, aby ją zmienić. W procesie odzyskiwania zdrowia uczą się nabierać dystansu do rzeczy i osób, które wysysają siłę wprost z ich ciała.

Konieczność dokonania zmian sprawia, że dla wielu ludzi leczenie się jest przerażającym doświadczeniem. Osoby te wiedzą, świadomie lub nie, że gdy odłączą dopływ energii do swych celów energetycznych, będzie to równoznaczne z rozstaniem się z nimi. Czują niepokój, chcąc zarazem oderwać się od swego celu energetycznego, jak i przy nim pozostać. W efekcie niektórzy żyją na granicy dwóch światów; nie porzucają całkowicie tego, który im już nie służy, i nie decydują się przejść do nowego. Wiele osób udaje się do uzdrawiającego źródła, ale po dojściu do niego stwierdzają, że nie potrafią z niego pić.

Uzdrawianie wymaga aktywności. Nie jest to proces bierny. Musimy sięgnąć do swoich wewnętrznych zasobów, by znaleźć w sobie wolę porzucenia przestarzałych przekonań i zachowań i zobaczyć siebie w nowym, zdrowym świetle – by odrzucić kule i iść samodzielnie.

JAK PATRZEĆ W SPOSÓB SYMBOLICZNY

W części II, kiedy będziemy mówić o elementach siły wplecionych w naszą psychikę i biologię, spróbujesz zdiagnozować swój stosunek do każdego z siedmiu ośrodków energetycznych w swoim ciele. Staniesz się obiektem swego pierwszego odczytu intuicyjnego. Pracując nad sobą, zyskasz większą świadomość istnienia nadzwyczajnego świata, który rozpościera się przed twoimi oczami. W rezultacie nauczysz się symbolicznego patrzenia, opanujesz zdolność wykorzystywania własnej intuicji do interpretacji symboli siły w twoim życiu.

Na początek kilka wskazówek. Gdy człowiek pragnie zrozumieć coś więcej, niechybnie następuje uzdrowienie. Potrzebna jest jednak wewnętrzna metoda przyswajania tych nowych informacji, aby stały się one dla ciebie prawdziwe.

Po pierwsze i najważniejsze, naucz się interpretować swoje życiowe problemy w sposób symboliczny. Zastanawiaj się, jaki mają związek z twoim zdrowiem. Codziennie zwracaj uwagę na wyzwania, z którymi się spotykasz, oraz na to, jak twój umysł i dusza na nie reagują. Obserwuj, co odbiera ci siłę i w których częściach ciała odczuwasz tę stratę oraz jakie to wywołuje w tobie reakcje duchowe i biologiczne.

Po drugie, zawsze myśl o sobie jak o istocie energetycznej i zarazem fizycznej. Energetyczna część ciebie jest nadajnikiem i odbiorcą wszystkich twoich myśli i interakcji. Nigdy nie zapominaj o tym, że twoja biografia staje się twoją biologią. Wypracuj w sobie nawyk, aby oceniać intuicyjnie ludzi, wydarzenia i informacje, którym pozwolisz pojawić się w twoim życiu. Opanowanie sztuki patrzenia symbolicznego zaczyna się od sformułowania intencji: postanów, że świadomie i regularnie będziesz analizować swoje kontakty ze światem oraz ich wpływ na twoją siłę emocjonalną i fizyczną. I pamiętaj, że jeśli masz jakieś swoje uprzedzenia – to znaczy, jeśli chcesz patrzeć na sprawy w określony sposób – spowodujesz zakłócenia w odbiorze informacji energetycznych.

Po trzecie, diagnozuj samego siebie codziennie. Gdy nabierzesz wprawy, badanie siebie zajmie ci zaledwie parę chwil. Korzystaj przy tym z modelu ludzkiego układu energetycznego przedstawionego w rozdziale drugim. Każdemu z ośrodków energetycznych poświęć kilka chwil spokojnej, obiektywnej refleksji. Nie czekaj, aż zachorujesz, aby zająć się uzdrawianiem swojego układu energetycznego. Naucz się dostrzegać stres gromadzący się w twym polu energii i podejmij działanie, aby uzdrowić siebie na poziomie energetycznym. Niechaj diagnozowanie samego siebie stanie się twoim nawykiem.

Po czwarte, gdy odkryjesz jakiś ubytek energii, skup uwagę tylko na samej istocie problemu, co pomoże ci odzyskać zdrowie. Pytanie formułuj zawsze następująco: „Dlaczego tracę siłę?". Lecząc jakikolwiek brak równowagi, czy to energetycznej, czy fizycznej, zawsze musisz angażować zarówno umysł, jak i serce. Niezmiennie staraj się znaleźć inne – poza fizycznymi – przyczyny kryzysu. Odwołuj się do każdej z siedmiu świętych zasad energii przedstawionych w rozdziale drugim. Stresująca cię sytuacja zawsze będzie wiązać się z jedną z nich lub z kilkoma. Zastanów się, która z tych zasad znajduje swoje symboliczne odzwierciedlenie w twoim przypadku.

Na przykład, jeśli masz przykrą sytuację w pracy, możesz odnieść się do świętej zasady: „Szanuj samego siebie". Może ona dotyczyć właśnie twoich problemów. Patrząc przez pryzmat tej zasady, wydobędziesz się z lotnych piasków iluzji – sięgniesz duchowego czy symbolicznego szczytu, by spojrzeć na swoją sytuację bezosobowo i zrozumieć, iż została ona stworzona specjalnie dla ciebie jako życiowa lekcja.

Wskazówki duchowe mówią nam, byśmy koncentrowali się na sobie, nie w sposób egoistyczny, lecz w sensie świadomego rozporządzania swoją mocą i energią. Tak więc twoje piąte zadanie polega na tym, byś uświadomił sobie co, a nie kto odbiera ci siłę. Pamiętaj, że człowiek, który, jak się zdaje, pozbawia cię energii, to tylko odzwierciedlenie którejś części ciebie. Jeżeli na przykład jesteś o kogoś zazdrosny, to głównym problemem jest nie ta osoba, ale odzwierciedlona w niej ciemna strona twojej własnej natury. W rezultacie ta osoba pełni dla ciebie funkcję nauczyciela. Koncentrowanie się na kimś, o kogo jesteś zazdrosny, nie uzdrowi cię. W twoim życiu będą się pojawiać kolejni nauczyciele, a każdy następny okaże się surowszy. Twoim zadaniem jest więc opanować lekcję, jaką ma dla ciebie ów nauczyciel, zamiast żywić do niego pretensje.

Kiedy dochodzisz do mylnego wniosku, że to określona osoba pozbawia cię sił, zaczynasz się jej lękać i ją obwiniać. Musisz znów skoncentrować się na swym ośrodku energetycznym, aż na podstawie odebranych wrażeń zrozumiesz, jakiego rodzaju siły ma cię ta osoba nauczyć. Gdy skupisz wzrok raczej na lekcji niż na nauczycielu, twoja zdolność patrzenia symbolicznego przyniesie ci znaczące korzyści: ujrzysz prawdę przekazywaną ci za pośrednictwem określonego problemu.

Po szóste, upraszczaj swoje wymagania co do stanu zdrowia. W przypadku każdej choroby wymagania te są zasadniczo takie same. Potraktuj chorobę jako zakłócenie energii, prawie jak usterkę techniczną. Gdy już zrozumiesz, która święta zasada dotyczy twojej sytuacji, oprzyj swój wewnętrzny proces uzdrawiania na nauczeniu się tej zasady. Połącz swoje wewnętrzne uzdrawianie z zalecanym leczeniem konwencjonalnym i realizuj swój program. Przyjmuj każdą potrzebną ci pomoc i odpowiednio z niej korzystaj. Pamiętaj, że twoim zadaniem jest pokonywać swoje cierpienia, a nie żyć nimi. Nie trać czasu na myślenie, działanie czy modlenie się z pozycji ofiary. Poczucie, że jesteś ofiarą, tylko pogłębia twoją chorobę, a gdy zacznie być nieodłącznym elementem twojego myślenia, samo w sobie stanie się chorobą.

Rób wszystko, co konieczne, aby wspomagać swoje zdrowie fizyczne; przyjmuj odpowiednie lekarstwa, regularnie uprawiaj gimnastykę i dobrze się odżywiaj. Równocześnie dbaj o swoje ciało energetyczne – odpuść sobie niedokończone sprawy i wybacz krzywdy z przeszłości. Wprowadź w życiu osobistym zmiany, które są niezbędne, aby nastąpił powrót do zdrowia – zrezygnuj ze stresującej pracy lub małżeństwa, zacznij medytować, uprawiaj narciarstwo biegowe. Nieważne, jakie to będą to zmiany; istotne jest, by zrobić coś, co sprzyja zdrowiu.

Samo mówienie o zdrowiu nie leczy; trzeba działać. Mimo że w procesie powrotu do zdrowia pozytywna postawa jest bardzo ważna, niezbędne jest też zaangażowanie i poświęcenie. Wizualizacja nie odniesie żadnego skutku, jeśli stosujesz ją tylko raz w tygodniu, i nikt nie nabierze kondycji od jednego pobytu na sali gimnastycznej. Uzdrowienie ciała albo problemów życiowych – lub rozwinięcie zdolności patrzenia symbolicznego – wymaga codziennej praktyki i uwagi. Zwłaszcza wychodzenie z choroby może okazać się „pracą na pełnym etacie", choć można uprościć etapy konieczne do realizacji tego zadania.

Jeśli korzystasz z kompleksowego „pakietu" uzdrawiania – kilka różnych terapii, różni terapeuci, paru lekarzy specjalistów, programy zażywania ziół i witamin – ale poprawa nie następuje lub jest niewielka, to może blokujesz swój proces uzdrawiania. Może z jakichś powodów powrót do zdrowia przeraża cię bardziej, niż zdajesz sobie z tego sprawę. Może nie potrafisz zapomnieć o czymś z przeszłości albo twoje wyzdrowienie zmieniłoby równowagę sił między tobą a kimś drugim.

Zastanów się nad tym wszystkim, bo niewątpliwie niektóre choroby są rzeczywiście poważne i brak poprawy zdrowia nie zawsze świadczy o tym, że człowiek sam blokuje ten proces.

Kiedy jednak dziesięć różnych terapii nie daje żadnych rezultatów, wówczas musisz brać pod uwagę możliwość, że sam – świadomie lub nie – blokujesz proces zdrowienia, albo też realną możliwość, że uzdrowienie w twoim przypadku polega po prostu na przygotowaniu się do zakończenia życia fizycznego.

Po siódme, upraszczaj swoje życie duchowe. Całe moje ziemskie studiowanie dotyczące nieba prowadziło mnie do wniosku, że Boska rzeczywistość nie jest skomplikowana. A zatem nie powinna być również skomplikowana nasza osobista teologia. Wierz tylko w to, co niebo uznało za istotne. Na przykład:

- Każdą sytuację można natychmiast zmienić, a chorobę wyleczyć. Boga nie ograniczają czas, przestrzeń i materia, obowiązujące człowieka.
- Bądź konsekwentny: żyj według zasad, w które wierzysz.
- Wszystko stale się zmienia. Każda żywa istota przechodzi fazy trudnych przemian i okresy spoczynku. Włącz się w nurt zmian, zamiast je powstrzymywać.
- Nigdy nie szukaj szczęścia w drugim człowieku – szczęście to wewnętrzna, osobista postawa i odpowiedzialność.
- Życie jest w istocie procesem uczenia się. W każdej sytuacji, problemie i związku uczuciowym zawarta jest lekcja, której warto się nauczyć samemu lub przekazać ją innym.
- W każdych okolicznościach energia pozytywna działa skuteczniej niż negatywna.
- Żyj chwilą teraźniejszą i ucz się wybaczać ludziom.

Nic nie zyskujemy, wierząc, że niebo „myśli i działa" w sposób skomplikowany. Lepiej – i korzystniej dla nas – jest myśleć w Boski sposób – w kategoriach prostych, wiecznych prawd.

Prawdopodobnie czynimy nasze życie o wiele bardziej skomplikowanym, niż być powinno. Osiągnięcie zdrowia, szczęścia i równowagi energetycznej sprowadza się do decyzji, że będziemy koncentrować się na tym, co pozytywne, a nie negatywne, i prowadzić życie duchowe zgodnie z tym, co uznajemy za prawdę. Już te dwa postanowienia wystarczą, aby siła zawarta w naszym Boskim układzie biologicznym wywierała wpływ na treść i kierunek naszego życia.

Zadaniem nas wszystkich jest nauczyć się tych samych zasad i umożliwić Boskiemu pierwiastkowi, aby działał w nas i za naszym pośrednictwem. Jest to zadanie proste, co nie oznacza, że łatwe. Okoliczności i osoby pojawiające się w naszym życiu są różne, lecz wyzwania, jakie musimy z ich powodu pokonywać, są identyczne, tak samo jak ich wpływ na nasze ciało i duszę. Im lepiej zrozumiemy tę prawdę, tym skuteczniej rozwiniemy zdolność patrzenia symbolicznego – umiejętność dostrzegania głębszych znaczeń poprzez iluzję fizyczności oraz rozpoznawania lekcji, jakiej nam udzielają nasze problemy życiowe.

Rozdział 2

Stworzeni na podobieństwo Boga

Odkąd zaczęłam odbierać wrażenia intuicyjne, zdaję sobie sprawę, że dotyczą one głównie ludzkiej duszy, mimo że opisują problemy fizyczne i że używam terminologii energetycznej, by wytłumaczyć je innym osobom. „Energia" to słowo neutralne – nie wywołuje skojarzeń religijnych ani obaw związanych z naszym stosunkiem do Boga. O wiele łatwiej powiedzieć: „Jesteś osłabiony energetycznie" niż: „Twoja dusza jest zatruta". Jednak w istocie większość przychodzących do mnie osób przeżywała kryzys duchowy. Ich kłopoty opisywałam im jako zaburzenia energetyczne, ale bardziej pomocne byłoby mówienie o nich w kategoriach duchowości.

Gdy jednak zauważyłam zbieżności pomiędzy wschodnią nauką o czakrach a zachodnim systemem sakramentów religijnych, włączyłam w swoje opisy energetyczne język duchowy. Stało się to spontanicznie podczas zajęć poświęconych anatomii energii. Podczas wykładu wstępnego narysowałam na tablicy siedem okręgów, jeden pod drugim, by zilustrować słuchaczom ośrodki energii w układzie energetycznym człowieka. Kiedy popatrzyłam na te puste koła, przyszła mi do głowy myśl, że to nie tylko siedem czakr, ale także siedem sakramentów chrześcijańskich. W tym momencie zrozumiałam, że przesłanie duchowe jednych i drugich jest takie samo. Później, gdy dokładniej badałam podobieństwa między nimi, dowiedziałam się, że w kabale także zawiera się siedem nauk. Zgodność tych trzech tradycji doprowadziła mnie do wniosku, że duchowość to o wiele więcej niż potrzeba psychologiczna i emocjonalna; to również wrodzona konieczność biologiczna. Nasza dusza, nasza energia i nasza siła wewnętrzna są jednym i tym samym.

Siedem świętych zasad łączących owe tradycje leży u podstaw naszej mocy duchowej. Zasady te uczą nas, jak kierować tą mocą – czyli siłą życiową – przenikającą nasz organizm. W gruncie rzeczy realizujemy te zasady za pomocą siedmiu ośrodków energetycznych. Stanowią one wewnętrzny kodeks fizyczny i duchowy, a zarazem uniwersalny zewnętrzny kodeks naszych zachowań duchowych i kodeks tworzenia zdrowia. Nasze zadanie duchowe w życiu ziemskim polega na tym, by nauczyć się równoważyć energie ciała i duszy, myśli i działań, zdolności fizycznych i mentalnych. W nasze ciało wbudowany jest układ służący samouzdrawianiu.

Księga Rodzaju mówi o ciele Adama jako „stworzonym na podobieństwo Boga". Przekaz zawarty w tym sformułowaniu ma charakter zarówno dosłowny, jak i symboliczny. Znaczy on, że ludzie są energetycznymi kopiami siły Boskiej – że stanowią układ siedmiu głównych rodzajów energii, którego zasady mamy poznać i na nich opierać swoje doświadczenie zwane życiem.

Kiedy zrozumiałam, że układ energetyczny odzwierciedla te siedem zasad, nie mogłam dłużej ograniczać się do terminologii energetycznej i w swoje diagnozy intuicyjne zaczęłam wprowadzać słownictwo duchowe. Ponieważ nasza struktura biologiczna jest również strukturą duchową, język energii i język duszy, stosowane w połączeniu, pozwalają opisać różnorodność systemów wierzeń.

Otwierają możliwość porozumienia między rozmaitymi wyznaniami, a nawet umożliwiają ludziom ponowne zwrócenie się do kultur religijnych, które wcześniej odrzucili, bez obciążenia dogmatami religijnymi. Uczestnicy moich warsztatów chętnie przyswoili sobie ten energetyczno-duchowy język, aby opisywać problemy towarzyszące ich chorobom fizycznym, napięciom psychicznym i zaburzeniom emocjonalnym. Postrzeganie własnych kłopotów w kontekście duchowym przyśpiesza proces uzdrawiania, gdyż nadaje trudnym doświadczeniom sens i cel. Ludzie mogą dzięki temu pomóc sobie w zdrowieniu; współtworzą swoje zdrowie i na nowo „przetwarzają" swoje życie. Ponieważ wszystkie ludzkie stresy wskazują na kryzys duchowy i stwarzają okazję do nauki duchowej, możesz w przypadku niemal każdej choroby zorientować się, czy swojej duszy, swojej siły wewnętrznej, używasz dobrze, czy źle.

W większości religii i tradycji kulturowych, począwszy od antycznych kultur starożytnej Grecji i Indii po kulturę Chin i cywilizację Majów, za źródło ludzkiej świadomości, duszy i siły wewnętrznej uważa się istotę boską. Niemal wszystkie mity mówią o kontaktach między istotami wyższymi a ludzkością, przytaczając historie o związkach ludzi z bogami oraz o ich potomkach – bogach lub półbogach. Potomkowie ci reprezentowali pełną gamę ludzkich zachowań – od wielkich aktów tworzenia, destrukcji i zemsty, poprzez drobne postępki wynikające z zazdrości, chęci rywalizacji i pretensji, aż po wzniosłe przykłady metamorfoz, seksualności i zmysłowości. Wczesne kultury, tworzące owe mitologie, starały się poznać emocjonalną i psychiczną naturę człowieka oraz siły tkwiące w ludzkiej duszy. Każda z kultur przedstawiała własny pogląd na transformację ludzkości i na etapy uniwersalnej podróży duchowej – wędrówki bohatera, w myśl teorii Josepha Campbella.

Wśród przekazów o Bogu wyróżnia się jednak tradycja żydowska, ponieważ nigdy nie przedstawia ona Jahwe jako istoty płciowej. Mówi się, że Bóg ma lewą i prawą rękę, lecz jego opisy nigdy nie sięgają obszarów „poniżej pasa". W przeciwieństwie do innych tradycji duchowych, żydzi przypisywali Jahwe nieliczne cechy ludzkie, zachowując większy dystans do niedostępnego Boga.

Gdy jednak na scenie dziejów pojawiło się chrześcijaństwo, zwolennicy nowej wiary dali swemu Bogu ludzkie ciało i nazwali go Jezusem, Synem Bożym. Największą herezją chrześcijan było, zdaniem żydów, to, że przekroczyli granicę biologiczną i zainicjowali nową teologię wydarzeniem o charakterze biologiczno-duchowym – Zwiastowaniem. Podczas Zwiastowania anioł Gabriel obwieszcza Maryi Dziewicy, że Pan ześle na nią wielką łaskę: pocznie ona syna i nazwie go Jezus. Wynika stąd, że biologicznym ojcem dziecka jest Bóg. Nagle abstrakcyjna zasada judaizmu zwana Jahwe związała się z istotą ludzką, zwykłą kobietą.

Na narodzinach Jezusa chrześcijanie oparli „biologiczną teologię", a Jego życie uznali za świadectwo, że człowiek został stworzony „na obraz i podobieństwo Boga". Zarówno żydzi, jak i chrześcijanie wierzą, że ciało fizyczne człowieka, zwłaszcza ciało mężczyzny, przypomina ciało Boga.

Bardziej współczesne pisma teologiczne kwestionują to biologiczne podobieństwo, zmieniając je w podobieństwo duchowe, niemniej pierwotny pogląd, że w sensie biologicznym zostaliśmy stworzeni na obraz Boga, nadal pozostaje głównym, dosłownym i archetypicznym, aspektem tradycji judeochrześcijańskiej.

Wspólnym wątkiem wszystkich mitów duchowych jest myśl, że ludzie tęsknią za tym, by zjednoczyć swoje ciało z pierwiastkiem Boskim, że pragniemy mieć Boga w swoich kościach i we krwi oraz w strukturze mentalnej i emocjonalnej. W światowych systemach wierzeń koncepcja boskiej natury duchowej odzwierciedla najlepsze właściwości człowieka. Ponieważ jedną z najlepszych cech ludzkich jest zdolność współodczuwania, to również Bóg musi idealnie wczuwać się w nasze położenie; skoro potrafimy wybaczać, to i Bóg wszystko wybacza; skoro zdolni jesteśmy do miłości, Bóg musi być samą miłością; skoro staramy się być sprawiedliwi, to Boska sprawiedliwość czuwa nad naszymi wysiłkami, byśmy odróżniali dobro od zła. W tradycjach wschodnich sprawiedliwość Boża przybiera postać prawa karmicznego; w świecie chrześcijańskim znajduje wyraz w złotej regule: „Nie czyń drugiemu, co tobie niemiło". Wpletliśmy Boski pierwiastek, w ten czy inny sposób, we wszystkie dziedziny naszego życia, w myśli i czyny.

Dzisiaj wiele osób poszukujących ścieżki duchowej próbuje tchnąć w swoje codzienne życie podwyższoną świadomość świętości; starają się postępować tak, aby w każdym ich uczynku było coś boskiego. Takie świadome życie świadczy o potrzebie znalezienia autorytetu duchowego w samym sobie. Wyraża ono pragnienie zniesienia klasycznej, obecnej w starych religiach relacji z Bogiem, przypominającej układ rodzic–dziecko, i przejścia do dorosłości duchowej. Dojrzałość duchowa polega nie tylko na tym, by rozwijać zdolność interpretacji głębszych znaczeń kryjących się w świętych pismach, ale również by uczyć się odczytywać duchowy język ciała. Gdy stajemy się bardziej świadomi i widzimy, jak nasze myśli i postawy – nasze życie wewnętrzne – wpływają na ciało fizyczne i sytuację zewnętrzną, nie potrzebujemy już zewnętrznego Boga–

rodzica, który wszystko nam organizuje i od którego jesteśmy w pełni zależni. Jako ludzie dorośli w sensie duchowym, ponosimy odpowiedzialność za współtworzenie własnego życia i zdrowia. Współtworzenie stanowi w gruncie rzeczy istotę dojrzałości duchowej – jest zdolnością dokonywania wyborów i przyjmowania odpowiedzialności za nie.

Posługiwanie się wolną wolą jest naszym Boskim zadaniem, świętym kontraktem, z którego musimy się tu na Ziemi wywiązać. Zaczyna się od wyboru sposobu myślenia i postawy życiowej. Podczas gdy wcześniej nasz wybór sprowadzał się do biernego reagowania na to, co Bóg dla nas stworzył, teraz oznacza, że aktywnie uczestniczymy w tym, czego doświadczamy – że współtworzymy swoje ciało fizyczne dzięki stwórczej sile naszych myśli i emocji. Siedem świętych zasad kabały, chrześcijańskich sakramentów i hinduskich czakr stanowi oparcie dla naszej stopniowej przemiany w świadomych duchowo dorosłych. Te dosłowne i symboliczne nauki jeszcze raz definiują, czym jest nasze zdrowie duchowe i biologiczne, i pomagają zrozumieć, co sprzyja naszemu zdrowiu, co powoduje chorobę i co pozwala nam się wyleczyć.

Siedem świętych zasad przekracza granice kulturowe i na poziomie symbolicznym tworzy mapę drogową potrzebną nam w ziemskiej wędrówce – mapę wdrukowaną w nasz układ biologiczny. Święte pisma wciąż nam przypominają, że naszym celem życiowym jest zrozumienie i rozwinięcie mocy duchowej, a więc siły niezbędnej dla naszego zdrowia psychicznego i fizycznego. Niewłaściwe korzystanie z tej siły osłabia duszę i pozbawia ciało witalności.

Ponieważ Boska energia jest nieodłącznie związana z naszym układem biologicznym, to każda myśl przebiegająca przez nasz umysł, każde nasze przekonanie, każde wspomnienie, do którego uporczywie wracamy, przekłada się na pozytywny lub negatywny rozkaz wydawany ciału i duszy. Wspaniale jest patrzeć na siebie z tej perspektywy, ale zarazem niepokojąca jest świadomość, że każda cząstka naszego życia i każda nasza myśl ma swą siłę oddziaływania i że niczego tak naprawdę nie możemy ukryć. Jesteśmy tworem biologicznym o Boskiej konstrukcji. Kiedy zrozumiesz tę prawdę, twoje życie na zawsze się zmieni.

SYMBOLICZNA SIŁA SIEDMIU CZAKR

Religie wschodnie uczą, że w ciele człowieka znajduje się siedem ośrodków energetycznych. W każdym z nich kryje się uniwersalna lekcja duchowa, którą musimy opanować w czasie naszej ewolucji ku wyższym stopniom świadomości. Dopiero po wielu latach dokonywania regularnych odczytów intuicyjnych zrozumiałam, że instynktownie skupiam uwagę na tych siedmiu ośrodkach. To święte starożytne wyobrażenie jest zadziwiająco trafne w opisie ludzkiego układu energetycznego, jego sposobu funkcjonowania.

System czakr to archetypiczny obraz dojrzewania jednostki rozłożonego na siedem osobnych etapów. Czakry ułożone są pionowo, od podstawy kręgosłupa do czubka głowy, co sugeruje, że wznosimy się po kolejnych stopniach ku boskości, sukcesywnie pokonując pokusy świata materialnego. Na każdym poziomie osiągamy lepsze zrozumienie osobistej, duchowej siły, ponieważ każda czakra symbolizuje duchową lekcję życia, czyli wyzwanie, któremu stawiają czoło wszyscy ludzie. Opanowując dany poziom, człowiek zdobywa siłę i wiedzę o sobie, która staje się integralną częścią jego duszy i wznosi go wyżej na drodze ku świadomości duchowej – jak w klasycznej wędrówce bohatera.

A oto krótki opis duchowych lekcji życia reprezentowanych przez siedem czakr (zob. rys. 3.).

Czakra pierwsza:
lekcje o świecie fizycznym.
Czakra druga:
lekcje o seksualności, pracy i pragnieniach fizycznych.
Czakra trzecia:
lekcje o ego, osobowości i samoocenie.
Czakra czwarta:
lekcje o miłości, wybaczaniu i współodczuwaniu.
Czakra piąta:
lekcje o wolnej woli i wyrażaniu samego siebie.
Czakra szósta:
lekcje o umyśle, intuicji, oświeceniu i mądrości.
Czakra siódma:
lekcje o duchowości.

Te siedem duchowych lekcji życia prowadzi nas do osiągnięcia wyższej świadomości. Jeśli jednak zlekceważymy własną odpowiedzialność i potrzebę świadomego odniesienia się do tych lekcji, to zawarta w nich energia może przejawić się w postaci choroby. Zresztą w wielu duchowych tradycjach Wschodu uznaje się chorobę za utratę mocy wewnętrznej człowieka, za osłabienie jego duszy. Główne tradycje zgodnie podkreślają, że dla wszystkich ludzi wspólne jest doświadczanie ścisłego związku między duszą i ciałem, chorobą i zdrowiem.

W ujęciu symbolicznym, bardziej niż w dosłownym, znaczenie siedmiu sakramentów chrześcijańskich podobne jest do znaczenia siedmiu czakr.

Rys. 3. Siedem ośrodków siły, czyli czakr, w systemie kundalini.

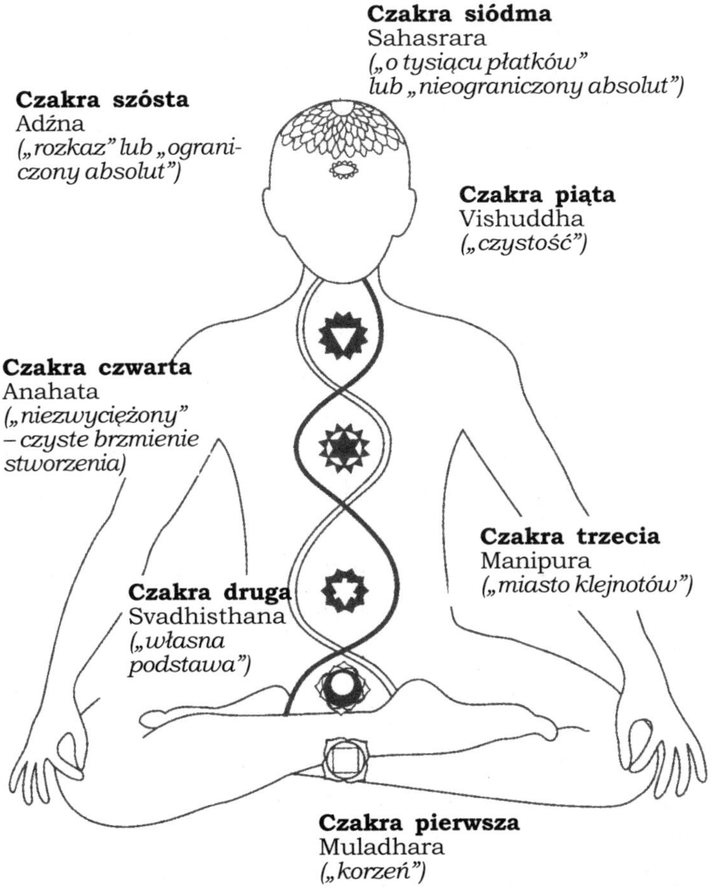

Czakry przedstawione są w postaci kwiatów lotosu. Dwie spirale symbolizują dwie przeciwstawne energie: psychiki i duszy; ogniste energie (spirala ciemniejsza) kontrastują z subtelniejszymi, duchowymi (spirala jaśniejsza). Wszystkie energie należy zrównoważyć.

Źródło: Joseph Campbell, *Mityczny obraz* („własna podstawa")

SYMBOLICZNA SIŁA SAKRAMENTÓW CHRZEŚCIJAŃSKICH

W początkowym okresie Kościół chrześcijański rozróżniał siedem sakramentów, czyli oficjalnie uznanych rytuałów, do których odprawiania upoważnieni byli wyświęceni przywódcy Kościoła. Siedem sakramentów było, i nadal jest, uświęconymi ceremoniami nadawania wiernym szczególnych cech Bożej łaski i siły. Każdy sakrament udziela innego rodzaju łaski. Mimo że obecnie siedem sakramentów przeważnie kojarzy się z Kościołem rzymskokatolickim, to inne wyznania chrześcijańskie także część z nich zachowują, na przykład chrzest, małżeństwo i kapłaństwo.

Na płaszczyźnie symbolicznej sakramenty reprezentują etapy samodoskonalenia, dzięki którym człowiek zaprasza Boga bezpośrednio do swojej duszy. Samo słowo „sakrament" oznacza rytuał sprowadzania świętej mocy do ludzkiego wnętrza. Symboliczne znaczenie sakramentów jest szersze niż religijne i kiedy będę o nich mówić, proszę nie myśleć, że sugeruję, by ludzie przyjmowali je od instytucji chrześcijańskich.

Sakramenty stawiają przed nami symboliczne zadanie polegające na osiąganiu dojrzałości duchowej i zdrowia. Lecz również bardzo konkretnie opisują, jak musimy postępować na najważniejszych etapach życia, aby przyjąć na siebie odpowiedzialność wiążącą się z dojrzałością duchową. Sakramenty to także akty, których powinniśmy dokonywać sami, niezależnie od rytuałów zewnętrznych. Symbolizują siłę, którą winniśmy obdarzać innych i od nich przyjmować. Weźmy na przykład sakrament chrztu, w którym rodzice biorą odpowiedzialność fizyczną i duchową za dziecko powołane przez siebie do życia. Nasze zadanie, jako ludzi dojrzałych duchowo, polega zaś na tym, abyśmy w sposób symboliczny, całkowicie i z wdzięcznością zaakceptowali rodzinę, w której przyszliśmy na świat. W ujęciu symbolicznym chrzest oznacza również, że wyrażamy szacunek rodzinie i samym sobie, wybaczając członkom rodziny wszystkie krzywdy, jakich od nich doznaliśmy w dzieciństwie. Siła zawarta w takim wybaczeniu jest siłą uzdrawiającą ciało.

A oto siedem sakramentów i ich symboliczne znaczenie:

Chrzest: otrzymanie lub udzielenie łaski jako wyraz wdzięczności za życie w świecie ziemskim.

Komunia: otrzymanie lub udzielenie łaski – w formie „hostii" – jako wyraz świętego zjednoczenia się z Bogiem i z innymi ludźmi w życiu doczesnym.

Bierzmowanie: otrzymanie lub udzielenie łaski jako potwierdzenie swojej indywidualności i wartości.

Małżeństwo: otrzymanie lub udzielenie błogosławieństwa uświęcającego związek z samym sobą; symboliczne uznanie i szacunek dla podstawowej potrzeby miłości i troski o siebie, aby móc kochać innych.

Spowiedź: otrzymanie lub udzielenie łaski, aby oczyścić duszę z negatywnych aktów woli.

Kapłaństwo: otrzymanie lub udzielenie łaski, aby uświęcić drogę pomagania bliźnim.

Ostatnie namaszczenie: otrzymanie lub udzielenie łaski, aby finalizować niedokończone sprawy nie tylko tuż przed śmiercią, ale także w zwykłym codziennym życiu, i tym samym móc kochać „tu i teraz".

Te siedem etapów indywidualnej inicjacji symbolizuje siedem wrodzonych energii, które powinniśmy stale aktualizować, nieustannie wykorzystywać i angażować, stawiając czoło codziennym problemom.

SYMBOLICZNA SIŁA DZIESIĘCIU SEFIR

Dziesięć sefir, czyli Drzewo Życia z kabały, to element złożonego systemu nauk, który powstawał przez wiele stuleci i uderzająco przypomina system czakr i sakramentów. W średniowiecznej kabale dziesięć sefir ilustruje dziesięć cech Boskiej natury. Ponieważ trzy z nich występują w parze z trzema innymi, można je wszystkie podzielić na siedem poziomów, często przedstawianych na rysunku w postaci odwróconego, zakorzenionego w niebie mitycznego Drzewa Życia. Dziesięć sefir – jak twierdzi Daniel Chanan Matt w swej książce *The Zohar: The Book of Enlightenment* – uważa się za Boski wzorzec nauki mówiącej, że „człowiek został stworzony na obraz Boga" (Rdz 1, 27). Bóg dzieli więc z ludźmi owe dziesięć cech – są to duchowe właściwości, które zostały nam dane po to, abyśmy je rozwijali i doskonalili podczas naszej życiowej wędrówki.

Chociaż judaizm zachowuje jak najbardziej abstrakcyjny wizerunek Boga, to dziesięć sefir oddaje osobowość Jahwe niezwykle dokładnie. W przeciwieństwie do innych tradycji religijnych judaizm nigdy nie uważał swoich proroków za bezpośrednie wcielenia samego Boga. Natomiast nawet buddyzm został zapoczątkowany przez człowieka, Siddharthę, pomazańca, który miał szerzyć oświecenie wśród mieszkańców Ziemi. Buddyzm nie nadaje Bogu cech ludzkich, ale w hinduizmie mówi się o wielu bogach, którzy zstąpili na Ziemię, a chrześcijanie mają swojego „Syna Bożego", który mieszkał między ludźmi przez trzydzieści trzy lata.

Dziesięć sefir to cechy przynależne Bogu i zarazem elementy tworzące archetyp człowieka. Wartości te interpretuje się zarówno jako naturę Boga, jak i ścieżki, którymi możemy do Niego powrócić.

Rys. 4. Dziesięć sefir: Drzewo Życia.

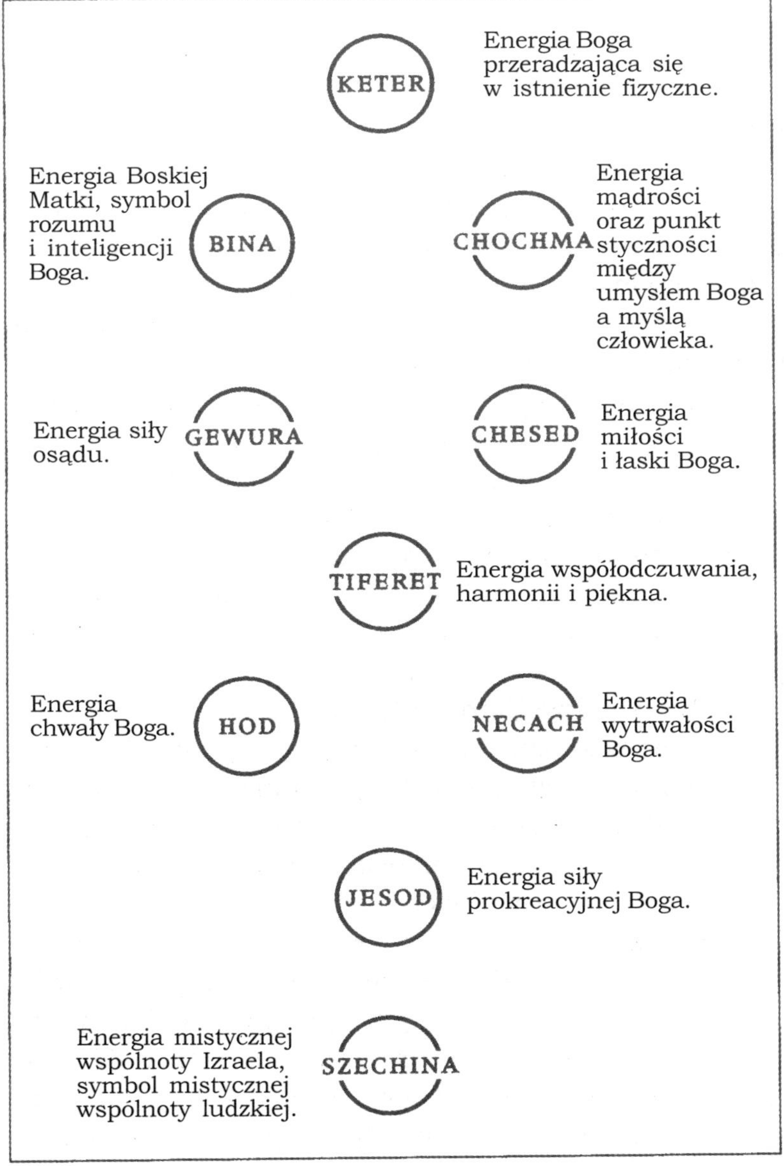

Każda z nich symbolizuje etap wznoszenia się ku pełniejszemu zrozumieniu „imion” czy „twarzy” Boga. Często o tych dziesięciu właściwościach mówi się jak o szatach królewskich, które pozwalają nam zobaczyć bezpośrednio samego Króla, źródło Boskiego światła, i nie oślepnąć. Inny wizerunek, drzewo odwrócone korzeniami do góry, symbolizuje, że korzenie owych dziesięciu cech tkwią głęboko w Boskiej naturze, która kieruje nas z powrotem niebiosom dzięki naszej modlitwie, rozmyślaniom i czynom. Naszym zadaniem jest powrócić do naszego Boskiego źródła przez rozwinięcie w sobie owych wartości.

Wartości zawarte w dziesięciu sefirach, w sakramentach chrześcijańskich i systemie czakr są niemal identyczne. Jedyna różnica tkwi w sposobie ich ponumerowania. Sakramenty i czakry liczy się od dołu, a sefiry od góry (pierwsza, czyli korzenie drzewa, znajduje się na czubku głowy). Oprócz tej różnicy wartości przypisywane każdemu z siedmiu poziomów są takie same.

Niżej podajemy ogólnie przyjętą kolejność sefir, ich najczęściej stosowane nazwy oraz symboliczne znaczenia (zob. rys. 4.).

1. **Keter** (także Kether Elyon) – korona. Symbolizuje tę część boskości, która inspiruje przejawy fizyczności. Sefira ta jest najbardziej nieokreślona, a więc najbardziej wewnętrzna. Jest to punkt początkowy, w którym między niebem i ziemią nie ma żadnych elementów wspólnych.
2. **Chochma** – mądrość. Sefira ta symbolizuje punkt styczności między umysłem Boga i myślą człowieka. Dzięki tej energii zaczynają powstawać formy fizyczne, poprzedzające przejaw materialny. Używając współczesnej terminologii Junga, sefirę tę można porównać do nieświadomej energii, zwanej „animus”,

ponieważ ma ona charakter męski. Sefira ta występuje w parze z sefirą trzecią, Biną.

3. **Bina** – rozum i inteligencja Boga. Bina to także Wielka Matka, łono, w którym wszystko przygotowane jest do narodzin. To anima, żeński odpowiednik Chochmy.
4. **Chesed** – miłość i łaska Boga, a także wspaniałość. Sefira ta występuje razem z Gewurą, sefirą piątą.
5. **Gewura** (także Din) – siła, osąd, kara. Chesed i Gewura to prawa i lewa ręka Boga. Te dwie cechy wzajemnie się równoważą.
6. **Tiferet** (także Rachamin) – piękno, współodczuwanie i harmonia. Tę sefirę uważa się za pień lub serce drzewa.
7. **Necach** – zwycięstwo Boga. Występuje razem z sefirą ósmą, czyli Hod.
8. **Hod** – chwała. Sefiry Necach i Hod tworzą prawą i lewą nogę Boga. Są również źródłem proroctwa.
9. **Jesod** – fallus, prokreacyjna siła Boga, nadająca energię formie fizycznej. Znana jest również jako Sprawiedliwa i do niej odnoszą się słowa Biblii: „sprawiedliwego podstawy są wieczne" (Prz 10, 25).
10. **Szechina** (także Kneset Izrael lub Malchut) – królestwo. Zasada żeńska, mistyczna wspólnota Izraela. Cały Izrael to jej członki. (Sefer ha-Zohar [Księga Blasku] 3,23 Ib). Równoważy męską energię sefiry Jesod i ma wiele żeńskich nazw: Ziemia, Róża, Księżycowa, Rajska. Jest to siła życiowa, związana z Ziemią i będąca pokarmem dla wszystkich form życia.

Kiedy Tiferet (współodczuwanie) i Szechina (zasada żeńska) łączą się, następuje przebudzenie ludzkiej duszy i rozpoczyna się mistyczna wędrówka. W tym momencie sefiry przestają być tylko abstraktem i stają się szczegółową mapą rozwoju duchowego, wskazując człowiekowi ścieżkę wznoszenia się.

Nawet na pierwszy rzut oka widać, że archetypiczne znaczenia czakr, sakramentów i sefir są identyczne. Jeśli wyczuwasz i rozumiesz symboliczną siłę zawartą we wszystkich tych tradycjach, to znaczy, że zaczynasz już stosować patrzenie symboliczne. Uświadamiasz sobie, że teologia jest nauką uzdrawiania ciała, umysłu i duszy.

Gdy połączymy mądrość zawartą w systemie czakr ze świętą mocą sakramentów chrześcijańskich i atrybutami Boga wyrażonymi w dziesięciu sefirach, zrozumiemy potrzeby naszej duszy i ciała. To, co służy duszy, wzmacnia ciało, a to, co ją osłabia, szkodzi także jemu.

JAK WSPÓŁDZIAŁAJĄ ZE SOBĄ CZAKRY, SAKRAMENTY I SEFIRY

Każdemu z siedmiu poziomów energii istniejących w naszym układzie biologicznym odpowiada jedna święta zasada. Zasada ta nieustannie pulsuje w naszym wnętrzu i kieruje nami tak, byśmy w życiu właściwie posługiwali się jej siłą. Przychodzimy na świat z wrodzoną wiedzą o siedmiu zasadach wplecionych w nasz system energetyczny. Łamanie tych zasad osłabia zarówno naszą duszę, jak i ciało fizyczne, a ich przestrzeganie wzmacnia i duszę, i ciało.

Energia jest siłą, a nasze ciało potrzebuje energii i, co za tym idzie, potrzebuje również siły. Czakry, sefiry i sakramenty mówią o współdziałaniu z siłą i o kolejnych, coraz intensywniejszych etapach przejmowania kontroli nad swoją mocą wewnętrzną. Na przykład na pierwszym poziomie uświadamiamy sobie, że jesteśmy częścią tożsamości grupowej i mamy siłę jako członkowie rodziny;

na następnych poziomach, już jako dorośli, stajemy się indywidualnościami i sami rządzimy swoją siłą. Stopniowo uczymy się kierować własnym myśleniem, rozumowaniem i własną duszą. Każda podjęta decyzja – powodowana wiarą lub lękiem – ukierunkowuje naszą duszę. Jeżeli motywem jest strach, powraca on do naszego pola energetycznego i do ciała. Jeśli jednak jest nim wiara, to do pola energetycznego napływa łaska i cały nasz układ biologiczny rozkwita.

Wszystkie trzy tradycje głoszą, że gdy dusza kieruje się w świecie fizycznym lękiem lub negatywizmem, świadczy to o braku wiary i przedkładaniu własnej woli nad wolę Niebios. W ujęciu duchowej tradycji Wschodu każdy uczynek tworzy karmę. Działania głęboko świadome tworzą dobrą karmę, natomiast strach i negatywizm złą i wtedy człowiek musi „odebrać" swą duszę lękom będącym motywem negatywnych działań. W chrześcijaństwie sakrament spowiedzi jest właśnie odzyskiwaniem duszy ze złych miejsc, abyśmy mogli „w pełni" wstąpić do nieba. Mówiąc językiem judaizmu, strach władający człowiekiem jest „fałszywym bożkiem". W ujęciu Rachel, mojej nauczycielki z plemienia Atapasków, musimy zawrócić swą duszę ze złej drogi, abyśmy mogli iść prosto.

Człowiek jest jednocześnie substancją materialną i duchową. Chcąc sami siebie rozumieć i zachowywać zdrowie duszy i ciała, musimy poznać sposób, w jaki oddziałują na siebie materia i duch, uświadomić sobie, co odbiera naszemu ciału duszę czy siłę życiową i jak możemy uwolnić duszę od fałszywych bożków strachu, złości i przywiązania do przeszłości. Każde przywiązanie powodowane lękiem nakazuje naszej energii duchowej, by opuściła pole energetyczne i, używając słów Biblii, oddała „dech ożywczy ziemi" – przez co tracimy zdrowie. To, co osłabia duszę, wyczerpuje też ciało, a to, co ją zasila, umacnia ciało. Siła napędzająca nasze ciało, umysł i serce nie powstaje w naszym DNA. Ma ona źródło w samym Bogu. Ta prawda jest równie prosta, jak wieczna.

Tradycje duchowe, o których tutaj mówimy, oraz diagnozowanie intuicyjne opierają się na trzech wspólnych zasadach.

1. Niewłaściwe ukierunkowanie duszy wpływa ujemnie na ciało i życie człowieka.
2. Każdy człowiek spotka na swojej drodze wyzwania, które będą sprawdzianem jego wierności Niebiosom. Sprawdziany te nadejdą w postaci zachwiania się fizycznych podstaw czyjegoś życia: nieuchronna utrata majątku, rozpad rodziny, utrata zdrowia lub wpływów. Ta strata wywoła kryzys wiary i zmusi człowieka, by postawił sobie pytanie: „Czym lub kim jest ten, w którego wierzę?". Albo: „W czyje ręce oddałem swoją duszę?".

   Oprócz takich dotkliwych strat zwykle pojawiają się inne zakłócenia zwykłego porządku spraw osobistych i zawodowych, które skłaniają ludzi do poszukiwań głębszego sensu życia oraz do psychicznego i duchowego „wznoszenia się". Wszyscy skłonni jesteśmy spoglądać w górę, gdy tracimy grunt pod nogami.
3. Aby dusza powróciła na właściwą drogę, człowiek musi być gotów zapomnieć o przeszłości, oczyścić się duchowo i powrócić do chwili obecnej. „Wierz, jakby to już się stało" – ten duchowy nakaz z Księgi Daniela każe nam, byśmy w wizualizacji i modlitwie stosowali czas teraźniejszy.

We wszystkich tych trzech tradycjach świat fizyczny służy temu, aby udzielać naszej duszy lekcji, a testy czy sprawdziany pojawiają się w naszym życiu według dobrze zaplanowanego schematu.

W systemie czakr (zob. rys. 5.) każdy z ośrodków energetycznych jest siedzibą określonej siły. Siły te wznoszą się, począwszy od najgęstszej siły fizycznej aż do najbardziej eterycznej, czyli duchowej. Znaczące jest to, że wyzwania, jakie napotykamy w życiu, także układają się według podobnego schematu. Czakry pierwsza, druga i trzecia przypisane są sprawom, które łączą nas z materią, czyli siłą zewnętrzną. Czakry czwarta, piąta, szósta i siódma związane są ze światem niematerialnym, czyli siłą wewnętrzną. Gdy porównamy je z sakramentami i sefirami, otrzymamy nie tylko scenariusz rozwoju naszej świadomości, ale także duchowy język uzdrawiania i symboliczną mapę wyzwań, które niechybnie pojawią się na naszej drodze.

Rys. 5. Boska siła w naszym układzie biologicznym.

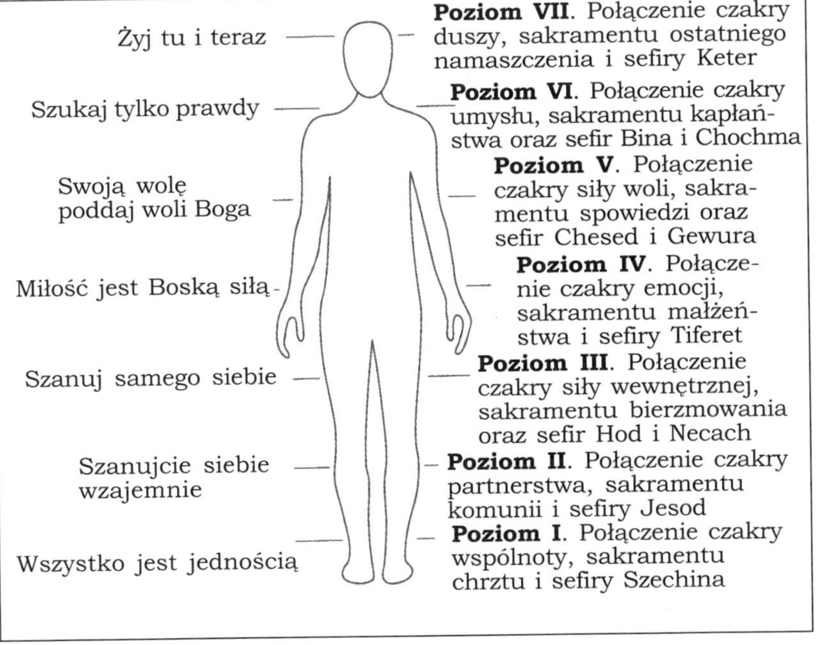

SIEDEM ŚWIĘTYCH ZASAD

Siła zewnętrzna

Poziom I. Połączenie czakry pierwszej (Muladhara), czyli czakry wspólnoty, sakramentu chrztu i sefiry Szechina.

Energia wytwarzana przez te trzy archetypiczne siły przekazuje naszemu układowi biologicznemu i energetycznemu świętą zasadę: „Wszystko jest jednością". Jesteśmy powiązani ze sobą nawzajem i z całym stworzeniem. Każdy z nas musi nauczyć się szanować tę prawdę. Łącząc się z energią którejkolwiek z tych trzech archetypicznych sił, łączymy się zarazem z ową zasadą. Czakra wspólnoty odpowiada naszej potrzebie szacunku dla więzi rodzinnych i dla własnego kodeksu honorowego. Z tą zasadą spotykamy się po raz pierwszy w kręgu rodzinnym, uczymy się respektować „więzy krwi". Rodzina uczy również, za pośrednictwem synagogi lub kościoła, że: „Wszyscy jesteśmy częścią jednej Boskiej rodziny. Wszyscy jesteśmy jednością". Więź z rodziną biologiczną jest symbolem twojej więzi ze wszystkimi i ze wszystkim w tym życiu. Jak mówi Thich Nhat Hanh: „współistniejemy". Pogwałcenie tej energetycznej więzi, na przykład uznawanie za gorszych tych, którzy się od nas różnią, wywołuje konflikt w naszej duszy, a więc i w naszym ciele fizycznym. Akceptowanie tej podstawowej zasady i postępowanie zgodnie z nią stanowi dziś wielkie duchowe wyzwanie dla całej ludzkości.

W chrześcijańskim sakramencie chrztu członkowie rodziny podejmują dwojakie zobowiązanie. Po pierwsze, przyjmują odpowiedzialność fizyczną za nowo narodzonego i po drugie, wszyscy zobowiązują się uczyć dziecko zasad duchowych. Wypełniając te obowiązki, stwarzają silny fundament wiary i prawdy, na którym człowiek może opierać się przez całe życie.

Dla osób dojrzałych duchowo sakrament chrztu jako symbol wiąże się z dwoma innymi zobowiązaniami. Po pierwsze, odczuwamy duchowy obowiązek pełnego akceptowania rodziny, w której przyszliśmy na świat, jako tej, która została nam „wybrana w sposób Boski”, by uczyć nas lekcji, które mamy opanować w tym życiu. Po drugie, zobowiązujemy się być osobiście odpowiedzialni za życie godne członka ludzkiej społeczności, za postępowanie wobec innych tak, jak chcemy, by postępowano wobec nas, i za obdarzanie szacunkiem całego stworzenia na Ziemi. Spełniając te dwa obowiązki, w istocie sami udzielamy sobie chrztu i oddajemy hołd swojemu życiu. Niespełnienie tych zobowiązań, na przykład gdy oceniamy swą rodzinę biologiczną negatywnie, w znacznym stopniu powoduje osłabienie naszego układu energetycznego, gdyż przeciwstawia się wyższej zasadzie, która jest w niego wpisana.

Sefira Szechina, której nazwa oznacza „obecność Boga”, jest boską świadomością tworzącą i chroniącą mistyczną wspólnotę Izraela. Patrząc na to z bardziej symbolicznej i uniwersalnej perspektywy, Szechina jest także furtką do świętości. Stwierdzenie: „Ten, kto wchodzi, musi przejść przez tę furtkę” (Zohar 1,7b) – to chyba najtrafniejszy jej opis, ponieważ Szechina współbrzmi z czakrą pierwszą, czyli czakrą wspólnoty. Sugeruje to, że jeśli chcemy wspiąć się wyżej ku prawdzie duchowej, najpierw musimy szanować własną rodzinę i wszystkie ludzkie społeczności.

Poziom II. Połączenie czakry partnerstwa (Svadisthana), sakramentu komunii i sefiry Jesod.

Energia wytwarzana przez te trzy archetypiczne siły przekazuje naszym układom biologicznym świętą zasadę:

„Szanujcie siebie wzajemnie". Od czakry partnerstwa otrzymujemy siłę, aby postępować konsekwentnie i uczciwie we wszystkich naszych związkach, począwszy od małżeństwa, poprzez przyjaźń, do kontaktów zawodowych. Energia ta jest szczególnie aktywna, ponieważ odpowiada wszystkim działaniom związanym z finansami i twórczością. Uczciwość i spójność wewnętrzna są niezbędne dla zachowania zdrowia. Gdy postępujemy niegodnie lub jesteśmy nieuczciwi, zatruwamy naszą duszę i ciało.

W ujęciu symbolicznym sakrament komunii odzwierciedla w naszym układzie biologicznym zasadę, że każdy człowiek, „z którym się łączymy", staje się z boskiego nakazu częścią naszego życia. Gdy z kimś „łamiemy się chlebem", w symboliczny sposób potwierdzamy, że wszyscy jesteśmy członkami jednej duchowej rodziny, że każdy, kogo znamy, jest blisko nas zgodnie z Boskim zrządzeniem i że wszyscy potrzebujemy siebie nawzajem, aby wzbogacać własne życie. To, że niektóre „połączenia" bywają bolesne, jest koniecznością. Każda osoba w naszym życiu odgrywa ważną rolę w naszym rozwoju. Nasze zadanie polega na tym, abyśmy stali się na tyle dojrzali, by zrozumieć tę zasadę i żyć według niej. Z duchowego punktu widzenia traktowanie ludzi jak wrogów lub bycie wrogiem dla innych jest niezgodne z naturą. Negatywne związki wytwarzają negatywną energię, która osłabia naszą zdolność patrzenia symbolicznego. Nie dojrzymy Boskiego zamysłu w związku, który uważamy za zły.

Sefira Jesod ucieleśnia drugą czakrę, czyli energię współżycia. Jesod to fallus, potrzeba prokreacji, rozsiewania ziaren życia, tworzenia materii z energii, formy z potencjalności. W tej sefirze tworzenie jest aktem obopólnym, naturalnym dualizmem, z którego rozkwita życie. W sensie symbolicznym sefira ta odzwierciedla naszą energetyczną potrzebę tworzenia świętych związków z innymi ludźmi, związków zapewniających kontynuację życia. Na poziomie duchowym pragniemy obcować ze świętością innych ludzi, połączyć swoją duszę z duszą partnera. Już sama bliskość jest formą świętego związku, a sefira Jesod w naturalny sposób skłania nas ku tym osobom, z którymi taki związek jest możliwy. Zadajemy gwałt swojej duszy, kiedy nie szanujemy przyrzeczeń złożonych drugiej osobie lub gdy niegodnie łamiemy przysięgę wobec tych, z którymi zawarliśmy święty związek. Czasem życie wymaga, byśmy ponownie przemyśleli swoje układy, i nieraz dochodzi do rozwodów i rozstań. Sam rozwód nie jest czymś niegodnym, lecz musimy być świadomi sposobu, w jaki zrywamy przyrzeczenia małżeńskie.

Poziom III. Połączenie czakry siły wewnętrznej (Manipura), sakramentu bierzmowania oraz sefir Hod i Necach.

Energia wytwarzana przez te cztery archetypiczne siły przekazuje naszym układom wewnętrznym świętą zasadę: „Szanuj samego siebie". Wszystkie te siły kierują nas ku temu, byśmy rozwijali poczucie własnej wartości i szacunek dla siebie. W czakrze tej znajduje się nasz „instynkt przetrwania", który chroni nas w chwilach fizycznego zagrożenia i ostrzega przed negatywną energią i działaniami innych ludzi. Lekceważąc swoje wewnętrzne przeczucia, zadajemy gwałt tej energii.

Symbolicznym znaczeniem bierzmowania jest przyjęcie odpowiedzialności za to, jacy się stajemy. Częścią procesu rozwijania samoświadomości jest doświadczenie inicjacji, czyli ceremonia „wejścia w dorosłość". Dusza potrzebuje takiego rytuału jako znaku, że stała się dojrzała; gdy go nie otrzymuje, rodzi się przykre, świadome lub nieświadome, poczucie pustki, objawiające się w postaci ułomności psychicznych. Niektóre objawy tego poczucia pustki to potrzeba ciągłej aprobaty innych ludzi, prowadząca niekiedy do niezdrowego identyfikowania z gangami, sektami lub innymi nieodpowiednimi grupami; niezdolność doceniania samego siebie; niemożność ukształtowania silnego poczucia własnej odrębności. Zdolność kierowania się intuicyjnymi wskazówkami płynącymi z naszej duszy opiera się na silnym poczuciu tożsamości i na szacunku do samych siebie.

Równie ważna jest rola wysokiej samooceny w procesie leczenia i w zachowywaniu zdrowia fizycznego. Gdy brakuje nam szacunku dla siebie, wówczas nasze stosunki z innymi ludźmi są nietrwałe i kruche. Ponieważ naszymi działaniami kieruje strach przed samotnością, ciągle boimy się odtrącenia.

Bierzmowanie – świadome rozwinięcie i uznanie własnego kodeksu honorowego – ma decydujące znaczenie dla kształtowania zdrowego ciała. Nie można być zdrowym, nie szanując siebie.

Sefira Necach jest symbolem wytrwałości – zdolności zachowania siły i hartu ducha przerastających możliwości ciała fizycznego. Siła ta budzi się w nas wtedy, gdy akceptujemy swoje życie takim, jakie jest. Tracimy ją wówczas, gdy skupiamy uwagę na tym, czego nam w życiu brakuje, lub gdy uważamy życie za puste i bezsensowne i nie zdążyliśmy się jeszcze nauczyć, że musimy brać odpowiedzialność za to, iż sami je takim stworzyliśmy. Symbolicznym znaczeniem sefiry Hod jest majestat i spójność wewnętrzna, energia pozwalająca nam pokonywać ograniczenia naszego ja i uaktywniać nasz kontakt duchowy z Boskim autorytetem. Energia Hod wzrasta wtedy, gdy rozwijamy postawę wdzięczności za wszystko, co posiadamy, i za sam dar życia.

Razem, Necach i Hod, symbolizują nogi człowieka. W połączeniu z żeńskimi i męskimi energiami trzeciej czakry wyrażają one potrzebę tworzenia jedności z dwoistości i mówią o tym, że bez poczucia własnej wartości i szacunku dla siebie nigdy nie staniemy się samodzielni, ani w sensie dosłownym, ani symbolicznym.

Siła wewnętrzna

Poziom IV. Połączenie czakry siły emocji (Anahata), sakramentu małżeństwa i sefiry Tiferet.

Energia wytwarzana przez te trzy archetypiczne siły przekazuje naszym układom wewnętrznym świętą zasadę: „Miłość jest Boską siłą". Ten ośrodek energetyczny znajduje się w centralnym punkcie ludzkiego układu energetycznego i jest symboliczną furtką do naszego wewnętrznego świata.

Energia tej czakry przekazuje nam wiedzę o tym, że miłość jest jedyną autentyczną siłą. Nie tylko nasz umysł i dusza, ale także ciało wymagają miłości, aby żyć i rozkwitać. Postępując wobec innych ludzi w sposób pozbawiony miłości, zadajemy gwałt tej energii. Gdy żywimy negatywne emocje wobec innych lub siebie lub gdy świadomie kogoś krzywdzimy, wówczas zatruwamy własny układ fizyczny i duchowy. A najbardziej zatruwamy swoją duszę, gdy nie potrafimy przebaczyć sobie lub drugiemu człowiekowi. Osłabiamy wówczas nasze życie emocjonalne. Czakra ta wymaga od nas, byśmy doskonalili swoją zdolność kochania bliźnich i siebie oraz rozwijali umiejętność wybaczania.

W sensie symbolicznym sakrament małżeństwa wyraża potrzebę i obowiązek odkrywania miłości. Najpierw musimy pokochać siebie i nasze pierwsze małżeństwo powinno mieć charakter symboliczny – powinno być zobowiązaniem, że będziemy zaspokajać własne potrzeby emocjonalne, a wtedy nauczymy się bezwarunkowo kochać i akceptować innych. Nauczyć się kochać siebie to zadanie dla nas wszystkich. Miłość własna nie jest cechą, z którą się rodzimy, musimy sami nad tym popracować. Gdy odrzucamy siebie w sensie emocjonalnym, wówczas nie tylko zatruwamy swój organizm, ale wnosimy tę toksyczność do wszystkich swoich związków, zwłaszcza do małżeństwa.

Sefira Tiferet, symbol serca i słońca w ludzkim ciele, pulsuje w każdym z nas energią współodczuwania, harmonii i piękna – trójmianem miłości. Energia emitowana przez Tiferet równoważy wszystkie boskie cechy w dziesięciu sefirach. Z natury jesteśmy istotami współodczuwającymi, które rozkwitają w atmosferze spokoju i harmonii. Energia ta jest podstawą zdrowia fizycznego oraz rozwoju emocjonalnego i wszelkich działań płynących z serca. Gdy serce nie jest wypełnione witalnymi energiami miłości i harmonii, wówczas żadne pieniądze i władza nie zapewnią mu spokoju. Puste serce powoduje pustkę w życiu, co często skutkuje chorobą – wyraźną informacją skierowaną do umysłu, że w naszym organizmie panuje dysharmonia. Przypadki sprzeniewierzenia się sercu trzeba rozpoznać, bo inaczej powrót do zdrowia jest niemożliwy.

Poziom V. Połączenie czakry siły woli (Vishuddha), sakramentu spowiedzi oraz sefir Chesed i Gewura.

Energia wytwarzana przez te cztery archetypiczne siły przekazuje naszym układom wewnętrznym świętą zasadę: „Swoją wolę poddaj woli Boga". Takie poddanie się jest najwspanialszym aktem, jakiego możemy dokonać, by zapewnić sobie w życiu stabilność duchową. Wszyscy na swój sposób zdajemy sobie sprawę, że narodziliśmy się w określonym celu, że życie przebiega według Boskiego planu. Czakra piąta jest ośrodkiem takiej świadomości oraz naszej chęci poznania Boskiego planu.

W miarę jak dorastamy, wszyscy próbujemy ułożyć sobie życie zgodnie z własną wolą. Najpierw rozstajemy się z rodzicami, zdobywamy niezależność i podejmujemy pracę. Potem nieuchronnie coś się wydarza lub pojawiają się jakieś problemy. Może praca zawodowa nie przebiega zgodnie z naszym planem, małżeństwo nie funkcjonuje jak należy, zdrowie zaczyna szwankować. Niezależnie od charakteru owych trudności nagle spotykamy się z sytuacją, która każe nam zastanowić się nad ograniczeniami naszych wewnętrznych zasobów, uniemożliwiającymi nam pomyślną realizację planów. W obliczu takich nieuniknionych przeciwności zadajemy sobie pytania: „Co powinienem robić w życiu?", „Po co się urodziłem?". Pytania te świadczą o chęci zestrojenia naszej woli z Boskim planem – to najistotniejsza z naszych decyzji.

Decyzja ta, podjęta z wiarą i zaufaniem, pozwala Bogu zagościć w naszym życiu i zamienić nasze zmagania w sukcesy, a niepowodzenia w siłę. Niezależnie od tego, czy chcemy poddać swą wolę Boskiemu kierownictwu, świadomie czy nieświadomie, pewne jest, że będziemy mieć do tego mnóstwo okazji. Motywy takiej decyzji znajdujemy w życiu ludzi, którzy doświadczali jedynie cierpień i porażek, zanim powiedzieli Bogu: „Powierzam się Tobie". I wtedy w ich życiu wystąpiły niezwykłe przypadki synchroniczności, a w ich sercach pojawiły się nowe uczucia. Jeszcze nigdy nie spotkałam nikogo, kto żałowałby swoich skierowanych do Boga słów: „Cały Twój".

Sakrament spowiedzi w sposób symboliczny mówi nam, że zniekształcanie prawdy jest niezgodne z naszą naturą. Kłamstwo to sprzeniewierzenie się zarówno ciału, jak i duszy, ponieważ układ energetyczny człowieka uznaje je za truciznę. I dusza, i ciało wymagają uczciwości i prawości, aby rozkwitać. Dlatego odczuwamy wewnętrzną potrzebę uwolnienia się od wszelkich wypaczeń, jakich dokonaliśmy. Spowiedź to symbol oczyszczenia się z tego, co w nas nieuczciwe. Naprawia szkody, jakie wyrządziliśmy, niewłaściwie korzystając z naszej woli. Oczyszczenie duszy jest najważniejszym krokiem w procesie uzdrawiania. W terapiach psychologiczno-duchowych – takich jak program dwunastu kroków – spowiedź i poddanie własnej woli „sile większej ode mnie" to podstawa sukcesu w leczeniu. Psychoterapia także jest doczesną, świecką formą spowiedzi. Wyznanie grzechów uwalnia duszę spod władzy świata materialnego i ukierunkowuje ją na świat Boski.

Od sefiry Chesed, której nazwa oznacza „wspaniałość" i „miłość", otrzymujemy naturalny instynkt i duchowy nakaz, abyśmy swymi słowami nie ranili innych. Posługiwanie się tą energią w kontaktach z ludźmi nie jest trudne; kiedy nie mówimy prawdy, sprzeniewierzamy się tej zasadzie i zatruwamy sami siebie. W gruncie rzeczy nie musimy przyznawać się innym do swoich niegodziwości, jeśli miałoby to jeszcze bardziej ich zranić. Musimy dokonać spowiedzi, abyśmy mogli przekierować swoją energię ku lepszym czynom i zachowaniom i zrzucić brzemię emocji negatywnych i wywołujących poczucie winy. W naszej naturze nie leży krytykowanie innych i siebie; myślimy źle o ludziach tylko ze strachu. Używanie słów raniących cudze uczucia zatruwa zarówno te osoby, jak i nas samych, a nasze ciało obarcza nas odpowiedzialnością za tę formę destrukcji. (W buddyzmie mówi się o nakazie „stosownej mowy"). Wrodzone poczucie odpowiedzialności sprawia, że często czujemy się winni z powodu naszych uczynków i dlatego pragniemy spowiedzi, aby się uzdrowić.

Sefira Gewura, oznaczająca „osąd” i „siła”, przekazuje naszym układom energetycznym świadomość, że nigdy nie powinniśmy z rozmysłem źle oceniać drugiego człowieka ani siebie. Negatywne osądy wywołują negatywne skutki zarówno w naszym ciele, jak i w otoczeniu zewnętrznym.

Poziom VI. Połączenie czakry umysłu (Adźna), sakramentu kapłaństwa oraz sefir Bina i Chochma.

Energia wytwarzana przez te cztery archetypiczne siły przekazuje naszym układom wewnętrznym świętą zasadę: „Szukaj tylko prawdy”. Od czakry umysłu otrzymujemy napęd do poszukiwania odpowiedzi na zagadki, jakie spotykamy na swej drodze. Z Boskiego zrządzenia pytamy: „Dlaczego?” i chcemy wiedzieć więcej dzisiaj, niż wiedzieliśmy wczoraj. Energia tej czakry nieustannie każe nam oceniać prawdziwość i spójność naszych przekonań. Od urodzenia instynktownie wiemy, że ufając czemuś lub komuś pozbawionemu spójności, zatruwamy swoją duszę i ciało.

Wszyscy przeżyjemy sytuacje, które każą nam zmienić poglądy i co za tym idzie, zbliżyć się ku prawdzie. Dojrzewamy w swoich przekonaniach krok po kroku, doświadczenie po doświadczeniu. Energia płynąca z szóstej czakry bezustannie popycha nas ku temu, byśmy uwalniali się od opinii, które są fałszywe. Gdy w swoich działaniach przeciwstawiamy się tej energii, świadomie blokując głębszym prawdom dostęp do naszego umysłu, wówczas osłabiamy swą zdolność jasnego postrzegania rzeczywistości.

Sakrament kapłaństwa dosłownie oznacza wyświęcenie na księdza i oficjalne przyjęcie na siebie roli przekaziciela Boskiej prawdy. Wszyscy chcemy, aby nasz udział w życiu innych ludzi był wartościowy i pełen znaczenia, pragniemy czuć, że to, co robimy, jest święte. (W buddyzmie nazywane jest to „słusznym sposobem życia”). Niezależnie od tego, na czym polega nasze życiowe zadanie – być uzdrowicielem, rodzicem, uczonym, rolnikiem, przyjacielem – możemy stać się wehikułem dla Boskiej energii. Symbolicznie otrzymujemy święcenia wówczas, gdy ci, z którymi żyjemy lub pracujemy, uznają nasz wkład w ich rozwój osobisty i duchowy za cenny. Dążenie do tego, by pomagać tym ludziom i nie osądzać ich, również sprawia, że stajemy się przekazicielami Boskiej energii. Słusznie uważa się, że ludzie, którzy promienieją taką chęcią pomocy i miłością, posiadają uświęconą energię. Są oni przekazicielami Boskiej interwencji. Każdy z nas ma w sobie potencjał, aby stać się takim Boskim przekazicielem i służyć innym przez odzwierciedlanie świętej energii, na czym zresztą polega istota dzisiejszego kapłaństwa.

Aby pomóc nam stać się przekazicielami Boskiej energii i działania, sefira Chochma daje naszym układom wewnętrznym impuls, żebyśmy w swoim rozumowaniu opierali się na Boskiej mądrości, szczególnie w chwilach, gdy wydaje się, że ludzka logika prowadzi donikąd. Chochma pomaga nam ważyć nasze osądy, trzymać się prawdy i podejmować decyzje najlepsze dla nas i dla tych, z którymi obcujemy.

Energię Chochmy wspiera sefira Bina, która wprowadza do często „zaciętej" energii ludzkiego rozumowania łagodniejszą, bardziej związaną z emocjami siłę Boskiej logiki. Połączenie Chochmy z Biną ma służyć jako system wewnętrznego przewodnictwa, inspirować nas do tego, byśmy przekraczali granice ludzkiego rozumowania i osiągali, tak jak biblijny Salomon, jasność umysłu, która pozwala Boskiej mądrości wkraczać w proces naszego myślenia.

Im bardziej pozbywamy się swojej nabytej skłonności do osądzania, tym skuteczniej otwieramy umysł na wiedzę z Boskiego źródła. Ludzka logika nie pozwala zgłębić tajemnic naszego życia. Stosując ją, nigdy nie wyjaśnimy złożoności wydarzeń i ich przyczyn. Prawdziwy spokój możemy osiągnąć tylko wtedy, gdy odrzucimy potrzebę zrozumienia w ludzkich kategoriach, dlaczego dzieje się tak a nie inaczej, i zamiast tego przyjmiemy logikę Boską mówiącą: „Niechaj wiem tylko to, co potrafię zrozumieć, i ufam, że za wszelkimi wydarzeniami, nawet najbardziej bolesnymi, kryje się powód, by wyniknęło z nich dobro".

Poziom VII. Połączenie czakry duszy (Sahasrara), sakramentu ostatniego namaszczenia i sefiry Keter.

Energia wytwarzana przez te trzy archetypiczne siły przekazuje naszym układom wewnętrznym świętą zasadę: „Żyj tu i teraz". Ponieważ jesteśmy przede wszystkim istotami duchowymi, potrzeby naszej duszy są tak ważne dla naszego dobrego samopoczucia jak potrzeby fizyczne, a może nawet ważniejsze.

Czakra duszy mówi nam, że nasza dusza jest wieczna. Jesteśmy czymś więcej niż ciałem fizycznym – ta prawda może nas pocieszać w wielu trudnych chwilach będących częścią ludzkiego losu. Pozorny związek naszego ciała z czasem chronologicznym to tylko iluzja, przez którą nasza dusza ma zadanie się przedrzeć. Zbyt długie przebywanie myślami w przeszłości jest niezgodne z naszą Boską naturą; taki brak równowagi powoduje zniekształcenia w czasie, które osłabiają naszą zdolność życia w chwili obecnej i codziennego odbierania wskazówek duchowych. Te wskazówki nie miałyby dla nas żadnego sensu, gdybyśmy skupiali się na odkrywaniu tajemnic dnia wczorajszego. Jeśli żyjemy w pełni chwilą teraźniejszą, wczorajsze zagadki stopniowo się wyjaśnią.

Nasza dusza instynktownie skłania się ku tej świętej zasadzie. Może być ona dla nas źródłem inspiracji, która wprowadza nas w ekstazę. Rozkwitamy – i uzdrawiamy siebie w momentach wzniosłości, gdy dusza staje się silniejsza niż ciało, a ciało spełnia nakazy duszy.

Potrzebę życia tu i teraz potwierdza sakrament ostatniego namaszczenia. Został on stworzony po to, by pomóc ludziom uwolnić swą duszę, zanim umrą. Symbolicznie sakrament ten odzwierciedla naszą potrzebę przywołania duszy z powrotem do siebie, zamknięcia niedokończonych spraw w różnych obszarach życia. Energia tego sakramentu pozwala nam puścić w niepamięć dawne doświadczenia, byśmy nie „nosili w sobie tego, co umarło". Jego siła i symbolika nie odnoszą się więc tylko do ostatnich chwil życia. W sensie biologicznym i duchowym musimy doprowadzić wszystko do końca i możemy przywołać do siebie tę sakramentalną energię, aby pomogła nam tego dokonać. Po bolesnych i traumatycznych przeżyciach zawsze otrzymujemy wewnętrzne wskazówki, które pomagają nam uwolnić się od przeszłości i żyć dalej. Kiedy zgadzamy się, aby przeszłość była bardziej żywa niż teraźniejszość, zakłócamy przepływ siły życiowej. Wypaczamy „teraz", ponieważ na to, co dzieje się „dzisiaj", zaczynamy patrzeć z perspektywy „wczoraj" i osłabiamy przez to naszą duszę. Popadamy w chorobę, zbyt długo „nosząc w sobie to, co umarło".

Sefira Keter, symbol naszej łączności ze światem nieskończonym, daje nam świadomość, że nie ma żadnej śmierci; istnieje tylko życie. Każdą osobę, która odeszła przed nami, spotkamy znowu – taka jest Boska obietnica. Możemy odpoczywać w energii tej świętej zasady.

Rodzimy się ze znajomością tych siedmiu świętych zasad. W gruncie rzeczy każdy z nas jest ze swej natury ich „biologicznym zapisem". W dzieciństwie na lekcjach religii powtórnie uczymy się wielu interpretacji tych zasad. Ale nawet gdy ich sobie świadomie nie przyswoimy, budzą się w nas automatycznie – w naszych przeczuciach, myślach, poczuciu naturalnego porządku życia. Gdy dorastamy, wyraźniej i głębiej zaczynamy rozumieć ich treść i coraz lepiej potrafimy reagować na zawarte w nich przesłania, interpretować ich symboliczne znaczenie i dostrzegać informację archetypiczną.

Prawdy przekazywane w świętych pismach różnych tradycji religijnych mają nas jednoczyć, nie dzielić. Dosłowne ich interpretowanie stwarza podziały, podczas gdy rozumienie ich w sposób symboliczny daje świadomość, że wszystkie odnoszą się do identycznej natury duchowej każdego człowieka – łączy nas. Gdy odwrócimy uwagę od świata zewnętrznego i skierujemy ją ku światu wewnętrznemu, nauczymy się patrzeć w sposób symboliczny. W środku wszyscy jesteśmy tacy sami i stoi przed nami jednakowe zadanie duchowe. Różnice zewnętrzne są iluzoryczne i tymczasowe, to tylko fizyczne rekwizyty. Im uważniej będziemy szukać łączących nas podobieństw, tym skuteczniej będzie nas prowadzić nasza zdolność symbolicznego patrzenia.

Z połączenia tradycji duchowych buddyzmu, hinduizmu, chrześcijaństwa i judaizmu powstaje jeden system wspólnych świętych zasad, który nami kieruje, umacniając nasz umysł i ciało i pokazując, jak żyć zgodnie z prawami duszy.

W części II opiszemy dokładnie siedem czakr i tkwiącą w nich siłę, szczególnie zwracając uwagę na lęki, które powodują jej utratę. Czytając ten materiał, badaj sam siebie z zamiarem rozpoznania, „w czyje ręce powierzyłeś swą duszę”.

Część II

Siedem świętych zasad

System czakr zrozumiałam głębiej dzięki mojej praktyce diagnozowania intuicyjnego*. Gdy teraz dzielę się z czytelnikami moją wiedzą, czuję się tak, jakbym otwierała przed nimi swój umysł i laboratorium. Weź z tego dla siebie tylko to, co przemawia do twojego serca i duszy, a resztę odrzuć.

W części II omawiam każdą czakrę z osobna, tak byś mógł poznać jej wyjątkowe cechy, znaczenie i zawarte w niej przesłanie. Gdy analizuję chorobę z punktu widzenia medycyny energetycznej, badam również wszystkie obszary życia pacjenta: objawy fizyczne, dolegliwości, nawyki myślowe, kontakty z innymi ludźmi, dietę, praktyki duchowe i sytuację zawodową. Studiując ludzki układ energetyczny, pamiętaj o tej zasadzie. Całościowa ocena stanu energetycznego pacjenta powinna uwzględniać obraz wszystkich siedmiu czakr i wszystkie aspekty jego życia, niezależnie od tego, w którym obszarze powstała choroba.

Czytając kolejne rozdziały, przekonasz się, że problemy związane z czakrami pierwszą, drugą i trzecią zabierają ludziom najwięcej energii. Nieprzypadkowo przyczyną większości chorób jest utrata energii w tych trzech ośrodkach. Nawet gdy zaburzenie powstaje w górnej części ciała, na przykład przy chorobach serca lub raku piersi, to jego przyczyn energetycznych należy szukać w sprawach związanych z trzema czakrami dolnymi, na przykład w małżeństwie, związkach, rodzinie lub pracy. Takie emocje jak wściekłość albo gniew „uderzają" nas poniżej pasa, podczas gdy tłumiony żal objawia się zaburzeniami w górnej części ciała. Na przykład główną przyczyną guza lubnowotworu piersi bywa smutek, poczucie krzywdy i niedo-

---

* Istnieje wiele różnych interpretacji systemu czakr – z niektórymi się zgadzam. Jedną z najszerzej akceptowanych jest interpretacja Josepha Campella, którą zaproponował w swojej książce *The Hythic Image.*

kończone sprawy emocjonalne związane z brakiem troski i opieki. Otaczanie troską wiąże się również z jakością związków uczuciowych, a te z kolei przypisane są czakrom pierwszej i drugiej. A więc, żeby w pełni zrozumieć, dlaczego pacjent zachorował, trzeba uwzględnić stan kilku – jeśli nie wszystkich – czakr.

Spośród wszystkich skomplikowanych energii przebiegających przez nasze ciało czakra pierwsza jest najbardziej złożona, ponieważ stanowi początek, podstawę naszego układu energetycznego.

Choroby i ich przyczyny opisane w dalszej części książki należy rozumieć następująco: negatywne sytuacje o silnym zabarwieniu emocjonalnym mogą wywierać decydujący wpływ na powstawanie znacznych zaburzeń w każdej z wyszczególnionych czakr.

ANATOMIA ENERGII

Czakra	Narządy
1	„Rusztowanie” ciała Podstawa kręgosłupa Nogi, kości Stopy Odbytnica Układ odpornościowy
2	Narządy płciowe Jelito grube Kość krzyżowa Miednica Wyrostek robaczkowy Pęcherz moczowy Okolice bioder
3	Brzuch Żołądek Jelito cienkie Wątroba, pęcherzyk żółciowy Nerki, trzustka Śledziona Środkowy odcinek kręgosłupa

Aspekty psychiczne i emocjonalne	Zaburzenia fizyczne
Fizyczne bezpieczeństwo rodziny i grupy Zdolność zaspokajania potrzeb życiowych Stanowczość Poczucie, że jest się u siebie Prawo i porządek społeczny i rodzinny	Przewlekły ból krzyża Rwa kulszowa Żylaki Rak odbytnicy Depresja Zaburzenia pracy układu odpornościowego
Poczucie winy i obwinianie Pieniądze i seks Władza i kontrola Kreatywność Etyka i uczciwość w związkach uczuciowych	Przewlekły ból krzyża Rwa kulszowa Dolegliwości ginekologiczne Ból miednicy lub krzyża Zaburzenia potencji Choroby układu moczowego
Zaufanie Lęk i zastraszenie Poczucie własnej wartości i szacunek dla siebie Troska o siebie i innych Odpowiedzialność za podejmowane decyzje Wrażliwość na krytykę Poczucie honoru	Zapalenie stawów Wrzody żołądka i dwunastnicy Zaburzenia pracy jelit Zapalenie trzustki /cukrzyca Niestrawność chroniczna lub ostra Anoreksja lub bulimia Zaburzenia czynności wątroby Zapalenie wątroby Zaburzenia czynności nadnerczy

Czakra	Narządy
4	Serce i układ krążenia Płuca Barki i ramiona Żebra, piersi Przepona Grasica
5	Gardło Tarczyca Tchawica Odcinek szyjny kręgosłupa Jama ustna Zęby i dziąsła Przełyk Przytarczyce Podwzgórze
6	Mózg Układ nerwowy Oczy, uszy Nos Szyszynka Przysadka mózgowa

Aspekty psychiczne i emocjonalne	Zaburzenia fizyczne
Miłość i nienawiść Uraza i rozgoryczenie Pretensje i złość Egocentryzm Samotność i zobowiązania Przebaczenie i współczucie Nadzieja i ufność	Niewydolność serca Zawał serca Wypadanie płatka zastawki Powiększenie serca Astma/alergia Rak płuc Odoskrzelowe zapalenie płuc Ból pleców i ramion Rak piersi
Wybory i siła woli Wyrażanie siebie Realizowanie swoich marzeń Korzystanie z mocy wewnętrznej przy tworzeniu Nałogi Osądzanie i krytycyzm Wiara i wiedza Zdolność podejmowania decyzji	Chrypka Przewlekłe zapalenie gardła Owrzodzenie jamy ustnej Choroby dziąseł Problemy ze stawem skroniowo-żuchwowym Skolioza Zapalenie krtani Powiększenie węzłów chłonnych Zaburzenia czynności tarczycy
Samoocena Poczucie prawdy Zdolności intelektualne Poczucie kompetencji Otwartość na nowe idee Zdolność uczenia się na własnych doświadczeniach Inteligencja emocjonalna	Rak mózgu/wylew krwi do mózgu Schorzenia neurologiczne Ślepota/głuchota Choroby całego kręgosłupa Trudności w nauce Padaczka

Czakra	Narządy
7	Układ mięśniowy Układ kostny Skóra

Aspekty psychiczne i emocjonalne	Zaburzenia fizyczne
Zaufanie do życia Poczucie wartości, etyka i odwaga Humanitaryzm Altruizm Umiejętność patrzenia z szerszej perspektywy Wiara i natchnienie Duchowość i poświęcenie	Zaburzenia energetyczne Depresja natury duchowej Chroniczne zmęczenie niezwiązane z zaburzeniem fizycznym Nadwrażliwość na światło, hałas i inne czynniki zewnętrzne

Rozdział 1

Czakra pierwsza: siła plemienna

Czakra wspólnoty zawiera energię siły plemiennej. Słowo „plemię" oznacza nie tylko rodzinę, ale również archetyp – i jako takie ma konotacje wykraczające daleko poza tradycyjną definicję rodziny. W sensie archetypicznym plemię oznacza tożsamość grupową, siłę i wolę zbiorowości oraz grupowe systemy przekonań. Wszystkie te znaczenia stanowią treść energetyczną pierwszej czakry.

Czakra ta daje nam oparcie, jest naszym połączeniem z tradycyjnymi wartościami rodzinnymi, które stanowią fundament naszej tożsamości i zapewniają poczucie przynależności do określonej grupy ludzi na danym obszarze geograficznym.

Aby połączyć się z energią pierwszej czakry, skup się przez kilka minut na czymś, co ma charakter społeczny i co wzbudza w tobie reakcję emocjonalną.

Na przykład:

- słuchanie hymnu narodowego;
- obserwowanie parady wojskowej;
- oglądanie uroczystości wręczania złotych medali na olimpiadzie;
- świadkowanie na ślubie ludzi, na których ci zależy;
- otrzymanie informacji, że jakieś dziecko ochrzczono twoim imieniem.

Koncentrując się na wybranej sytuacji, uświadom sobie, że obszarem twojego ciała, w którym powstaje reakcja, jest czakra wspólnoty.

Miejsce: podstawa kręgosłupa (okolice kości ogonowej).

Energetyczne połączenie z ciałem fizycznym: kręgosłup, odbytnica, nogi, kości, stopy i układ odpornościowy.

Energetyczne połączenie z ciałem emocjonalnym i mentalnym: czakra pierwsza jest podstawą zdrowia emocjonalnego i mentalnego. Stabilność emocjonalną i psychiczną zapewnia rodzina i środowisko społeczne w pierwszym okresie życia. Z dysfunkcji w rodzinie wywodzą się rozmaite zaburzenia psychiczne, w tym rozdwojenie jaźni, zachowania obsesyjno-kompulsywne i depresja, jak również nałogi, takie jak alkoholizm.

Związek z symboliką i postrzeganiem: energia pierwszej czakry przejawia się w naszej potrzebie logiki, porządku i usystematyzowania. Energia ta zapewnia nam orientację w czasie i przestrzeni i kieruje nas ku naszym pięciu zmysłom. W dzieciństwie postrzegamy i poznajemy świat zewnętrzny za pomocą zmysłów. Energia pierwszej czakry utrudnia nam interpretację świata w sposób symboliczny, ponieważ pięć zmysłów pozwala tylko na percepcję dosłowną i sprawia, że oceniamy sytuacje tak, jak je odbieramy. Dopiero w starszym wieku potrafimy odszukać symboliczne znaczenie wydarzeń i związków z ludźmi.

Związek z sefirą i sakramentem: sefira Szechina, dosłownie oznaczająca mistyczną wspólnotę Izraela, jest symbolem wspólnoty duchowej całej ludzkości oraz żeńskiej duszy Ziemi, czyli Gai. Symbolicznym znaczeniem sakramentu chrztu jest okazywanie szacunku rodzinie biologicznej tak samo świętej i wybranej przez Boga jak społeczność, w której się rodzimy i w której rozpoczynamy swoją życiową podróż.

Podstawowe lęki: lęk o przetrwanie fizyczne, strach, że zostaniemy odrzuceni przez jakąś zbiorowość, obawa przed zaburzeniem ładu fizycznego.

Podstawowe wartości: tożsamość społeczna/rodzinna, więzi, kodeks honorowy grupy, wsparcie i lojalność dające poczucie bezpieczeństwa i przynależności do świata fizycznego.

Święta zasada: święta zasada odzwierciedlona w czakrze pierwszej głosi: „Wszystko jest jednością". Poznajemy tę zasadę i badamy jej twórcze oddziaływanie dzięki doświadczeniom o charakterze społecznym lub grupowym. Zawiera ona przesłanie, że wszyscy jesteśmy podłączeni do strumienia życia i że każda nasza decyzja czy przekonanie wpływa na jego całość. Symboliczne znaczenie Szechiny mówi, że wszyscy należymy do jednej wspólnoty duchowej. Jako element naszego rozwoju duchowego i zdrowia biologicznego ta święta zasada znajduje wyraz w poczuciu honoru, lojalności, sprawiedliwości, w więziach rodzinnych i grupowych, w potrzebie zapuszczenia korzeni i posiadania fundamentu duchowego oraz w zdolności wykorzystywania naszej siły fizycznej w celu przetrwania.

Rozpoczynając swoje życie w społeczności lub rodzinie, stopniowo poznajemy tę zasadę. Przynależność do społeczeństwa jest dla nas sprawą zasadniczą, gdyż jesteśmy od niego w pełni zależni, jeśli chodzi o podstawowe potrzeby życiowe: pożywienie, schronienie i ubranie. Jako istoty społeczne jesteśmy w sensie energetycznym stworzeni do tego, by razem żyć, tworzyć, uczyć się, być ze sobą, potrzebować siebie nawzajem. Każde z naszych środowisk społecznych – począwszy od rodziny biologicznej i grup zawodowych aż do kręgów towarzyskich – zapewnia nam podstawową bazę fizyczną, z której możemy wyruszać na poszukiwanie głębszego, twórczego znaczenia tej świętej zasady.

KULTURA ZBIOROWA

Nikt nie rozpoczyna życia jako świadoma „indywidualność" obdarzona zdolnością korzystania ze swojej woli. Poczucie tożsamości przychodzi znacznie później i rozwija się etapami, od dzieciństwa do dorosłości. Wkraczając w życie jako członkowie społeczności, łączymy się ze świadomością naszej grupy i z wolą zbiorową, przyswajając sobie jej wady i zalety, przekonania, przesądy i lęki.

Dzięki interakcjom z rodziną i innymi społecznościami uczymy się dzielić swymi opiniami z innymi ludźmi. Dowiadujemy się również, jak bolesne może być wykluczenie z grupy i odłączenie od jej energii. Uczymy się też, jaką moc ma wyznawanie tych samych zasad moralnych przekazywanych z pokolenia na pokolenie. Taki kodeks postępowania jest siłą przewodnią dla dzieci z określonej społeczności w okresie ich rozwoju, dając im poczucie godności i przynależności.

Podobnie jak doświadczenia społeczne łączą nas wzajemnie w sensie energetycznym, czynią to również postawy społeczne, bez względu na to, czy występują one pod wzniosłym hasłem: „Wszyscy jesteśmy braćmi i siostrami", czy też pod postacią przesądów w rodzaju: „Liczba 13 jest pechowa".

Siła plemienna i wszystkie związane z nią sprawy wpływają na poziomie energetycznym na nasz układ immunologiczny, jak również nogi, kości, stopy i odbytnicę. W sensie symbolicznym układ odpornościowy jest dla naszego ciała fizycznego dokładnie tym, czym siła plemienna jest dla grupy: chroni cały organizm przed szkodliwymi wpływami z zewnątrz. Zaburzenia związane z układem odpornościowym, chroniczne bóle i inne problemy układu kostnego są energetycznym skutkiem kłopotów w naszych relacjach ze społecznością. Trudności w porozumieniu się z grupą powodują utratę energii przede wszystkim w czakrze pierwszej i sprawiają, że jesteśmy podatni – gdy jakiś problem wywołuje w nas wyjątkowo silny stres – na choroby związane z osłabieniem układu odpornościowego, od zwykłych przeziębień aż po toczeń.

Czakra wspólnoty reprezentuje naszą łączność zarówno z pozytywnymi, jak i negatywnymi doświadczeniami społecznymi. Epidemie są doświadczeniami negatywnymi, na które możemy stać się energetycznie podatni, jeśli lęki i postawy związane z naszą pierwszą czakrą podobne są do tych, które występują w „pierwszej czakrze" całego środowiska kulturowego. Epidemie wirusowe i inne są w dużym stopniu odzwierciedleniem zarówno bieżących problemów społecznych istniejących w danej kulturze, jak i stanu zdrowia jej „układu odpornościowego". Warto ten fakt odnotować, ponieważ każdy z nas poprzez nastawienie do życia cechujące jego pierwszą czakrę łączy się ze swoją społecznością i jej postawami.

Jaskrawym przykładem społecznego oddziaływania energii grupowej na stan zdrowia całej zbiorowości jest epidemia polio w latach 30. i 40. W październiku 1929 roku gospodarka amerykańska uległa załamaniu i rozpoczął się wielki kryzys, który wpłynął na całą populację. Opisując swoje ówczesne odczucia, dziennikarze i politycy, dyrektorzy i robotnicy, mężczyźni i kobiety, wszyscy zgodnie mówili, że katastrofa ekonomiczna „uczyniła ich kalekami".

Na początku lat 30. wybuchła epidemia polio, w symboliczny sposób odzwierciedlając „kalectwo" duszy narodu. Ci, którzy czuli się najbardziej okaleczeni w sensie ekonomicznym, czy to wskutek rzeczywistej sytuacji, czy też ze strachu przed nią, stali się najbardziej podatni energetycznie na wirusa polio. Ponieważ dzieci chłoną energię społeczności, były podatne zarówno na chorobę wirusową, jak i na skutki trudności gospodarczych. Zasada: „Wszystko jest jednością" mówi, że gdy cała wspólnota zainfekowana jest strachem, energia ta dosięga dzieci.

Poczucie okaleczenia tak prędko opanowało psychikę zbiorowości, że wyborcy amerykańscy nawet na stanowisko prezydenta powołali człowieka dotkniętego wirusem polio – Franklina D. Roosevelta, żywy symbol ułomności fizycznej, ale też nieposkromionego temperamentu. Trzeba było wielkiego wydarzenia społecznego i kumulacji siły fizycznej, jaką była II wojna światowa, by uzdrowić duszę narodu amerykańskiego. Bohaterstwo i poczucie jedności, wzmacniane przez nagły wzrost zatrudnienia, przywróciło dumę, siłę i honor w duszy każdego członka społeczeństwa.

Pod koniec wojny Ameryka znów odgrywała rolę światowego lidera. W gruncie rzeczy Stany Zjednoczone stały się przywódcą wolnego świata z powodu posiadania broni jądrowej – pozycja ta wzbudziła w czakrze wspólnoty całego społeczeństwa ogromną dumę i poczucie siły. To uzdrowienie znalazło wyraz w języku; ludzie mówili, że naród „stanął wreszcie na nogi". Wraz ze zmianą świadomości, odzwierciedlającą uzdrowioną duszę zbiorową, pokonano epidemię. Dusza i nastawienie społeczeństwa okazały się znacznie silniejsze niż wirus polio. Nieprzypadkowo w latach 50. Jonas Salk odkrył szczepionkę przeciwko tej chorobie.

Bardziej współczesnym przykładem tego zjawiska może być wirus HIV. W Stanach Zjednoczonych zakażenia tym wirusem występują najczęściej wśród narkomanów, prostytutek i homoseksualistów. W innych państwach, takich jak Rosja i liczne kraje afrykańskie, szerzy się on wśród osób, którym warunki socjalne ledwo pozwalają przeżyć. W Ameryce Łacińskiej wirus rozprzestrzenia się w środowisku kobiet z klasy średniej, których mężowie uprawiają seks z mężczyznami. Nie są oni gejami, lecz chcą sprawdzić się jako „macho". Wszyscy zarażeni tym wirusem, niezależnie od sposobu, w jaki się zarazili, odrzuceni przez społeczeństwo czują się ofiarami.

Chociaż każdemu zdarzyło się być ofiarą kogoś lub czegoś, ta świadomość bycia ofiarą jest odzwierciedleniem poczucia bezsilności we własnej wspólnocie, wynikającego z preferencji seksualnych, braku pieniędzy czy ze statusu społecznego. Kobiety w Ameryce Łacińskiej uważają, że nie mają żadnych środków, aby się chronić. Nosicielki wirusa HIV, w tym nawet żony ludzi sukcesu, nie mogą przeciwstawić się zachowaniom mężów, ponieważ, jak dotychczas, w ich społeczeństwie głos kobiet się nie liczy.

Z symbolicznego punktu widzenia, wirus HIV pojawił się w USA wówczas, gdy zaczęto mówić o problemie wykorzystywania innych. Energia zbiorowa społeczeństwa ulega osłabieniu, bo jedni chcą poczuć się silniejsi przez umniejszanie wartości drugich. Skutkiem takiej postawy jest osłabienie odporności biologicznej.

Zdrowie naszej indywidualnej czakry pierwszej zależy od tego, czy radzimy sobie w naszych relacjach ze społeczeństwem. Jeśli na przykład czujemy się przez nie skrzywdzeni, powinniśmy się zająć tym negatywnym odczuciem, aby nie spowodowało utraty energii. Możemy skorzystać z terapii, zająć się swoim doskoneniem zawodowym, poszukać w naszej sytuacji znaczenia symbolicznego lub uaktywnić się w działalności politycznej, aby zmienić postawy społeczne.

Chowanie uraz wobec społeczeństwa pochłania naszą energię w nieustającym konflikcie wewnętrznym, co blokuje nam dostęp do uzdrawiającej siły, która tkwi w świętej zasadzie: „Wszystko jest jednością".

Nasze szacowne społeczeństwa uczą nas żyć „w świecie". Mówią, że świat jest bezpieczny lub pełen zagrożeń, że panuje w nim obfitość lub niedostatek, oświecenie lub ciemnota, że jest miejscem, z którego można brać lub któremu trzeba dawać. I przekazuje się nam uwagi o naturze samej rzeczywistości – na przykład, że obecne życie jest tylko jednym z wielu albo że jest jedynym, jakie istnieje. Przejmujemy od swojej wspólnoty jej postawę wobec innych wspólnot – religijnych, etnicznych czy rasowych. Nasze wspólnoty „aktywują" nasz proces myślenia.

Każdy z nas słyszał uogólnienia dotyczące ras i narodów, na przykład: „Niemcy są bardzo zorganizowani" albo: „Irlandczycy to urodzeni gawędziarze". Wpajano nam opinie dotyczące Boga, niewidzialnego świata i naszych z nim powiązań, mówiąc nam: „Kto pod kim dołki kopie, sam w nie wpada" albo: „Nigdy z nikogo się nie naśmiewaj, bo Bóg cię ukarze". Przejmujemy też liczne poglądy na temat płci, na przykład: „Mężczyźni są zaradniejsi od kobiet", „Chłopcy lubią grać w piłkę, a dziewczynki lubią bawić się lalkami".

Dziedziczone przez nas przekonania są mieszaniną prawdy i fałszu. Wiele z nich, takich jak: „Nie wolno zabijać", ma w sobie wartość ponadczasową. Innym brakuje cech uniwersalności, są małostkowe i służą temu, aby tworzyć podziały między wspólnotami, a zatem łamią świętą zasadę: „Wszystko jest jednością". Proces rozwoju duchowego wymaga, byśmy zachowywali te wpływy wspólnoty, które są pozytywne, a odrzucali pozostałe.

Nasza siła duchowa wzrasta wówczas, gdy potrafimy wznieść się ponad sprzeczności przekazywane nam przez społeczeństwo i sięgnąć do głębszych pokładów prawdy. Zawsze kiedy pragniemy zrozumieć symbolikę danej sytuacji, wpływamy pozytywnie na swój układ biologiczny i energetyczny. Wnosimy też pozytywną energię do zbiorowego żywego organizmu, jakim jest cała ludzka wspólnota. Potraktuj ten proces duchowego dojrzewania jako „duchową homeopatię".

ENERGETYCZNE SKUTKI SCHEMATÓW MYŚLOWYCH

Niezależnie od „prawdziwości" przekonań wyniesionych z domu rodzinnego, każde z nich pochłania część naszej energii. Każda opinia, każdy uczynek ma bezpośrednie konsekwencje. Gdy nasze schematy myślowe zgodne są z przekonaniami grupy, do której należymy, wtedy uczestniczymy w jej energii i w wywoływanych przez nią wydarzeniach fizycznych. W ten twórczy, symboliczny sposób odzwierciedla się święta zasada: „Wszystko jest jednością". Kiedy wspólnie udzielamy wsparcia kandydatowi ubiegającemu się o określony urząd i ów kandydat wygrywa, czujemy, że pomogła mu nasza energia i wsparcie; poza tym mamy poczucie, że reprezentuje on nasze interesy – co jest fizycznym przejawem „siły w jedności", o której mówi ta zasada.

Carl Jung stwierdził kiedyś, że umysł zbiorowy jest „najniższą" formą świadomości, ponieważ jednostki biorące udział w negatywnych czynach grupowych rzadko, jeśli w ogóle, przyjmują odpowiedzialność za swoje działanie i swoją w nich rolę. Na tym polega ciemna strona zasady: „Wszystko jest jednością". W gruncie rzeczy niepisane prawo społeczne głosi, że odpowiedzialność spoczywa na przywódcach, nie na członkach grupy. Procesy norymberskie prowadzone po II wojnie światowej to klasyczny przykład zawężania odpowiedzialności zbiorowej. Naziści oskarżeni o zorganizowanie i dokonanie zagłady jedenastu milionów ludzi (w tym sześciu milionów Żydów) z reguły twierdzili, że „wykonywali tylko rozkaz". Bez wątpienia w czasie wojny byli dumni, że spełnili swój społeczny obowiązek, ale podczas procesu nie potrafili wziąć na siebie odpowiedzialności za swoje czyny.

Ze względu na moc oddziaływania panujących powszechnie przekonań – słusznych lub nie – trudno się im przeciwstawić. Uczy się nas, byśmy podejmowali decyzje spotykające się z ogólną aprobatą, byśmy przyjmowali wyznawane tradycje, sposób ubierania się i postawy. Z symbolicznego punktu widzenia to przystosowanie się oznacza, że swoją wolę podporządkowujemy woli grupy. Chcemy należeć do wspólnoty lub rodziny, z którą czujemy się dobrze pod względem duchowym, emocjonalnym i fizycznym. To poczucie jedności umacnia nas, daje większą siłę wewnętrzną i moc tworzenia – i trwa to dopóty, dopóki dokonujemy wyborów akceptowanych przez grupę. Łączymy się, aby tworzyć.

Równocześnie odczuwamy nieustające naturalne pragnienie badania własnych zdolności twórczych, rozwijania swojej indywidualności i autonomii. To pragnienie popycha nas ku poszerzaniu świadomości. Podróż duchowa, jaką odbywa cała ludzkość, polega na uświadamianiu sobie własnej siły i sposobów jej wykorzystywania. Świadomość odpowiedzialności, która nieodłącznie towarzyszy podejmowaniu decyzji, stanowi istotę tej wędrówki.

Z energetycznego punktu widzenia osiąganie świadomości wymaga hartu ducha. Ogromnie trudne i nieraz bardzo bolesne jest ocenianie własnych przekonań i odrzucanie tych, które nie służą naszemu rozwojowi. Zmiana leży w naturze życia, toteż proces zmian zewnętrznych i wewnętrznych trwa nieustannie. Gdy zmieniamy się wewnętrznie, wyrastamy z pewnych przekonań, a przyjmujemy inne. Przede wszystkim musimy stawić czoło schematom myślowym naszej wspólnoty, ponieważ nasz rozwój duchowy przebiega wedle określonego porządku energetycznego; weryfikujemy swoje przekonania od podstaw, zaczynając od najwcześniejszych i najbardziej fundamentalnych.

Ocena własnych schematów myślowych to konieczność duchowa i biologiczna. Ciało fizyczne, umysł i dusza wymagają nowych idei, by rozkwitać. Na przykład w niektórych rodzinach nie przywiązuje się dużego znaczenia do aktywności fizycznej i zdrowego odżywiania, dopóki ktoś nie zachoruje. Chory może otrzymać zalecenia dotyczące diety i zadbania o kondycję fizyczną. W rezultacie pozostali członkowie rodziny zetkną się z całkiem inną rzeczywistością. W ich ciele i umyśle pojawi się potrzeba podejmowania bardziej odpowiedzialnych i świadomych decyzji w kwestii troski o własne zdrowie; docenią na przykład zdrową dietę i aktywność fizyczną.

Z symbolicznego punktu widzenia kryzysy życiowe sygnalizują nam konieczność uwolnienia się od przekonań, które nie służą naszemu rozwojowi. Sytuacje, w których musimy zdecydować, czy mamy wprowadzić zmianę, czy pozostać w stanie dotychczasowym, są dla nas największymi wyzwaniami. Każde nowe skrzyżowanie oznacza, że wkraczamy na drogę zmian – czy będzie to dotyczyło zdrowszego trybu życia, czy nowej praktyki duchowej. A zmiana nieuchronnie polega na opuszczeniu znanych miejsc i osób i przejściu do nowego etapu życia.

Wielu ludzi, których spotykam na swoich warsztatach, utknęło na pograniczu dwóch światów: starego, z którego muszą się wyzwolić, i nowego, do którego boją się wejść. Dla wszystkich pociągająca jest myśl, by stać się bardziej „świadomym", lecz jednocześnie nas to przeraża, ponieważ musielibyśmy przyjąć odpowiedzialność za siebie – za swoje zdrowie, karierę, postawę i sposób myślenia. A skoro już raz weźmiemy odpowiedzialność choćby za jedną sferę naszego życia, nigdy więcej nie będziemy mogli zasłaniać się „myśleniem grupowym", żeby uzasadnić swoje zachowanie.

W świadomości zbiorowej nie istnieje wyraźnie zdefiniowane pojęcie odpowiedzialności osobistej, toteż w środowisku grupy o wiele łatwiej jest uniknąć konsekwencji indywidualnych decyzji. We wspólnocie odpowiedzialność dotyczy głównie fizycznej sfery życia, co oznacza, że jednostki odpowiadają za swoje finanse, kontakty towarzyskie, związki uczuciowe i zajęcia. Społeczeństwo nie wymaga, aby jego członkowie brali odpowiedzialność za odziedziczone postawy. Zgodnie z jego logiką, wystarczy, że tłumaczy się swoje uprzedzenia czy poglądy, mówiąc: „Wszyscy w mojej rodzinie tak uważają". Niezwykle trudno jest zrezygnować z takiej wygodnej pozycji. Pomyśl tylko, ile razy mówiłeś: „Wszyscy tak robią, to dlaczego ja nie mogę?". Takie uniki to najprymitywniejsza forma świętej zasady: „Wszystko jest jednością", a stosuje się je powszechnie, aby uniknąć odpowiedzialności za wszelkie niemoralne uczynki, od niepłacenia podatków i zdrad małżeńskich aż do zatrzymywania omyłkowo wydanej w sklepie reszty. Jednak osoby dojrzałe duchowo nie mogą używać argumentacji zbiorowej. Uchylanie się od podatków staje się świadomym aktem oszustwa, zdrada – świadomym złamaniem przysięgi, a zatrzymanie zbyt dużej reszty równa się kradzieży.

Często trzeba przeanalizować swoje przywiązanie do schematów myślowych grupy, by rozpocząć proces zdrowienia. Zgłosił się do mnie pewien mężczyzna, Gerald, z prośbą o postawienie mu diagnozy, ponieważ czuł się wyczerpany.

Odczytując jego energię, otrzymałam wrażenie, że w jego okrężnicy znajduje się złośliwy guz. Zapytałam mężczyznę, czy przechodził badania medyczne; po chwili wahania przyznał, że jakiś czas temu zdiagnozowano mu raka okrężnicy. Powiedział, że potrzebuje mojej pomocy, aby zyskać wiarę, że może wyzdrowieć. Część jego istoty próbowała się odciąć od panujących w jego środowisku poglądów na temat raka – ponieważ wszyscy członkowie jego rodziny, którzy mieli nowotwór, zmarli, ani on, ani jego rodzina nie wierzyli w możliwość wyzdrowienia. Omówiliśmy kilka sposobów uzyskania wsparcia, między innymi terapie pomagające ludziom rozwinąć pozytywne nastawienie poprzez wizualizację. Ważne było to, że Gerald już sam intuicyjnie wyczuł, że jego powiązanie energetyczne ze zbiorową opinią rodziny stanowi równie poważny problem, jak sama choroba fizyczna. W okresie leczenia Gerald otrzymał pomoc terapeutyczną, co pozwoliło mu się uwolnić od schematów myślowych na temat raka. Był gotów wykorzystać każdą otwierającą się przed nim możliwość.

PRZECIWSTAWIANIE SIĘ SZKODLIWEMU WPŁYWOWI GRUPY

Społeczność, do której należymy, uczy nas honoru, lojalności, sprawiedliwości – postaw moralnych, które są podstawą naszego funkcjonowania i poczucia odpowiedzialności za siebie i za grupę.

Każda z tych postaw symbolizuje świętą zasadę pierwszej czakry, pierwszego sakramentu i pierwszej sefiry, czyli: „Wszystko jest jednością". Każda jednak może stać się siłą destrukcyjną lub toksyczną, jeśli interpretowana jest niewłaściwie.

Lojalność

Lojalność to instynktowne, niepisane prawo, na którym mogą polegać członkowie wspólnoty, zwłaszcza w trudnych sytuacjach. Jest ona zatem elementem stanowiącym o sile grupy i czasem bywa ważniejsza niż miłość. Można czuć się lojalnym wobec członka rodziny, którego nie lubimy, i w stosunku do ludzi z tego samego kręgu kulturowego, nawet jeśli nie znamy ich osobiście. Grupa, oczekując lojalności od swych członków, ma nad nimi ogromną władzę, szczególnie w sytuacjach, gdy między wiernością grupie a czymś lub kimś, kto ma dla nas duże znaczenie, powstaje konflikt.

Podczas stawiania diagnozy pewnemu młodemu mężczyźnie, który uskarżał się na chroniczne zmęczenie, poczułam, że – ujmując symbolicznie – jego nogi utkwiły w miejscu, z którego pochodzi; jego pierwsza czakra dosłownie przekazywała energię z dolnej części ciała i z duszy do jego rodzinnego miasta. Reszta ciała, by tak rzec, pozostawała przy nim w miejscu, w którym mieszkał obecnie, i właśnie to rozczłonkowanie było przyczyną jego nieustannego zmęczenia. Gdy powiedziałam mu o swoich spostrzeżeniach, przyznał, że nigdy tak naprawdę nie chciał opuścić rodzinnych stron, gdyż jego rodzina bardzo dużo dla niego znaczyła, ale musiał stamtąd wyjechać z powodu pracy. Na pytanie, czy lubi swoją pracę, odparł, że nieszczególnie. Poradziłam mu, że jeśli obecne zajęcie daje mu niewiele satysfakcji, powinien z niego zrezygnować i wrócić do domu. Po upływie dwóch miesięcy dostałam od niego list. Pisał, że kilka dni po naszej rozmowie złożył w pracy rezygnację i w ciągu tygodnia wrócił do domu. Zmęczenie zniknęło i chociaż na razie nie znalazł innej posady, czuje się świetnie.

We wspólnocie lojalność jest piękną cechą, zwłaszcza gdy polega na świadomym zaangażowaniu, które przynosi korzyści zarówno jednostce, jak i grupie. Nadmierna lojalność, która nie pozwala bronić samego siebie, jest wzorcem zachowania negatywnego, z którego należy się wyzwolić. A oto przypadek mówiący o pogwałceniu pierwszej zasady i wyjaśniający symboliczne znaczenie sakramentu chrztu.

Trzydziestodwuletni Tony jest synem imigrantów z Europy Wschodniej. Był jednym z siedmiorga dzieci i miał pięć lat, gdy jego rodzina przyjechała do Stanów Zjednoczonych. Początkowo rodzice mieli poważne trudności z zaspokajaniem podstawowych potrzeb, w tym jedzenia. W wieku ośmiu lat Tony podjął pracę w miejscowym sklepie ze słodyczami, w skromnym zakresie partycypując w kosztach utrzymania.

Rodzina Tony'ego była mu bardzo wdzięczna za dodatkowe dziesięć dolarów tygodniowo. Po dwóch miesiącach chłopak przynosił do domu tygodniówkę w kwocie prawie dwudziestu dolarów i czuł się dumny – widział, jak bardzo rodzice cenią jego wkład do domowego budżetu. Ale właśnie wtedy właściciel sklepu zaczął go molestować seksualnie. Najpierw były niewinne kontakty fizyczne, lecz skończyło się na tym, że pedofil całkowicie zdominował chłopaka. Tony był tak ubezwłasnowolniony, że co wieczór musiał dzwonić do mężczyzny z zapewnieniem, że wszystko nadal pozostaje „ich tajemnicą".

Prowadząc to podwójne życie, Tony, co zrozumiałe, stawał się coraz bardziej rozbity psychicznie. Wiedział, że jego częste spotkania z „panem od cukierków" są niemoralne, ale przecież rodzina liczyła na jego miesięczne przychody, które teraz wynosiły prawie sto dolarów. W końcu jednak odważył się oględnie opowiedzieć matce, co musi robić, aby zarabiać pieniądze. Matka zakazała mu w ogóle mówić o tym. Powiedziała, że rodzina liczy na niego i że powinien utrzymać tę posadę.

Tony pracował w sklepie aż do ukończenia trzynastego roku życia. Konsekwencją wykorzystywania seksualnego były kłopoty w nauce. Z trudem przebrnął przez drugą klasę szkoły średniej i w wieku piętnastu lat zakończył edukację. Aby zarobić na życie, podjął pracę na budowie i jednocześnie zaczął pić.

Alkohol pomagał Tony'emu zagłuszyć koszmarne wspomnienia o tym, jak był molestowany, i uspokajał go. Pił co wieczór po pracy. Gdy miał szesnaście lat, stał się znanym ulicznym zabijaką i utrapieniem sąsiadów. Miejscowi policjanci kilkakrotnie przywozili go do domu, bo wszczynał bójki i dopuszczał się wandalizmu. Rodzice próbowali go zmusić, by przestał pić, lecz bezskutecznie. Po jednym z incydentów, gdy koledzy przyprowadzili go pijanego do domu, wykrzyczał z wściekłością, że ani rodzice, ani bracia nie ochronili go przed właścicielem sklepu. Domyślał się, że matka powiedziała ojcu o molestowaniu, bo chociaż nie kazali Tony'emu rzucić pracy, to jego młodszym braciom zabronili w ogóle wchodzić do tego sklepu. A później zrozumiał, że bracia też się orientowali, co się dzieje, lecz żartowali sobie z niego, uznając, że sprawia mu to przyjemność.

W wieku dwudziestu pięciu lat Tony założył własną firmę budowlaną; razem z czterema pracownikami wykonywał mniejsze prace remontowe w domach sąsiadów. Udawało mu się jakoś prowadzić ten interes przez trzy lata. Jego alkoholizm stał się jednak tak poważny, że Tony zaczął mieć napady paranoi, podczas których widział wokół siebie demony, namawiające go do samobójstwa. Po roku stracił i swoją firmę, i dom. I jak to najczęściej w takich scenariuszach bywa, całkowicie popadł w alkoholizm.

Poznałam Tony'ego w miesiąc po tym, jak zaczął znowu pracować. Zatrudnili go do prac remontowych moi sąsiedzi i spotkałam go zupełnie przypadkiem. Nawet teraz, gdy kierował niewielką ekipą budowlaną, popijał w pracy. Gdy to skomentowałam, odparł: „Też by pani piła, gdyby miała pani takie wspomnienia jak ja". Przyjrzałam mu się i z postawy jego ciała wywnioskowałam od razu, że był w dzieciństwie molestowany. Zapytałam, czy chciałby porozmawiać o tamtych latach. Z jakiegoś powodu otworzył się przede mną i cały mroczny rozdział jego życia „wypłynął" z jego wnętrza.

Spotykaliśmy się jeszcze kilkakrotnie, by pomówić o jego przeszłości. Słuchając go, zrozumiałam, że ból spowodowany świadomością, iż rodzina nie starała się mu pomóc, był o wiele silniejszy niż ten wynikający z faktu samego wykorzystywania seksualnego. W gruncie rzeczy rodzina uważała go teraz za pijaka i spodziewała się, że będzie ponosił w życiu same porażki. Cierpienie z powodu zdrady, jakiej się wobec niego dopuścili bliscy ludzie, niszczyło go psychicznie. Co ciekawe, zdołał już przebaczyć „panu od cukierków". Niedokończona sprawa dotyczyła tylko członków jego rodziny.

Dwa miesiące po naszym spotkaniu Tony sam postanowił rozpocząć terapię odwykową. Gdy dobiegła końca, skontaktował się ze mną i opowiedział, jak uzdrawiający wpływ miały na niego te sesje. Wiedział, że teraz musi uporać się ze swymi negatywnymi uczuciami wobec rodziny.

W terapii pogodzenie się oznacza zwykle konieczność konfrontacji z osobami, z którymi człowiek ma jakieś niedokończone sprawy, i oczyszczenie swoich ran w ich obecności. W najlepszym wypadku ci, którzy cię skrzywdzili, przeproszą, dzięki czemu twoje rany się zabliźnią. Tony jednak uważał, że jego rodzina nigdy nie uzna swojej zdrady.

Zwłaszcza rodzice byliby zbyt zawstydzeni, aby móc wysłuchać jego historii. Nie umieliby się przyznać, że przed laty dobrze wiedzieli, do czego był zmuszany, żeby zarobić pieniądze. Tony zwrócił się więc ku modlitwie i kontynuował psychoterapię.

Przestał pić i zaczął oddawać się modlitwom i gdy po roku powiedział mi, że nie czuje już złości na rodzinę, uwierzyłam mu. Stwierdził, że rodzice tak bardzo bali się, czy zdołają poradzić sobie w nowym kraju, że podjęli jedyną decyzję, na jaką wtedy było ich stać. Tony pracował teraz nad tym, aby odnowić więzi rodzinne, a kiedy jego firma zaczęła się rozwijać, rodzice z dumą mówili o jego sukcesach. Dla niego oznaczało to, że przepraszają go za wszystko, co się kiedyś wydarzyło.

Tony potrafił pobłogosławić swoją rodzinę i uznać ją za źródło siły, którą w sobie odkrył. Droga, jaką przebył od ostracyzmu, poprzez uzdrowienie, aż do miłości i akceptacji, w symboliczny sposób oddaje znaczenie sakramentu chrztu.

Inny mężczyzna, George, pojawił się na moich zajęciach, ponieważ zmusiła go do tego żona. Nie był typowym uczestnikiem warsztatów. Przedstawił się jako „obserwator" i od początku dawał do zrozumienia, że całe to „hokus-pokus" interesuje żonę, a nie jego.

Rozpoczęłam zajęcia od wprowadzenia na temat ludzkiego układu energetycznego. George rozwiązywał krzyżówki. Zdrzemnął się na części wykładu poświęconej związkowi między nastawieniem do życia a zdrowiem fizycznym. Podczas przerwy zaproponowałam mu filiżankę kawy. „Może to pana trochę ożywi?" – spytałam z nadzieją, że zrozumie aluzję, iż wolę mieć słuchaczy, którzy mają oczy otwarte.

Po przerwie omawiałam pierwszą czakrę i wpływ, jaki wywiera społeczność. George trochę się ożywił. Na początku ku sądziłam, że to skutki kofeiny, ale gdy zaczęłam mówić o oddziaływaniu wczesnego zaprogramowania na nasz układ biologiczny, George spytał:

– Czy chcesz przez to powiedzieć, że wszystko, co mówili mi rodzice i znajomi, nadal znajduje się w moim ciele?

W jego tonie wyczułam sarkazm, ale najwyraźniej coś w moich słowach go poruszyło.

Odparłam, że może nie wszystko, co mówili mu rodzice, pozostaje w jego układzie energetycznym, ale na pewno sporo.

– Na przykład, jakie masz wspomnienia związane ze starzeniem się twoich rodziców? – zapytałam, wiedząc, że George właśnie przekroczył sześćdziesiątkę.

Zapadła cisza. Wszyscy czekali na jego odpowiedź. Gdy zorientował się, że ściągnął na siebie uwagę, najwidoczniej poczuł się onieśmielony.

– Nie wiem. Nigdy o tym nie myślałem.

– To pomyśl teraz – odrzekłam i powtórzyłam pytanie.

Żona George'a ledwie mogła usiedzieć na krześle, chcąc odpowiedzieć za niego. Rzuciłam jej spojrzenie mówiące: „Ani się waż" – i zaraz się uspokoiła.

– Nie mam pojęcia, co powiedzieć. Rodzice zawsze kazali mi ciężko pracować i oszczędzać pieniądze, abym miał zabezpieczenie na starość.

– A kiedy zamierzasz się zestarzeć? – spytałam. George jakby nie bardzo zrozumiał, więc sformułowałam pytanie inaczej: – Kiedy twoi rodzice się zestarzeli?

– Po sześćdziesiątce, oczywiście.

– A więc jesteś przekonany, że ty także zestarzejesz się po sześćdziesiątce?

– Każdy się wtedy starzeje – odparł George. – Takie jest życie. I dlatego po sześćdziesiątce odchodzimy na emeryturę. Ponieważ jesteśmy starzy.

Wokół tego stwierdzenia rozpętała się dyskusja. George przyznał, że zawsze uważał, iż starość zaczyna się po sześćdziesiątce, ponieważ w takim przekonaniu stale utwierdzali go rodzice, którzy nie dożyli siedemdziesiątki.

Mówiliśmy o tym, jak uwolnić się od przekonania, które nie jest prawdziwe, lecz ma nad nami „władzę". Ku ogólnemu zdziwieniu, także moim i jego żony, George natychmiast pochwycił tę ideę, tak jakby ktoś podarował mu nową zabawkę.

– A więc gdybym oderwał się od dawnego przekonania, to przestałoby ono rządzić moim życiem?

I wtedy nastąpił kulminacyjny moment. George popatrzył na żonę i powiedział:

– Nie chcę już być stary, a ty?

Żona zaczęła się śmiać i płakać jednocześnie – podobnie zresztą jak pozostali uczestnicy. Nadal nie mogę pojąć, dlaczego George tak szybko zmienił swoje nastawienie. Rzadko widuję osoby, które zaczynają rozumieć pewne sprawy tak szybko i głęboko jak George, gdy uświadomił sobie, że główną przyczyną jego starzenia się było przekonanie, że tak już musi być po sześćdziesiątce. George zaczął się cieszyć się życiem, odkąd pozwolił sobie szanować własne wewnętrzne przekonanie na temat wieku, zamiast kierować się opinią wyrażaną przez społeczeństwo.

Honor

Więzi społeczne opierają się nie tylko na lojalności, lecz także na poczuciu honoru. Kodeks honorowy każdej wspólnoty stanowi połączenie tradycji oraz zwyczajów religijnych i etnicznych. Rytuały, takie jak chrzest lub inne grupowe obrzędy, spajają więzią energetyczną nowych członków ze wspólnotą. Poczucie godności daje nam siłę, wzmacnia więzy krwi i świadomość przynależności etnicznej i uczy nas, że dotrzymywanie słowa i uczciwe postępowanie mają wielką wartość.

Mimo że poczucia honoru zazwyczaj nie uważa się za element zdrowia, doszłam do wniosku, że można je zaliczyć do czynników najbardziej podstawowych, równych nawet miłości. Poczucie honoru daje naszym układom biologicznemu i duchowemu, odpornościowemu oraz kostnemu ogromną siłę i pozytywną energię. Bez niego bardzo trudno jest – jeśli w ogóle to możliwe – godnie i z dumą wystąpić we własnej obronie, ponieważ brakuje nam układu odniesienia do naszych zachowań i decyzji, a tym samym nie możemy ufać sobie i innym.

Poczucie honoru to część nauki, jaką przekazuje wspólnota swoim członkom w podstawowym obrzędzie grupowym, jakim jest sakrament małżeństwa. Pewna kobieta, jedynaczka, powiedziała: „Ojciec na łożu śmierci chciał, żebym mu obiecała, że będę mieć dziecko. Odrzekłam, że nie znalazłam mężczyzny, którego pragnęłabym poślubić. Ostatnie słowa ojca brzmiały: «Wyjdź za mąż za kogokolwiek, byleby tylko zachować ciągłość naszej rodziny»".

Swoim postępowaniem małżonkowie uczą następne pokolenie standardów etycznych. Cudzołóstwo jest zabronione, ale dorośli, dopuszczając się zdrad, przyzwalają dzieciom na łamanie tej zasady, kiedy one także staną się dorosłe. Ojciec wspiera rodzinę, ale gdy lekceważy ten obowiązek, u dzieci kształtuje się bardzo wypaczone poczucie odpowiedzialności. Ludzi uczy się, że powinni siebie wzajemnie szanować, lecz jeśli rodzice nie okazują sobie szacunku, to ich dzieci, gdy staną się dorosłe, nie będą miały respektu dla innych. Bez moralnej stabilności, jaką daje kodeks godnego postępowania, dzieci wyrastają na ludzi, którzy nie potrafią stworzyć sobie stabilnego życia.

Człowiek musi umieć dotrzymywać danego słowa – czy to samemu sobie, czy innym. Musi sobie ufać, że dokończy rozpoczętą sprawę i wywiąże się ze swych zobowiązań. Gdy nie może na sobie polegać, wszyscy i wszystko wokół niego wydaje się tymczasowe i kruche, ponieważ on sam też tak się czuje. Ktoś powiedział: „Nie chcę żyć tak jak moi rodzice, którzy zawsze wzajemnie się okłamywali. Ale ciągle mam wrażenie, że odziedziczyłem to po nich i że w pewnych okolicznościach będę zachowywać się tak samo". Brak godności dotyczy nie tylko rodziny, ale też całego społeczeństwa.

Poznałam Sama na warsztatach, kiedy to szczerze opowiedział swoją historię. Wychowywał się w biedzie, bez ojca. Rozpaczliwie chciał być przywódcą, choćby i gangu, bo dawało mu to poczucie godności. Jako handlarz narkotyków zarabiał prawie siedemdziesiąt pięć tysięcy dolarów tygodniowo. Miał sztab „pracowników", którzy mu pomagali, obracając ogromnymi kwotami pieniędzy.

Któregoś dnia, prowadząc samochód, Sam włączył radio i trafił na jakiś talk-show. Gdy miał już zmienić stację, osoba zaproszona do studia zaczęła mówić na temat istnienia aniołów. Powiedziała, że każdy człowiek ma swojego anioła stróża, który czuwa nad nim i jego uczynkami. Sam wspominał później: „Nie chciałem już dłużej tego słuchać, ale nagle przypomniałem sobie, jak w dzieciństwie babcia opowiadała mi historyjki o moim aniele, który zawsze się mną opiekuje. Już dawno o tym zapomniałem, lecz ta kobieta w radiu na nowo obudziła moje wspomnienia".

Sam jechał właśnie załatwić dostawę narkotyków, ale nie mógł oprzeć się wrażeniu, że jego anioł go obserwuje. „Tego dnia nie opuszczała mnie myśl, jak po śmierci wytłumaczę mój sposób zarabiania na życie".

Pierwszy raz Sam poczuł, że ma problem, z którym nie potrafi się uporać. „Chodzi o to, że miałem wielu chłopaków, którzy liczyli na mnie i moje pieniądze. Nie mogłem im tak po prostu powiedzieć: «Słuchajcie, sytuacja się teraz zmieniła, bo mamy te anioły, które na nas patrzą, i nie chcemy ich rozgniewać». To były ciemne typy i nie miałem pojęcia, jak z tego wybrnąć".

Pewnej nocy, kilka dni po tym programie radiowym, Sam wjechał samochodem w latarnię i odniósł poważne obrażenia nóg i kręgosłupa. „Pracownicy" zapewniali go, że nadal będą prowadzić biznes, ale Sam potraktował ten wypadek jako szansę, aby nadać swemu życiu inny kierunek. Lekarze powiedzieli mu, że odzyskiwanie władzy w nogach będzie długim, powolnym procesem i że nie jest wykluczone, iż do końca życia będzie odczuwał ból. Sam zaczął czytać książki na temat uzdrawiania – i aniołów.

„Miałem wrażenie, że jeśli obiecam, iż nie wrócę na ulicę, to wyzdrowieję. Powiedziałem chłopakom, że nie mogę już dłużej znieść tego stresu, a oni z jakichś powodów mi uwierzyli. Myślę, że chcieli przejąć moje udziały, i nie miałem im tego za złe. Jak najszybciej wyprowadziłem się z tamtej okolicy i zacząłem nowe życie".

Sam w końcu przyłączył się do innego „gangu" – do grupy młodych ludzi, którzy spotykali się co wieczór w YMCA (Chrześcijańskie Stowarzyszenie Młodzieży Męskiej). Z oddaniem pomagał im uniknąć życia, jakie sam niedawno prowadził. „W porównaniu z pieniędzmi, jakie zarabiałem wcześniej, moje obecne dochody są mizerne, ale nie ma to dla mnie żadnego znaczenia. Jakoś daję sobie radę. Ale kiedy patrzę na te dzieciaki i słucham o ich marzeniach, mówię im, że wszystko w życiu jest możliwe, bo wiem, że to prawda. Mówię również, jak ważne jest, aby być dumnym z tego, co się robi, a czasem opowiadam im także o ich aniołach. Dzięki tym dzieciakom czuję, że mam w życiu cel. Nigdy przedtem tak nie było i, uwierz mi, to o wiele lepszy «odlot» niż po jakichkolwiek narkotykach. Po raz pierwszy w życiu wiem, jak to jest, gdy człowiek czuje się na wskroś czysty i dumny z siebie". Sam stał się „liderem gangu" innego rodzaju – uczy młodzież poczucia godności i uczciwości.

Dzisiaj Sam chodzi o kulach, ale chodzi. Kiedyś zażartował: „Kto by pomyślał, że pewniej będę stać na nogach, podpierając się kulami, niż wtedy, gdy nie musiałem ich używać?". Nadal ma swoje „złe dni", ale jego nastawienie do życia jest pełne radości. Dla każdego, z kim się spotyka, jest źródłem inspiracji i promienieje z niego wiara we własne siły, płynąca z prawdziwej miłości do życia. Nie mam wątpliwości, że jego uzdrowienie nastąpiło dzięki temu, że odkrył swój życiowy cel.

Sprawiedliwość

Nasze społeczeństwa uczą nas pojęcia sprawiedliwości; zwykle opiera się ono na zasadach: „Oko za oko", „Nie rób drugiemu tego, co tobie niemiło" albo na prawie karmy: „Co posiejesz, to zbierzesz". Sprawiedliwość grupowa zapewnia ład społeczny i w skrócie można ująć ją następująco: polega na tym, aby szukać zadośćuczynienia za doznane krzywdy; aby czynić wszystko, co konieczne dla ochrony samego siebie i swojej rodziny; aby pomagać członkom innej rodziny w działaniach obronnych lub odwetowych. Niesprawiedliwe jest narażanie na niebezpieczeństwo członków rodziny dla własnych korzyści; sprzeciwianie się nakazom społecznym; pomaganie komuś, kogo grupa uważa za zagrożenie. Zakaz sprowadzania na rodzinę wstydu daje wspólnocie ogromną władzę nad każdą jednostką.

Gdy członek społeczności osiąga coś, co dla niej jest cenne, zostaje przez nią automatycznie nagrodzony w sensie „energetycznym". Nierzadko jedni członkowie wspólnoty utrzymują się kosztem energii innych, którzy cieszą się dobrą reputacją u ogółu. Czasem pogardliwie pytamy: „A jakież znaczenie ma nazwisko?". Jednak w nazwisku zawiera się wiele – przede wszystkim energia dumy lub wstydu płynąca z pierwszej czakry. Łamanie zasad sprawiedliwości społecznej może zaś powodować osłabienie układu energetycznego – tak duże, że człowiek ciągle czuje brak oparcia i ma kłopoty z nawiązywaniem kontaktów z innymi ludźmi.

Społeczeństwo zazwyczaj wierzy, że wszystko, co się dzieje, da się wytłumaczyć za pomocą „ludzkiej logiki". Takie przekonania często powodują głęboki smutek. Niektórzy całymi latami starają się dociec „przyczyny" bolesnych wydarzeń, a kiedy jej nie znajdują, żyją jak we mgle – niezdolni iść naprzód i uwolnić się od przeszłości. Aczkolwiek prawo społeczne konieczne jest dla zachowania porządku publicznego, nie odzwierciedla ono Boskiej logiki. Szukając symbolicznego sensu w sakramencie chrztu, można znaleźć duchowy pomost prowadzący z tej pułapki ludzkiej sprawiedliwości do Boskiego sposobu rozumowania. Jeśli uznamy warunki, w jakich przyszło nam żyć w społeczeństwie, za umyślnie „zaaranżowane" po to, by wspierać nasz rozwój duchowy, a nie zapewniać komfort psychiczny, to na bolesne doświadczenia spojrzymy jak na podstawę naszego dojrzewania, a nie jak na karę za popełnione czyny.

Gdy sprawiedliwość społeczna przeszkadza nam w duchowym rozwoju, musimy uwolnić się spod władzy, jaką ma ona nad naszą wolą i naszymi decyzjami. To jedno z najtrudniejszych zadań związanych z czakrą pierwszą, ponieważ często wymaga od nas fizycznego odłączenia się od własnej rodziny lub grupy, z którą jesteśmy związani.

Patrick był wyjątkowo uroczym mężczyzną, który uczestniczył w jednym z moich warsztatów. Flirtował z każdą przechodzącą obok niego kobietą. Każdy, kto go poznał, sądził, że jest on wesołym, ciepłym i uczuciowym facetem. Pracował jako sanitariusz i miał dar opowiadania różnych historyjek; gdy mówił o wydarzeniach ze swojego życia, dosłownie hipnotyzował moich słuchaczy. Niewielu zauważyło, że cierpiał na chroniczny ból nóg i kręgosłupa. Nie mógł wysiedzieć przez cały wykład, musiał od czasu do czasu wstać, żeby się rozprostować. Chodził o lasce.

Wszyscy sądzili, że w życiu prywatnym Patrick jest tak samo beztroski, jaki wydawał się w grupie; a przecież pochodził z Irlandii Północnej, znanej z niekończących się konfliktów religijnych i ekonomicznych, i jako sanitariusz z pewnością widział wiele ran postrzałowych i ofiar wybuchów samochodów-pułapek.

Któregoś ranka, gdy spotkaliśmy się na śniadaniu, Patrick, choć czuł się niezręcznie, poprosił, abym go zdiagnozowała. Zapytałam go o wiek i kiedy byłam w stanie rozluźnienia, który umożliwia napływ wrażeń, Patrick nerwowo spytał: „No i jak? Widzisz coś?". Natychmiast otrzymałam wrażenie, że jest w wojsku i że intensywny ból w nogach to skutek poważnego pobicia, które nieomal doprowadziło go do kalectwa.

– Dlaczego odnoszę wrażenie, że prowadzisz podwójne życie – jedno w wojsku, a drugie w szpitalu? Czy należysz do jakiejś organizacji militarnej?

Patrick cały zesztywniał. Gdy z ciepłego, życzliwego faceta zmienił się w zimnego jak lód obcego typa, zrozumiałam, że właśnie przekroczyłam niebezpieczną granicę.

– W moich stronach człowiek musi umieć się bronić – odparł, odnosząc się najwyraźniej do długotrwałych konfliktów panujących w Irlandii Północnej.

Ale ja od razu wiedziałam, że jego energia skierowana jest nie na samoobronę, lecz na agresję.

– Sądzę – powiedziałam – że stres wywołany twoimi powiązaniami z organizacją militarną nie pozwala ci uwolnić się od tych przewlekłych dolegliwości. Myślę, że powinieneś rozluźnić kontakty z tą grupą albo w ogóle z nich zrezygnować.

– Niektóre rzeczy są możliwe, a inne nie – odrzekł. – Człowiek nie może cofnąć historii, choćby nie wiem jak chciał. I czasem nie można zmienić biegu spraw. Zemsta pociąga za sobą kolejną zemstę; jednego dnia ja tracę nogi, drugiego – oni. To droga bez wyjścia, kiedy raz na nią wejdziesz, nie możesz zawrócić.

Siedzieliśmy kilka chwil w milczeniu, aż wreszcie Patrick się odezwał:

– Muszę iść. Już dość sobie powiedzieliśmy.

Myślałam, że mówi o odejściu od stolika, lecz on opuścił moje zajęcia i nigdy więcej go nie widziałam

Nie mam pojęcia, czy Patrick był kiedykolwiek zmuszony odebrać komuś życie, lecz wiem, że brzemię podwójnego życia nie pozwalało mu odzyskać zdrowia. Po prostu nie umiał porzucić swej „militarnej społeczności" bez względu na cenę, jaką musiał zapłacić – utratę zdrowia i konflikt między własnym poczuciem sprawiedliwości a otaczającą go atmosferą słusznej zemsty.

Najważniejsza lekcja, jakiej udziela nam pierwsza czakra, to ta, że jedyną prawdziwą sprawiedliwością jest sprawiedliwość Boska. Zrozumiałam głębię tego przesłania, gdy robiłam odczyt intuicyjny kobiecie z rozległymi zmianami nowotworowymi. Podczas odczytu uzyskałam obraz ukrzyżowania. Nie był on związany z religią, lecz raczej z jej bólem z powodu „judaszowej zdrady", jakiej kiedyś doświadczyła – obraz był wyzwaniem do uzdrowienia się z tego głębokiego cierpienia.

Gdy zastanawiałam się nad znaczeniem tego obrazu, doszłam do wniosku, że zdrada judaszowa jest formą archetypu. Jest nośnikiem przesłania, że ludzka logika i sprawiedliwość zawsze nas kiedyś zawodzą i że nie mamy takiej władzy, by zmienić porządek wydarzeń w naszym życiu i poukładać sobie wszystkie sprawy według naszego życzenia. Lekcja płynąca z tego archetypu polega na tym, że opieranie się na ludzkiej sprawiedliwości jest błędem i że musimy wierzyć Bogu, a nie człowiekowi. Trzeba ufać, że naszym życiem „rządzi Boska sprawiedliwość", choć tego nie dostrzegamy. Nie możemy popadać w zgorzknienie i czuć się ofiarami, kiedy ktoś nas zdradza lub gdy nie osiągamy swoich celów – nie możemy postępować jak ta kobieta, która w wyniku rozpamiętywania doznanej zdrady rozwinęła w sobie chorobę. Musimy zrozumieć, że wcale nie uczyniono z nas ofiar i że bolesne doświadczenie wzywa nas tylko do zastanowienia się, w czym pokładaliśmy swą wiarę. Historia Erika jest klasycznym przykładem takiego wyzwania.

Poznałam Erika kilka lat temu na warsztatach w Belgii. Przez całe zajęcia siedział w milczeniu, a gdy się skończyły, oświadczył, że zabiera mnie na przejażdżkę do Amsterdamu. Byłam zmęczona i w drodze chciałam się zdrzemnąć, ale Erik się odezwał:

– A teraz powiem ci wszystko o sobie.

Wydawało mi się, że tego nie zniosę, ale odparłam:

– Dobrze, słucham cię.

Do dzisiaj jestem mu wdzięczna za jego natręctwo.

Przed dziesięcioma laty całe życie Erika legło w gruzach. Obaj partnerzy, z którymi prowadził interesy, stwierdzili, że nie chcą już z nim dłużej pracować. Ponieważ ich było dwóch, a on jeden, nie miał szans wpłynąć na zmianę ich decyzji. Dali mu do wyboru: albo weźmie trzydzieści pięć tysięcy dolarów w gotówce, albo wszystkie akcje ich wspólnej firmy, które obecnie nie miały żadnej wartości.

Opuścił biuro przygnębiony. Kiedy wrócił do domu, odezwał się do żony: „Muszę ci coś powiedzieć", a ona odparła: „Ja też chciałabym ci coś powiedzieć. Żądam rozwodu. Poznałam kogoś".

– Jednego dnia wszyscy troje ode mnie odeszli. Czułem się tak przytłoczony, że choć byłem ateistą, pomyślałem, że tylko Bóg może tak poplątać czyjeś życie. Tego wieczora postanowiłem się pomodlić. Powiedziałem Bogu: „Jeśli Ty za tym stoisz, przemów do mnie. Pójdę tam, gdzie wskażesz". Nocą miałem sen. Jechałem samochodem przez Alpy podczas gwałtownej burzy. Drogi były oblodzone i musiałem mocno trzymać kierownicę, żeby nie wyrzuciło auta na pobocze. W pewnej chwili niemal straciłem panowanie nad samochodem i wydawało mi się, że zaraz uderzę w stok góry. W końcu udało mi się przedostać na drugą stronę, burza ucichła, zaświeciło słońce, drogi wyschły i stały się znów bezpieczne. Jechałem dalej, aż dotarłem do małej chaty, gdzie w oknie paliła się dla mnie świeca i na stole czekał ciepły posiłek.

Erik umilkł na chwilę, po czym znów podjął swoją opowieść.

– Po tym śnie postanowiłem przyjąć ofertę moich partnerów i wziąć wszystkie akcje tej pozbawionej wartości firmy. Decyzja moja wynikała stąd, że firma zajmowała się produkcją karmy dla kotów, a samochodem, którym jechałem we śnie, był jaguar. Partnerzy cieszyli się z mojego wyboru, ponieważ sądzili, że w ten sposób zaoszczędzą trzydzieści pięć tysięcy dolarów. Wiedziałem, choć nie mam pojęcia skąd, że przyjmując tę propozycję, muszę opuścić zarówno ich, jak i żonę bez gniewu. Pożegnałem się z nimi, mimo że myśleli, że to oni żegnają się ze mną. Wkrótce potem pojawiło się przede mną kilka możliwości, które pomogły mi zająć się tą firmą, i tak jak przepowiedział sen, pierwsze miesiące dźwigania jej z gruzów były bardzo trudne. Wiedziałem jednak ze swojego snu, że dam sobie radę, więc nie rezygnowałem. Dzisiaj prowadzę jedno z największych przedsiębiorstw w Belgii i zawieram mnóstwo transakcji. Ożeniłem się ponownie, z najwspanialszą kobietą, która jest moim życiowym partnerem w każdym rozumieniu tego słowa. Nigdy nie przypuszczałem, że będę robić to co teraz – tylko Bóg znał te plany. Każdy dzień zaczynam od porannej modlitwy, dziękując Bogu za to, że odsunął mnie od dawnego życia, bo sam nigdy nie miałbym odwagi odejść od tych trzech osób. Teraz, gdy spotykam ludzi, których życie się wali, mówię im: „Bóg jest z tobą. Nie musisz się o nic martwić. Wiem to z własnego doświadczenia".

Wszystkie opisane przypadki są przykładem sytuacji, na których możemy uczyć się świętej zasady: „Wszystko jest jednością". Moc duchowa zawarta w sefirze Szechina i w sakramencie chrztu łączy się z energią czakry wspólnoty, aby obdarzyć nas „intuicją pierwszej czakry", która pomaga nam godnie ze sobą współżyć i wznosić się ponad błędne interpretacje wypaczające sens tej świętej zasady. Następny etap naszego rozwoju polega na zgłębieniu znaczenia czakry drugiej oraz świętej zasady: „Szanujcie siebie wzajemnie".

JAKI JESTEŚ?

1. Jakie wzorce przekonań przejąłeś od swojej rodziny?
2. Które z tych przekonań utraciły ważność, choć nadal wpływają na twój sposób myślenia?
3. Jakie masz uprzedzenia? Które z nich są silniejsze niż to, co mówi twój rozsądek?
4. Czy masz swój kodeks honorowy? Na czym polega?
5. Czy kiedykolwiek sprzeniewierzyłeś się swemu poczuciu honoru? Jeśli tak, to czy podjąłeś działania, aby uzdrowić tę sytuację?
6. Czy masz jakieś nierozwiązane konflikty rodzinne? Jeśli tak, wymień powody, które powstrzymują cię przed uzdrowieniem relacji z rodziną.
7. Wymień wszystkie wartości, jakie daje ci twoja rodzina.
8. Jeżeli sam zakładasz rodzinę, wymień cechy, których twoje dzieci powinny się od ciebie nauczyć.
9. Jakie tradycje i obrzędy twojej społeczności przejąłeś i kontynuujesz w swojej rodzinie?
10. Opisz właściwości twojej wspólnoty, które chciałbyś w sobie rozwinąć lub wzmocnić.

Rozdział 2

Czakra druga: siła związków

Czakra druga odpowiada za nasze związki. Jej energia zaczyna pulsować i staje się wyraźniejsza, gdy mamy około siedmiu lat. W tym wieku dzieci stopniowo wchodzą w relacje z innymi dziećmi i z dorosłymi, są już bardziej niezależne od rodziców i oddalają się od domowego zacisza. Dzięki tym pierwszym interakcjom zaczynają przejawiać swą indywidualność, tworzyć związki i badać swoją możliwość dokonywania wyborów. Energia czakry drugiej nie kieruje nas już tylko ku wypełnianiu nakazów wspólnoty – zaczynamy poznawać inne relacje, które zaspokajają nasze osobiste, fizyczne potrzeby. Choć energia położonej niżej czakry pierwszej nadal popycha nas ku temu, byśmy wiązali się z siłami zewnętrznymi, to czakra druga i tak ma w sobie potężną moc oddziaływania.

Miejsce: dolna część brzucha, poniżej pępka.

Energetyczne połączenie z ciałem fizycznym: narządy płciowe, jelito grube, dolna część kręgosłupa, miednica, okolice bioder, wyrostek robaczkowy i pęcherz moczowy.

Energetyczne połączenie z ciałem emocjonalnym i mentalnym: czakra ta odpowiada naszej potrzebie kontaktowania się z innymi ludźmi i potrzebie kontrolowania w pewnym stopniu naszego fizycznego środowiska. Wszystko, co pozwala nam zachowywać kontrolę nad naszym życiem zewnętrznym, na przykład władza, znajomi lub pieniądze, łączy się poprzez tę czakrę z naszym polem energetycznym i ciałem fizycznym. Choroby związane z tym ośrodkiem energii wywołuje obawa przed utratą kontroli. Najczęstsze problemy zdrowotne to rak prostaty lub jajnika, chroniczny ból krzyża i bioder oraz zapalenia stawów. Zaburzenia okresu menopauzy, takie jak fale gorąca i depresje, świadczą o dysfunkcji energii w tej czakrze. Mięśniaki macicy to skutek blokowania twórczej energii oraz kierowania siły życiowej ku nieudanym przedsięwzięciom lub pozbawionym perspektyw związkom.

Związek z symboliką i postrzeganiem: energia tej czakry pozwala nam budować poczucie indywidualności oraz obronnych granic psychologicznych. Gdy nieustannie wydatkujemy swoją wewnętrzną siłę na sprawy świata zewnętrznego i jego pokusy – takie jak seks, pieniądze, środki uzależniające lub inni ludzie – wówczas energia zdrowego fizycznego ego zawarta w czakrze drugiej pozwala nam utrzymywać kontakt z tym światem bez konieczności negocjacji lub „sprzedawania" samego siebie; jest to energia samowystarczalności, instynkt przetrwania, dzięki któremu możemy funkcjonować w tym świecie.

Związek z sefirą i sakramentem: czakra druga odpowiada sefirze Jesod, symbolowi fallusa, męskiej energii prokreacji. Ta czakra partnerstwa zawiera też energię „przymierza". Energia prokreacji ma zarówno charakter biologiczny, jak i duchowy: pragniemy powoływać do życia dzieci, a także nadawać naszym twórczym pomysłom formę fizyczną, co jest niezmiernie ważne tak dla naszego zdrowia fizycznego, jak dla duchowego. Sakrament komunii odpowiada energii tej czakry i symbolizuje więzi, jakie tworzymy z innymi ludźmi. Symbolem komunii wszelkiego rodzaju jest „dzielenie się chlebem".

Podstawowe lęki: lęk przed utratą kontroli lub przed poddaniem się kontroli z zewnątrz, jaką sprawują wydarzenia lub okoliczności o dużej sile oddziaływania, na przykład nałogi, gwałt, zdrada, impotencja, straty finansowe, odrzucenie przez partnera lub kolegów z pracy. Może to być również strach przed utratą sił fizycznych.

Podstawowe wartości: hart ducha i zdolność do tego, by samodzielnie zapewnić sobie dobrą sytuację finansową i fizyczną oraz chronić i bronić samego siebie; rozwinięty instynkt „walki lub ucieczki"; zdolność podejmowania ryzyka; umiejętność radzenia sobie z utratą członka rodziny, partnera, własności, pracy lub pieniędzy; siła walki i odbudowywania życia; zdolność i talent do podejmowania decyzji w sprawach osobistych i zawodowych.

Święta zasada: w drugiej czakrze tkwi święta zasada: „Szanujcie siebie wzajemnie". Dotyczy ona naszych kontaktów z ludźmi i ze wszystkimi żywymi istotami. Z duchowej perspektywy każdy stworzony przez nas związek, czy to chwilowy i przypadkowy, czy bardzo bliski, ma pomóc nam poszerzyć naszą świadomość. Niektóre związki są z konieczności bolesne, ponieważ poznawanie samego siebie i własnych ograniczeń nie należy do rzeczy przyjemnych. Często musimy mieć bodziec duchowy, aby temu sprostać.

Archetypiczne energie zawarte w sefirze Jesod i w sakramencie komunii oraz fizyczna energia czakry drugiej symbolizują fakt, że związki są przede wszystkim nośnikami przesłania duchowego. Dowiadujemy się od innych o naszych wadach i zaletach – i przekazujemy innym podobną wiedzę o nich samych. Wszystkie interakcje – zachodzące w domu, pracy, społeczeństwie lub działalności politycznej – mają wartość duchową; każda pomaga nam się rozwijać jako jednostkom. Łatwiej dostrzeżemy symboliczny sens takich związków, gdy stłumimy w sobie chęć oceny, co i kto jest ważny, a zamiast tego będziemy szanować i drugą osobę, i sprawę, w którą jesteśmy wraz z nią zaangażowani.

Energia czakry drugiej jest dwoista. Jednolita energia pierwszej czakry, którą symbolizuje umysł zbiorowy, ulega polaryzacji w czakrze drugiej. Owemu podziałowi sił nadaje się wiele nazw: jin/jang, anima/animus, męskość/żeńskość, słońce/księżyc. Zrozumienie istoty tych przeciwieństw jest podstawowym warunkiem pracy z zagadnieniami związanymi z tą czakrą. Energie sefiry Jesod i sakramentu komunii łączą się z dwoistymi energiami czakry drugiej po to, byśmy „przyciągali" do siebie związki, które pomogą nam poznać samych siebie. Znane powiedzenia w rodzaju: „Podobne przyciąga podobne" i „Gdy uczeń jest gotowy, pojawi się nauczyciel" świadczą o tym, iż uświadamiamy sobie, że energia działająca „gdzieś w tle" wydaje się decydować, kogo spotykamy w naszym życiu i gdzie – i zawsze dzieje się to w odpowiednim momencie. Duchowe zadanie czakry drugiej polega na tym, byśmy nauczyli się świadomie kształtować nasze interakcje z ludźmi, tak aby tworzyć związki służące naszemu rozwojowi, a unikać tych, które go hamują.

W fizyce działanie energii czakry drugiej nazywa się prawem przyczyny i skutku (każdej akcji odpowiada reakcja) i prawem przyciągania (obiekty o przeciwnych ładunkach przyciągają się). Jeśli odniesiemy te zasady do związków, oznacza to, że tworzymy wzorce energii, przyciągające ludzi, którzy są w pewien sposób naszym przeciwieństwem i którzy mają nas czegoś nauczyć. Nic nie dzieje się przypadkowo; zanim zbudowaliśmy określony związek, otworzyliśmy furtkę, przez którą wysłaliśmy naszą energię. Dlatego wiedza o dwoistości zawartej w czakrze drugiej jest tak cenna; im bardziej stajemy się świadomi, tym bardziej świadomie potrafimy korzystać z jej energii.

MOC WYBORU

Energia czakry drugiej pozwala nam się rozwijać i wznosić ponad zbiorową energię społeczności. Wybór istnieje wtedy, gdy istnieją przeciwieństwa, toteż dualizm drugiej czakry zawsze wzywa nas do podejmowania decyzji w świecie przeciwieństw, pozytywnych i negatywnych wzorców energii. Każdy nasz wybór to mały strumyk energii płynący do wszechświata, który odbiera impulsy z ludzkiej świadomości.

Korzystanie z mocy wyboru i związanych z tym twórczych i duchowych implikacji, to podstawa ludzkiego doświadczenia. Wszystkie nauki duchowe zachęcają nas, byśmy zrozumieli, że zdolność podejmowania decyzji jest tym, co przelewa naszego ducha w materię, dzięki czemu słowa stają się ciałem. Dokonywanie wyborów to proces tworzenia siebie.

Ponieważ nasze decyzje „wplątują" nasze dusze w wydarzenia, główne tradycje duchowe koncentrują się wokół podstawowej zasady: podejmuj decyzje mądrze, bo każda jest twórczym aktem twojej duszy, za który ponosisz odpowiedzialność. Co więcej, każdy wybór oparty na wierze ma w sobie Boską moc – to dlatego mówimy, że „wiara przenosi góry". Natomiast każdy wybór podyktowany strachem jest pogwałceniem energii wiary.

Wybór ma jednak aspekt mistyczny, ponieważ nigdy w pełni nie poznamy skutków swoich decyzji. Podstawowa lekcja płynąca z czakry drugiej mówi o paradoksalności naszych wyborów – to, co wydaje się słuszne, może okazać się błędne; to, co wydaje się dobre, może okazać się złe. I gdy wszystko przebiega gładko, nagle chaos burzy ów porządek.

Paradoksalnie, czakra druga, skłaniając nas do przejmowania kontroli nad własnym życiem, uświadamia nam zarazem, że nie możemy nad nim zapanować. Jesteśmy istotami fizycznymi i jednocześnie energetycznymi, ale skoro nad światem fizycznym nie można sprawować kontroli, musimy nauczyć się panować nad tym, w jaki sposób na niego reagujemy, nad maszymi myślami i emocjami.

Niemniej stale spotykają nas rozczarowania, kiedy próbujemy kontrolować własne sprawy. Ciągle staramy się znaleźć wspaniałe rozwiązanie, dzięki któremu zapanuje w naszym życiu trwały porządek i potok zmian zatrzyma się na tak długo, byśmy zdążyli przejąć kontrolę nad wszystkimi i wszystkim.

Czy wybraliśmy odpowiednią drogę zawodową? Właściwego partnera? Najlepsze dla nas miejsce zamieszkania? Gdy staramy się podjąć trafną decyzję, budzi się w nas lęk przed rytmem zmian, jakim jest samo życie. Poszukując na zewnątrz tej jednej odpowiedniej osoby lub rzeczy, która na zawsze zapewni nam spokój, poczucie stabilizacji, miłość i zdrowie, lekceważymy ową autentyczną siłę, która istnieje „poza naszym wzrokiem, a nie w jego zasięgu". W paradoksalnej naturze dualizmu tkwi następująca prawda: nie ma znaczenia, co wybieramy; nasza moc wpływania na rezultaty naszej decyzji leży w powodach, dla których ją podejmujemy.

Zadanie związane z czakrą drugą polega na tym, byśmy poznali motywy własnych wyborów. Uświadamiając sobie te motywy, dowiadujemy się, co kryje się w naszej duszy. Czy wypełnia ją lęk, czy wiara? Każda decyzja zawiera w sobie zarówno energię wiary, jak i energię strachu, a skutki owej decyzji są do pewnego stopnia ich odzwierciedleniem. Ta zależność sprawia, że nie możemy uciec od siebie i od konieczności dokonywania wyborów.

WYBÓR A ZWIĄZKI

Energia czakry drugiej jest nadzwyczaj ulotna, jej celem jest bowiem tworzenie. Ma ona związek także z aspektami przetrwania fizycznego, takimi jak seks, władza i pieniądze, będącymi walutą w kontaktach między ludźmi. Gdy szukamy dla siebie miejsca w tym fizycznym świecie, często za obawami o przetrwanie kryje się konflikt między wiarą a lękiem, który zaczyna opanowywać nasze myśli: czy zarobię na życie? Czy znajdę partnera? Czy potrafię zadbać o siebie?

Po ciemnej stronie spraw związanych z czakrą drugą znajduje się większość naszych obaw, a więc strach przed gwałtem, zemstą, stratą finansową, nędzą, porzuceniem, izolacją, impotencją, niemożnością zatroszczenia się o siebie. Każdy z tych lęków może nad nami zapanować i przez całe życie kierować naszymi działaniami. W świętych księgach te obawy określa się mianem fałszywych bożków.

Chcąc poznać motywy swojego działania – odkryć naszych „fałszywych bożków" – potrzebujemy związków z ludźmi. Aby stworzyć związek, zużywamy nieco energii czy siły wewnętrznej. Gdy jest on już ukształtowany, pytamy, czasem podświadomie: czy ta znajomość odbiera mi siłę, czy mi ją daje? Gdzie ja się kończę, a gdzie zaczyna się ta druga osoba? Co jest moją siłą, a co jej siłą? Czy nie rezygnuję z jakiejś części siebie w zamian za poczucie bezpieczeństwa, pieniądze i status? Chociaż pytania te mają zdrowy charakter, to w większości związków partnerzy zaczynają myśleć w kategoriach przeciwieństw, co stwarza podziały psychiczne i wywołuje konflikty: ja albo ty, moje czy twoje, dobrze czy źle, zwycięzca czy przegrany, racja czy błąd, biedny czy bogaty.

W sensie symbolicznym konflikty te są wyrazem stosunku człowieka do Boga: moja wola czy Twoja – czy tu na Ziemi Ty naprawdę jesteś po mojej stronie, czy też sam muszę nad wszystkim panować? A jeśli wszystkim kieruje Boska siła, to jak mam samodzielnie podejmować decyzje? Ten podstawowy konflikt wiary pojawia się w każdym z naszych związków.

Paradoksalnie, naszym zadaniem podczas kierowania tymi sprzecznymi energiami jest uświadomienie sobie wewnętrznej jedności wszechświata. Rozpoczynamy tę wędrówkę, doświadczając konfliktu w związkach: związki wywołują konflikt; konflikt prowadzi do wyboru; wybór wywołuje zmianę, a zmiana powoduje większy konflikt. Wyzwalamy się z tego cyklu, podejmując decyzję, która wznosi się ponad dualizm i podziały między nami a innymi ludźmi, jak również między nami a Bogiem. Dopóki staramy się zapanować nad drugą osobą i zapominamy, że drugi człowiek jest lustrem odzwierciedlającym nasze własne cechy, dopóty trwa nasz konflikt wewnętrzny. Kiedy jednak uznamy siebie i innych za symboliczną jedność, łatwiej nam będzie zaakceptować różnice. Na tym polega symboliczne znaczenie sakramentu komunii.

KIEROWANIE TWÓRCZĄ ENERGIĄ

Energie drugiej czakry chcą tworzyć nowe życie, „poruszyć ziemię", wywrzeć wrażenie lub przyczynić się do kontynuacji życia. Energia twórcza – w przeciwieństwie do inspiracji, będącej cechą czakry siódmej – jest na wskroś fizyczna, związana z ziemią, ukorzeniona. Daje nam poczucie, że jesteśmy fizycznie żywi. Z energii czakry drugiej pochodzi nasz podstawowy instynkt przetrwania i intuicja, jak również pragnienie tworzenia dzieł muzycznych, artystycznych, poezji, architektury oraz zgłębiania przyrody dzięki nauce i medycynie. Nasza twórcza energia wciąga nas w wewnętrzny dialog ze sprzecznościami naszej jaźni, z naszymi przeciwstawnymi skłonnościami, i każe nam wchodzić w zewnętrzne związki, aby w nich znaleźć rozwiązanie tych rozbieżności.

Twórcza energia wyzwala nas z nawykowych schematów zachowania, myślenia i obcowania z innymi. Nawyk to piekło, do którego pchają się ludzie, próbując powstrzymać pęd zmian. Ale twórcza energia sprzeciwia się powtarzalności. Te dwie siły, powtarzanie i tworzenie nowego, ścierają się w ludzkiej psychice i zmuszają nas, byśmy zajęli się chaosem naszego świata i zmienili jego kształt, nadając mu własne znaczenie.

Energia drugiej czakry to jedno z głównych narzędzi pozwalających nam radzić sobie z codziennymi sprawami. Dostarcza nam ona pomysłowych rozwiązań, gdy pojawiają się problemy psychiczne, fizyczne lub duchowe. Blokowanie jej przepływu może stać się przyczyną impotencji, bezpłodności, infekcji narządów płciowych, endometriozy, depresji. Przeszkadza również w dojrzewaniu duchowym, bo wygląda to tak, jakbyśmy mówili: „Nie chcę już niczego więcej widzieć, nie chcę więcej rozumieć, nie chcę uczestniczyć w lekcjach, jakich udziela życie”. Jeśli zaś pozwoli jej się swobodnie płynąć, twórcza energia będzie nieustannie zmieniać kształt naszego życia i ukazywać nam szersze, niżbyśmy sami zdołali odkryć, znaczenie tego, co się dzieje.

Kate poprosiła mnie o diagnozę po tym, jak jej mąż, trzydziestokilkuletni mężczyzna, zginął w wypadku samochodowym. Musiała sama utrzymać dwoje dzieci, a nie było wielkich szans, by mogła sobie poradzić – nie miała wykształcenia ani zawodu. Kate powiedziała mi, że nie ma już siły „dalej żyć".

Było dla mnie oczywiste, i dla niej również, że cierpi na depresję. Podczas odczytu zauważyłam, że Kate ma torbiel jajnika, o czym jeszcze nie wiedziała. Rozmawiałyśmy o tym, jak ważne jest uwolnienie się od przeszłości i znalezienie powodu, dla którego warto iść dalej, lecz takie wyzwanie wydawało się ponad jej siły. Poradziłam, aby odwiedziła swojego lekarza, który przeprowadzi badanie jajników, i aby wyznaczyła sobie drobne zadanie, które będzie symbolizować jej chęć odbudowy własnego życia. Miała wizualizować, iż zadanie to wnosi do jej życia nową energię. Fakt, że miała narośl na jajniku, wcale mnie nie dziwił, ponieważ Kate utraciła nie tylko męża, ale także środki utrzymania, i musiała teraz walczyć o przetrwanie. Przetrwanie jest głównym aspektem czakry drugiej.

Zadanie, które Kate uznała za symbol swoich nowych początków, polegało na hodowaniu kwiatów, symbolizujących rodzące się życie. Przy każdym sadzonym kwiatku mówiła: „Hoduję nowe życie dla siebie i moich dzieci". Każdego dnia z coraz większą świadomością starała się sprowadzić swoją energię do teraźniejszości. Nie pozwalała sobie rozmyślać o przeszłości, kiedy była z mężem. Poszła również do lekarza, a on potwierdził obecność torbieli. Powiedział, że nie ma bezpośredniego zagrożenia, ale że Kate powinna systematycznie się badać. Wówczas Kate dodała jeszcze jedno zadanie związane ze swym ogródkiem; gdy wyrywała chwasty, mówiła: „Usuwam torbiel ze swego ciała".

Po sześciu tygodniach Kate wpadła na kilka pomysłów zdobycia pieniędzy. Zawsze wykonywała sprawnie wszelkie domowe prace, takie jak gotowanie i szycie, ale nigdy nie pomyślała, iż mogłaby w ten sposób zarabiać na utrzymanie. I oto pewnego dnia zadzwoniła do niej koleżanka i powiedziała, że ma zwichnięty nadgarstek i nie może uszyć kostiumów na przedstawienie w miejscowym teatrze. Spytała, czy Kate mogłaby zrobić to za nią.

Kate zgodziła się, poszła do teatru, otrzymała tam wskazówki co do strojów, wzięła materiał i wymiary i wróciła do domu. Gdy przyjrzała się projektom, stwierdziła, że mogłaby wprowadzić pewne korekty. Zadzwoniła do osoby odpowiedzialnej za kostiumy i zasugerowała jej kilka zmian – wszystkie spotkały się z aprobatą. Jej stroje bardzo się spodobały. Wkrótce rozdzwonił się telefon. Proszono ją o pomoc przy innych projektach teatralnych i zaproponowano, by wykonywała własne prace.

Po pewnym czasie otworzyła sklep ze strojami własnego projektu i dzisiaj jej biznes rozkwita. Torbiel zniknęła. Kate radzi wielu osobom, by w chwilach gdy czują się na dnie i muszą zaczynać wszystko od początku, zajęli się hodowaniem kwiatów w ogrodzie i nie rozstawali się z myślą: „Zasiewam twórczy pomysł dla siebie".

Historia Kate pokazuje, w jaki sposób twórcza energia może skierować nas na ścieżkę, której istnienia nigdy nie podejrzewaliśmy, i zwiększyć zdolność podejmowania pozytywnych decyzji. Twórczy pomysł ma własne pole energetyczne i może spowodować, że pojawią się osoby i okoliczności, które potrzebne są do jego realizacji na nowym etapie życia. W ujęciu symbolicznym przypadek Kate świadczy także o obecności duchowej energii sefiry Jesod – potrzeby tworzenia – oraz sakramentu komunii – wysyłanej przez nas magnetycznej siły, która przyciąga do nas pomoc z zewnątrz, gdy jej najbardziej potrzebujemy.

Ponieważ jednak moc twórcza jest tak ulotna i ma tak silne oddziaływanie, naszym najważniejszym zadaniem jest korzystać z niej w sposób świadomy. Najczęściej używamy swej kreatywności w zaciszu własnych myśli, ale twórcze energie obecne są także w naszych interakcjach z innymi ludźmi. Wprowadzamy na przykład zmiany w szczegółach naszych opowieści, tak by służyły naszym celom, albo pomysłowo manipulujemy drugim człowiekiem, by uzyskać to, czego chcemy. W takich przypadkach jednak robimy ze swej energii niewłaściwy użytek. Plotki i manipulacje odbierają siłę drugiej czakrze.

Negatywne czyny i myśli rodzą się ze strachu. Im bardziej opanuje nas strach przed czyjąś zemstą, przemocą lub wykorzystaniem finansowym, tym bardziej jesteśmy skłonni do negatywnych zachowań. Wiara – czy to w rzeczy pozytywne, czy negatywne – wywołuje skutki. Skutkiem wiary w nasze lęki jest destrukcja, a jej pierwszy objaw to utrata pewności siebie w kontaktach z ludźmi i ze światem zewnętrznym.

Gdy naszym motywem jest strach, z łatwością mogą nas skusić „fałszywe bożki" – seks, władza, pieniądze i wszystko, co się z tym łączy. Kiedy już nas uwiodą, oddajemy im władzę nad sobą – ulegamy nieudanemu związkowi; zewnętrznemu źródłu pieniędzy lub poczucia bezpieczeństwa; rozpamiętywaniu zdarzeń, które już dawno powinny być zapomniane; alkoholowi lub narkotykom. Zahipnotyzowany głosem strachu człowiek nie potrafi jasno myśleć ani działać, gdyż zatruwają go obawy, które blokują przepływ twórczych energii i pomysłów z czakry drugiej. W sensie zarówno dosłownym, jak i symbolicznym czakra druga jest kanałem rodnym. Aczkolwiek nowo narodzone idee mają własne pole energetyczne i będą walczyć o przetrwanie, tak jak nowo narodzone dzieci, strach często doprowadzi do ich „aborcji". Niektórzy ludzie boją się zapewnić swoim pomysłom – lub związkom – „przestrzeń do swobodnego oddychania", konieczną dla ich rozwoju. Możemy, na przykład, być przerażeni, gdy czujemy, że nasz pomysł osiąga stadium, w którym do jego oceny i wsparcia potrzebujemy pomocy z zewnątrz. Albo przyjmujemy postawę właściciela danego pomysłu - uważamy, że skoro sami go „urodziliśmy", jest nasz i powinniśmy kontrolować wszystko i wszystkich, którzy mają z nim związek. Obie postawy często kończą się „zduszeniem energii", stłumieniem rozwoju przez ogarniętego lękiem dominującego rodzica lub partnera.

Na moje zajęcia przychodził kiedyś John, mężczyzna, który pragnął w sposób intuicyjny zobaczyć, w jaką stronę ma skierować swoje życie zawodowe. Zawsze myślał o tym, by otworzyć własną produkcję kaset wideo. Gdy osiągnął czterdziestkę, doszedł do wniosku, że „teraz albo nigdy". Znalazł dwóch wspólników i razem rozpoczęli przedsięwzięcie, które, jak mieli nadzieję, przyniesie im sukces. We trzech opracowali plan działania i zaczęli poszukiwać inwestorów.

W okresie planowania, czyli „snucia marzeń", układało się między nimi bardzo dobrze. Pełni energii i ambicji, czuli, że muszą osiągnąć sukces - wiara ta stała się jeszcze silniejsza, kiedy pozyskali pięciu różnych inwestorów.

Napływ kapitału nieoczekiwanie sprawił jednak, że się poróżnili. Pieniądze, zamiast prowadzić Johna do następnego twórczego stadium rozwoju, zmieniły jego postawę. Zaczął subtelnie dawać do zrozumienia, że wszystkie najlepsze pomysły pochodziły od niego i że to on powinien odgrywać kierowniczą rolę na kolejnym etapie podejmowania decyzji. Rywalizacja Johna z partnerami zahamowała ich twórczy napęd i po upływie pół roku, kiedy wydali już znaczną część początkowego kapitału inwestycyjnego, nie byli zdolni zrealizować choćby jednego przedsięwzięcia. Sytuacja finansowa zmusiła ich do zaniechania współpracy i ogłoszenia bankructwa. Za tę porażkę John obwiniał kolegów, przekonany, że zazdrościli mu talentu.

W potencjale tworzenia tkwiącym w drugiej czakrze znajduje się także potencjał konfliktu. Święta zasada i główne przesłanie czakry drugiej – „Szanujcie siebie wzajemnie" – zawierają w sobie moc duchową oraz wskazówkę, jak uporać się z tym duchowym wyzwaniem. Gdy postępujemy zgodnie z tą zasadą, budzimy w sobie i w innych najlepsze cechy. W sensie symbolicznym energia sefiry Jesod i energia sakramentu komunii służą temu, byśmy mogli okazywać innym ludziom szacunek, czy to mówiąc im odpowiednie słowa, czy traktując ich na równi ze sobą. Tworzenie jest formą komunii, łączenia życiodajnych energii ludzkich w jednym wspólnym celu. Kreatywność często porównuje się do rozsiewania nasion, co jest kolejną metaforą symbolizującą fallusową energię sefiry Jesod.

John nie potrafił zrozumieć, że jego wspólnicy także mieli talent, twórcze pomysły i ambicje. Zamiast okazywać im szacunek i współpracować z nimi, czuł się przez nich zagrożony. Kiedy robiłam mu prywatnie odczyt intuicyjny z nadzieją, że pomogę mu odkryć źródło jego obaw, otrzymałam wrażenie, że najbardziej boi się on impotencji i że impotencja seksualna, a także niemoc finansowa i twórcza kojarzą mu się z władzą, którą trzeba dzielić z innymi. Zarazem jednak pociągała go myśl o tworzeniu czegoś wraz z innymi ludźmi. Chociaż tego rodzaju konflikt można było rozwiązać dzięki terapii, John odrzucił taką możliwość. Powiedział, że jego zdaniem w każdym biznesie powinien być tylko jeden lider i że jego problemy na pewno by znikły, gdyby znalazł grupę osób, które to rozumieją. Terapia, jak stwierdził, nie zmieniłaby jego opinii na temat prowadzenia interesów, toteż nie ma żadnego sensu. Dopóki John nie znajdzie motywacji, aby przyjrzeć się własnym przekonaniom, dopóty będzie skazany na przedsięwzięcia kończące się porażką. Porzucił moje zajęcia, zdecydowany poszukać innego zespołu ludzi, którym będzie przewodzić.

Aborcje fizyczne i energetyczne będące skutkiem strachu mają konsekwencje emocjonalne i często fizyczne. Kobiety, które poddały się aborcji dlatego, że mąż nie akceptował ich lub dziecka albo bały się, że nie potrafią same stworzyć dziecku domu, mogą mieć zaburzenia układu rozrodczego, na przykład mięśniaki. Pewnego razu Norm poprosił mnie o konsultację w sprawie pacjentki, która miała obfite krwawienie z macicy, bez wyraźnej przyczyny fizycznej. Gdy odczytywałam jej energię, zauważyłam, że dwa razy poddała się aborcji, nigdy z własnej woli. Zapytałam Norma, czy mówiła mu o tych aborcjach. Spytał pacjentkę, co czuje w związku z tamtymi zabiegami przerwania ciąży, o których nie powiedziała mu podczas badań lekarskich. Kobieta rozpłakała się i wylała z siebie całą falę goryczy i poczucia winy, które powstrzymywała przez wiele lat. Te traumatyczne doświadczenia były energetyczną przyczyną jej krwawienia.

Spotkane przez mnie kobiety, które przerwały ciążę z własnej woli, nie miały takich traumatycznych przeżyć. Znaczącą rolę w tym, że mogły potem prowadzić spokojne życie, odegrał fakt, że dokonując takiego wyboru, uważały, iż nie nadeszła dla nich odpowiednia pora, aby stać się matką lub mieć kolejne dziecko, albo sądziły, iż mają prawo same o tym zadecydować. Jedna z nich powiedziała, że przed aborcją odprawiła pewną ceremonię, wysyłając wiadomość do duszy dziecka, które w sobie nosiła. Oświadczyła dziecku, że nie mogłaby zapewnić mu odpowiednich warunków życia. Była przekonana, że ta informacja do niego dotarła, ponieważ po zabiegu przyśniło się jej, że spotkała tę duszyczkę i usłyszała od niej, że wszystko jest w porządku.

Aborcje energetyczne, czyli niedopuszczenie do realizacji idei lub projektu, zdarzają się o wiele częściej niż fizyczne i doświadczają ich zarówno kobiety, jak i mężczyźni. I tak jak przerywanie ciąży może być przyczyną ogromnych szkód emocjonalnych i fizycznych, również aborcje energetyczne pozostawiają po sobie ślady. Zarówno u mężczyzn, jak u kobiet przyczyniają się one do powstania problemów fizycznych, na przykład do bezpłodności. Wiele kobiet pracujących zawodowo, które są mocno zaangażowane w rozwijanie swojej kariery, ma trudności z zajściem w ciążę. Także niektórzy mężczyźni, podobnie zaangażowani, mają problemy z prostatą i potencją seksualną.

Pewien mężczyzna opowiadał, ile czasu, energii i pieniędzy poświęcił na planowanie nowego przedsięwzięcia. Ponieważ nie miał wystarczająco dużo środków, by wystartować samodzielnie, szukał wsparcia finansowego u kilku znajomych. Mając od nich obietnicę pomocy, przystąpił do opracowywania planów. Po kilku miesiącach ślęczenia nad szczegółami udał się do swych partnerów z prośbą o fundusze. Wszyscy odmówili. Jego twórczy pomysł nigdy nie doczekał się realizacji, a on sam czuł się głęboko zraniony. Powiedział, że nie może „wydać na świat" swojej idei. Przez lata nosił w ciele „śmierć" swojego planu i czuł się jak po aborcji. W końcu zachorował na raka okrężnicy i w kilka lat później zmarł. Jego potrzeba dawania życia, która tkwi zarówno w psychice mężczyzn, jak i kobiet, sprowadziła na niego cierpienie, jakim jest energetyczna aborcja.

Inny mężczyzna powiedział mi, że jego żona przerwała ciążę, nie informując go o tym, ponieważ uważała, że decyzja należy tylko do niej. Gdy się o tym dowiedział, poczuł w sobie energię tej aborcji – gniew i poczucie krzywdy. W rezultacie stał się impotentem; jego ciało odmówiło tworzenia życia.

PANOWANIE NAD ENERGIĄ SEKSUALNĄ

Seksualność i nasz stosunek do niej zapisane są w drugiej czakrze. Popęd seksualny jest siłą pierwotną, siłą tworzenia mocnej więzi i intymnego związku z drugim człowiekiem, z którym wspólnie możemy tworzyć i podtrzymywać nowe życie. Posiadanie współmałżonka i budowanie rodziny, w której będą dzieci lub nie, jest dla ludzi dorosłych symbolem stabilizacji. Partnerem życiowym może być również osoba tej samej płci. Złamanie reguł kulturowych, które kazały ludziom trzymać się ścisłych i ograniczonych form wyrażania swej seksualności, pozwoliło jednostkom szukać towarzysza życia zgodnie z własnymi potrzebami, a homoseksualistom dało możliwość zachowania godności i szacunku w świecie zdominowanym przez heteroseksualistów.

W czakrze drugiej zawiera się pragnienie oraz zdolność tworzenia nowego życia. Ciąża i narodziny jednoczą „dualistyczne" siły dwóch osób o wiele mocniej niż jakiekolwiek inne przejawy jedności.

Seks, poza tym że tworzy nowe życie, jest sposobem wyrażania samego siebie, narzędziem, za pomocą którego mówimy o naszym stosunku do otaczającego nas świata. Seks pozwala nam odkrywać własne ciało i potrzeby fizyczne, jak również naszą naturę erotyczną i zmysłową. Erotyzm jest formą fizycznego i emocjonalnego wyzwolenia, jak również wolności duchowej. Dlaczego duchowej? Przyjemność erotyczna jest ze swej natury przeżywana „w czasie teraźniejszym", jest spotkaniem, w którym odrzucamy większość swoich ograniczeń, aby czerpać pełną radość z kontaktu fizycznego. Doświadczanie bez żadnego wstydu energii erotycznej może wznieść nasze ciało i ducha do najwyższej ekstazy, czasami wywołując doznania odmiennych stanów świadomości.

Kobiety są ucieleśnieniem procesu przekazywania życia, energii stającej się materią przez ciążę, poród i rozwiązanie. Cykl życiowy kobiet jest odzwierciedleniem naturalnego rozwoju energii seksualnej. Na przykład u większości kobiet kundalini, czyli seksualno-duchowa energia, zaczyna przybierać na sile mniej więcej koło czterdziestki. Wzmagając się, uaktywnia czakry, przez które płynie. Każda niedokończona sprawa, drzemiąca w dolnych czakrach, da o sobie znać w okresie przed menopauzą i w jej trakcie. Na przykład u kobiet, które doznawały przyjemności seksualnych w ograniczonym zakresie, zablokowana energia kundalini, czyli niezaspokojony popęd seksualny, może przejawić się w postaci uderzeń gorąca. Niewykorzystana energia twórcza czy twórcze konflikty również mogą przybrać formę fal gorąca.

U kobiet przed czterdziestką zaburzenia menstruacji, bóle miesiączkowe i zespół napięcia przedmiesiączkowego są klasycznymi objawami braku akceptacji siebie jako kobiety, swojej roli w społeczności i oczekiwań, jakie żywi wobec niej wspólnota. Większość zaburzeń miesiączkowania często wynika u kobiet ze zbyt silnego stresu połączonego z przekonaniem, że nie mogą swobodnie dokonywać życiowych wyborów, że ich decyzje kontrolowane są przez innych. Zaburzenia te stają się poważniejsze, kiedy kobieta przejmuje się przykrymi uwagami członków rodziny czy społeczności na temat jej satysfakcji i potrzeb seksualnych. Na przykład, kobieta może czerpać przyjemność z seksu, lecz czuje się z tego powodu winna lub nie ma odwagi wprost o to poprosić. Może nawet nie uświadamiać sobie tego wewnętrznego konfliktu.

Zaburzenia pracy jajowodów i problemy z płodnością związane są z „wewnętrznym dzieckiem" kobiety, a same jajowody odpowiadają niezagojonym ranom z dzieciństwa lub niewykorzystanej energii. Droga jajeczek może być zablokowana, gdyż wewnętrzna tożsamość kobiety nie jest wystarczająco dojrzała, dorosła lub dość zdrowa, aby czuć się płodna. Tego rodzaju wzorzec energetyczny może leżeć u podstaw zaburzeń jajowodów. Jakaś część kobiety może pozostać niedojrzała, ponieważ ona sama nieświadomie jest niezdecydowana co do chęci tworzenia nowego życia, jeśli na pewnym poziomie jeszcze „nie wyszła ze skorupki".

Energie kundalini to przeciwstawne sobie siły psychiki i ciała. Oplatają kręgosłup, od jego podstawy w pierwszej czakrze aż do czubka głowy, wirując wokół wszystkich siedmiu czakr. Joga kundalini uczy sposobu kierowania tą energią oraz przeżywania kundalini, stanu duchowej ekstazy, który można osiągnąć dzięki opanowaniu naszej energii seksualnej. Zamiast pozwalać na naturalne jej uwalnianie się podczas orgazmu, duchowa praktyka kundalini kieruje ją w górę kręgosłupa i doprowadza do jej kulminacji w duchowym zjednoczeniu z Bogiem. O wielu mistykach mówiono, że doświadczali odmiennych stanów świadomości podczas głębokiej medytacji, która obejmowała również uwalnianie energii seksualnej.

Doznania erotyczne zwykle prowadzą do orgazmu, a rozładowanie ogromnego napięcia ma duże znaczenie dla zdrowia fizycznego, mentalnego i psychicznego. Orgazm jest sposobem – z pewnością jednym z najprzyjemniejszych – uwalniania „osadów energetycznych", które gromadzimy w wyniku zwykłych kontaktów. Ruch fizyczny i kreatywność to inne znane metody rozładowywania energii. Jeżeli ktoś nie może jej uwolnić, energia magazynuje się w jego układzie energetycznym i ponieważ nie jest świadomie sterowana, może wywoływać różne przykre reakcje, począwszy od depresji aż do stosowania przemocy. Mogą się jednak pojawić spontaniczne doświadczenia kundalini.

Dawno temu kpiłam z poglądu, że związek oparty na seksie prowadzi do powstania więzi duchowej. Jednak ta głęboka prawda zawarta w kundalini i naukach tantrycznych jest oczywista, gdy spojrzymy na następujący przypadek.

Poznałam Lindę kilka lat temu, kiedy zostałyśmy obie zaproszone do naszej wspólnej znajomej. Ponieważ tamtego dnia odczuwałam skurcze przedmiesiączkowe, spytałam Lindę, czy ma aspirynę, dodając niedbale: „Sama wiesz, jak to jest". Odpowiedziała, że nie ma o tym pojęcia, bo w całym swoim życiu nie miała miesiączki. Widząc moje niedowierzanie, rzekła: „Wcale nie żartuję. Jeśli chcesz, możesz mi zrobić swój intuicyjny odczyt". Oczywiście zaraz go zrobiłam.

Szybko spostrzegłam, że Linda ma usuniętą macicę, ale obraz był bardzo osobliwy, gdyż zobaczyłam na nim dziecko przechodzące taką operację. Równocześnie otrzymałam obraz intensywnej energii seksualnej, która płynęła silnym, zdrowym strumieniem przez drugą czakrę – taki obraz energetyczny rzadko widuje się u kobiet, którym usunięto narządy płciowe. Powiedziałam Lindzie o swoich spostrzeżeniach i przyznałam, że bardzo mnie zafrapowały.

Linda z uśmiechem potwierdziła fakt usunięcia macicy. Zapewniła, że reszta stanie się dla mnie jaśniejsza, kiedy usłyszę jej historię.

Linda i jej późniejszy mąż Steve chodzili ze sobą w szkole średniej. W tamtych czasach nie było rzeczą normalną, aby nastolatki uprawiały seks. Linda z lękiem myślała o chwili, gdy ich związek dotknie tej sfery, ponieważ w wieku szesnastu lat stwierdzono u niej niedorozwój narządów płciowych (czym tłumaczy się otrzymany przeze mnie później obraz dziecka). W jej przypadku cykl menstruacyjny był niemożliwy, tym bardziej ciąża. Linda wstydziła się tego i utrzymywała ten fakt w tajemnicy przed Steve'em z obawy, że gdy się dowie, iż nie może ona mieć dzieci, nie poślubi jej, uznając, że nie jest „normalną" kobietą. Może w ogóle przestanie być dla niego atrakcyjna. Nie wiedziała nawet, czy może mieć stosunki płciowe z mężczyzną, ale bardzo chciała wyjść za mąż za Steve'a.

W szkole Linda nauczyła się dobrze grać na cymbałach, amerykańskim instrumencie ludowym. Na zakończenie roku, wieczorem po uroczystości wręczenia świadectw dojrzałości, Steve podarował jej własnoręcznie wykonane cymbały. Tej nocy się kochali. Nie wyjawiła chłopakowi swojej tajemnicy i myślała z przerażeniem, że podczas tego pierwszego w jej życiu zbliżenia Steve odkryje, że coś jest z nią nie w porządku.

W trakcie stosunku Linda zaczęła ciężko oddychać, nie tyle z namiętności, ile ze strachu. Jednocześnie modliła się w myślach do Boga, prosząc Go, aby pozwolił być im razem do końca życia. I w tym połączeniu się duchowej żarliwości z miłością erotyczną Linda poczuła nagle falę silnej energii przepływającej z jej ciała do ciała Steve'a. Odniosła wrażenie, jakby stali się jednym układem energetycznym. W tym momencie wiedziała już, że się pobiorą, nawet jeśli ona nie może mieć dzieci.

Jednak w tydzień po tej nocy „dojrzałości" Steve oświadczył, że na pewien czas chce wyjechać. Smutek, jaki poczuła z powodu jego decyzji, połączony z ich niedawnym kontaktem fizycznym sprawił, że Linda była przekonana, iż chłopak ją opuszcza wskutek jej „nienormalności" płciowej. Wyobrażała sobie, że Steve nie chce z nią dłużej być i że wyjeżdżając z miasta, daje jej to do zrozumienia. Rozstali się.

Cztery lata później każde z nich poślubiło kogoś innego. Rzecz dziwna, brali ślub w tym samym miesiącu. Chociaż Linda pragnęła, by jej małżeństwo układało się jak najlepiej, nie przestała kochać Steve'a. W tamtym okresie nie przejmowała się już, czy to, że nie może mieć dzieci i prowadzić normalnego życia płciowego, stanowi problem dla jakiegokolwiek mężczyzny, łącznie z mężem. Po półtora roku małżeństwa przeszła operację usunięcia macicy, ponieważ istniały obawy, że rozwija się tam guz.

I Steve, i Linda mieszkali ze swoimi współmałżonkami z daleka od rodzinnego miasta. Oba małżeństwa trwały pięć lat i – co może wydawać się niewiarygodne – do obu rozwodów doszło w odstępie tygodnia. W tym samym miesiącu wrócili w rodzinne strony. Przez te wszystkie lata nie kontaktowali się ze sobą ani z dawnymi wspólnymi przyjaciółmi.

Po powrocie Linda wpadła w kłopoty finansowe, tak poważne, że musiała zastawić wszystkie wartościowe przedmioty, łącznie z cennymi cymbałami, które stanowiły ostatnią więź ze Steve'em. Dwie godziny po tym, jak opuściła lombard, wszedł tam Steve, by zastawić jakieś kosztowności. Jego wzrok padł na cymbały. Spytał, jak długo tu leżą, i dowiedział się, że właścicielka właśnie przed chwilą wyszła. Gdy to usłyszał, wybiegł jej szukać, z instrumentem w dłoni. Tego wieczora Linda i Steve znów się połączyli i już nigdy więcej się nie rozstali. Steve powiedział, że gdy tylko zobaczył cymbały, które własnoręcznie wykonał dla Lindy, odżyły w nim wszystkie wspomnienia i jego ciało wypełniła fala miłości. Domyślił się, że Linda jest w tarapatach finansowych, bo w przeciwnym razie nigdy nie zastawiłaby tego instrumentu.

Tego samego wieczora Linda powiedziała mu o swym stanie zdrowia i o swoim przekonaniu, że opuścił ją dlatego, iż nie jest w pełni kobietą. Steve wyjaśnił, że wyjechał, ponieważ tamtej nocy, gdy kochali się po raz pierwszy, poczuł falę energii ogarniającą jego ciało, coś, czego nigdy nie doświadczył. Poczuł, że jego cała istota łączy się z jej istotą na zawsze, i w tamtej chwili doznał euforii. Ale gdy pomyślał o tym kilka dni później, ogarnęło go przerażenie i jedyne, co mógł wymyślić, to uciec. Linda oniemiała.

Tego wieczora postanowili się pobrać jeszcze w najbliższym tygodniu. Gdy kochali się owej nocy swojego ponownego połączenia, powróciła ta sama gwałtowna fala energii, ale tym razem byli tego świadomi. Sądzili, że źródłem owego doznania jest radość, iż znów są razem, lecz później, kiedy już prowadzili regularne życie płciowe, energia stawała się coraz silniejsza. Steve czytał kiedyś o kundalini i zapoznał Lindę z praktyką świadomego wykorzystywania tej energii dla własnych potrzeb fizycznych i duchowych. Historia Steve'a i Lindy wyjaśniła mi, dlaczego widziałam obraz strumienia zdrowej energii płynącego przez jej drugą czakrę, mimo zabiegu histerektomii.

Połączenie cielesne, oprócz wszystkich przyjemności fizycznych, jakich dostarcza, jest także symbolem duchowego związku dwojga ludzi. Zdarza się, że energia płciowa uruchamia przepływ energii duchowej, co tworzy duchową więź między osobami, które się głęboko kochają. Lindzie i Steve'owi pozwoliła ona osiągnąć stan świadomości opisywany jako doświadczenie kundalini, pełny wyraz zjednoczonej siły sefiry Jesod, sakramentu komunii i czakry partnerstwa.

Potrzeba przestrzegania świętej zasady: „Szanujcie siebie wzajemnie" często bywa tłumiona w kontaktach seksualnych, przede wszystkim dlatego, że energia płciowa kontrolowana jest przez strach lub brak umiaru. Mężczyźni z natury boją się impotencji lub tego, że nie są dość męscy, a większość społeczności pozwala chłopcom, by folgowali swoim potrzebom seksualnym, dopóki nie osiągną „dojrzałości". Uważa się, że wówczas automatycznie zaczną być bardziej odpowiedzialni w uprawianiu seksu. Powszechnie panująca w społeczeństwie opinia głosi, że młodzi „muszą się wyszumieć", zanim się ustabilizują, i tym samym uwalnia się ich od odpowiedzialności za własne czyny. W gruncie rzeczy rządzą nimi popędy biologiczne.

Kobietom jednak, mimo trzydziestu lat ruchu feministycznego, nie daje się takiej swobody w badaniu własnych potrzeb seksualnych. Nadal żąda się od nich, by „dobrze się prowadziły" i panowały nad popędem. Wiele kobiet boi się stracić nad sobą kontrolę, a nawet myśleć o swoich potrzebach. Jedna z uczestniczek moich zajęć opowiadała, jak jej matka zawsze chciała wzbudzić w niej poczucie, że jest „brudna", gdy szykowała się na spotkanie z przyjaciółmi. Insynuacje seksualne matki sprawiły, że dziewczyna doszła do wniosku, iż zwracanie na siebie uwagi mężczyzn równa się prostytucji. Ta emocjonalna natarczywość matki była gwałtem dokonywanym na energii córki.

Pogląd, że energia seksualna jest potrzebna, lecz zawsze „wymyka się spod kontroli", w ogromnym stopniu przyczynia się do tego, iż w naszym społeczeństwie do wyrażania potrzeb seksualnych podchodzi się w sposób schizofreniczny. Zachęca się kobiety, aby wyglądały i zachowywały się seksownie, ale gdy w konsekwencji zostają zaatakowane, opinia z oporem wini za to gwałciciela lub mordercę. Zgwałcone kobiety wypytuje się podczas śledztwa o ich sposób ubierania i styl życia. Kobiety pobite lub zgwałcone przez chłopaka czy męża otrzymują pomoc od specjalnych grup wsparcia, ale nie od społeczeństwa jako całości. Zadaje się im pytania w rodzaju: „Dlaczego go nie rzucisz, skoro jest taki zły?", sugerując w ten sposób, że są to sprawy, które należy rozwiązywać poprzez terapię, i nie na tyle poważne, by zajmować się nimi oficjalnie. Niskie wyroki za gwałt wskazują, że społeczeństwo uważa, iż przemoc seksualna jest tylko „trochę" nielegalna w porównaniu z „prawdziwymi" przestępstwami.

Ten dualizm cechujący energię drugiej czakry widać w społecznym sposobie postrzegania energii płciowej: z jednej strony, uznaje się, że wymyka się ona spod kontroli, a z drugiej, przywiązuje się duże znaczenie do umiejętności panowania nad nią. Seksualność stanowi zagrożenie dla naszej zdolności kontrolowania siebie lub innych ludzi. Wszelkiego rodzaju związki uaktywniają naszą potrzebę chronienia siebie, lecz więzi seksualne budzą ogromny strach, zwłaszcza przed zdradą – tak silny, że może nawet zagrażać samemu związkowi.

W różnych kulturach i społeczeństwach różny jest stosunek do seksu. Purytańska historia Ameryki, w połączeniu z tym, jaką wagę przywiązują Amerykanie do kontrolowania zachowań seksualnych, przyczyniła się w sposób zasadniczy do tego, że większość ludzi wstydzi się swojego ciała i jego naturalnych potrzeb. Na moich warsztatach równie dużo jest ludzi, którzy opowiadają swoje osobiste historie o niesatysfakcjonującym życiu seksualnym, jak tych, którzy przychodzą na zajęcia, aby poprawić stan swojego zdrowia. Często skarżą się, że choć żyją ze swymi partnerami od wielu lat, a nawet dziesięcioleci, ani razu nie rozmawiali o swoich potrzebach seksualnych. Podają różne powody tego stanu rzeczy, począwszy od zażenowania aż do braku uświadomienia sobie tych potrzeb.

To poczucie wstydu, tak powszechne w naszej zbiorowej świadomości, przyczynia się do tego, że społeczeństwo amerykańskie czuje potrzebę ustanawiania reguł określających właściwe i niewłaściwe zachowania seksualne – jeszcze jeden paradoks drugiej czakry. Ponieważ naturalna energia drugiej czakry wypływa od nas ku komuś drugiemu, związany z nią strach tworzy potrzebę kontrolowania zachowań seksualnych. Dlatego społeczeństwo bardzo sobie ceni monogamiczne pary małżeńskie, a potępia inne. W niektórych stanach pewne praktyki seksualne uważa się nie tylko za niewłaściwe, ale wręcz za przestępcze, nie zważając na to, że seks jest prywatną sprawą dwojga dorosłych ludzi. Takie oficjalne potępienie dotyczy najczęściej homoseksualistów.

Wstyd związany z seksualnością rzutuje też na wstyd z powodu chorób przenoszonych drogą płciową, takich jak syfilis, opryszczka i AIDS. Osoby chore czują się zmuszone ujawniać szczegóły swojego życia intymnego, aby uchronić się przed posądzeniem o przypadkowe, potępiane kontakty fizyczne.

Przestępstwa na tle seksualnym – gwałt, kazirodztwo, molestowanie dzieci – są czymś więcej niż przemoc fizyczna: są także gwałtem energetycznym. Można również dokonać gwałtu na czyimś polu energetycznym przez obelżywe słowa lub destrukcyjną, lekceważącą postawę. Związek Billa, pewnego uczestnika warsztatów, z jego ojcem jest przykładem przemocy emocjonalnej lub gwałtu psychicznego.

Ojciec stale poniżał Billa w okresie dorastania, mówiąc, że chłopak „do niczego w życiu nie dojdzie". Przez wiele lat Bill próbował udowodnić ojcu, że się myli, ale na próżno. Gdy ojciec zmarł, nigdy nie odwoławszy swych słów potępienia, Billa ogarnął emocjonalny paraliż. Miał ciągłą depresję, nie potrafił utrzymać posady i był impotentem. Chociaż ojciec krytykował jego potencję w świecie fizycznym, nie w sferze seksu, to zarówno efektywność finansowa, jak i seksualność są energiami czakry drugiej i ściśle się ze sobą wiążą.

Motywem gwałtów i kazirodztwa dokonywanych na polu energetycznym jest chęć stłumienia czyjegoś poczucia niezależności i samodzielnego, nieskrępowanego rozwoju. Narządy płciowe gromadzą w sobie urazy spowodowane negatywnymi czynami i przekonaniami. Wiele osób cierpiących na zaburzenia seksualne, od impotencji i bezpłodności aż do raka narządów rozrodczych, pamięta, jak stale krytykowano ich umiejętności zawodowe, ambicje i osiągnięcia, a także ich wygląd fizyczny. W gruncie rzeczy rodzice „gwałcili" swoje dzieci, odbierając im siłę wewnętrzną, tak bardzo potrzebną do zdrowia i pomyślnego życia.

Takie emocjonalne gwałty zdarzają się nawet częściej niż gwałty fizyczne i kazirodztwo. Gdy ujmie się je w kategoriach energii, jako gwałty energetyczne, przyznaje się do tych przykrych doświadczeń tyle samo kobiet co mężczyzn. Kiedy pytam słuchaczy: „Ilu z was czuło, że ktoś zranił wasze poczucie godności w miejscu pracy lub w domu?", niemal wszyscy podnoszą rękę.

Kiedy pytam: „Kto z was był lub jest gwałcicielem energetycznym?", ich reakcja, co oczywiste, nie jest tak spontaniczna. A przecież jeśli zazdroszcząc komuś talentu, przybieramy wobec tej osoby negatywną postawę lub zaczynamy utarczkę słowną, to próbujemy dokonać na niej gwałtu, pozbawić ją siły. W naszym ciele fizycznym, w narządach płciowych gromadzą się złe intencje; gwałty energetyczne krzywdzą tak samo gwałciciela jak jego ofiarę. Przemoc wobec innych osób zatruwa układ energetyczny sprawcy i tym samym zanieczyszcza jego układ biologiczny. Podlega ona sprawiedliwości karmicznej, wyższej niż sprawiedliwość ziemska. Chociaż wydaje się, że ludzie unikają kary za swoje przestępstwa, zwłaszcza za gwałt i kazirodztwo, to na poziomie energetycznym sprawiedliwość działa zawsze, czy człowiek jest tego świadomy, czy nie.

Dlatego w naukach duchowych zachęca się ludzi do tego, by wybaczali i układali sobie życie na nowo. W sensie duchowym zrozumiałe jest, że Porządek Boski stanowi siłę, która nieustannie przywraca naszemu życiu równowagę, zwłaszcza gdy rezygnujemy z potrzeby określenia, co jest sprawiedliwe, a o co nie. Nie ma znaczenia, czy wierzymy w tę sprawiedliwość – ona i tak się dokonuje i nie możemy przed nią uciec.

Seks jest formą wymiany, a w pewnych okolicznościach staje się walutą. Wiele osób posługuje się seksem jako środkiem do celu, a gdy okazuje się, że ich próby spełzły na niczym, czują się jak ofiary gwałtu. Ktoś, kto oferuje usługi seksualne w zamian za upragnioną posadę lub po to, by zbliżyć się do osoby wpływowej, ryzykuje, iż stworzy sytuację, w której poczuje się wykorzystany. Jeśli zaś używa seksu jako formy „uczciwej wymiany", to w jego ciele nie powstaje energetyczna wibracja gwałtu.

Najstarszą formą handlu seksem jest oczywiście prostytucja, najbardziej pozbawiający sił proceder, w jakim może uczestniczyć istota ludzka. Prostytuowanie własnej energii jest powszechniejsze niż prostytucja fizyczna, gdyż bardzo wiele kobiet i mężczyzn żyje w układach zapewniających im bezpieczeństwo fizyczne, lecz czują, że przez to sprzedają część siebie.

ENERGIA PIENIĘDZY

W psychice każdego z nas tkwi element prostytucji – za odpowiednią kwotę skłonni bylibyśmy oddać część siebie pod czyjeś rozkazy. Bez względu na to, czy ta wewnętrzna prostytucja przejawia się w interesach, czy w związkach osobistych, nieuchronnie się z nią spotkamy.

Pieniądze, jak każda energia, mają charakter neutralny i obierają kierunek zgodny z intencjami danego człowieka. Bardziej fascynująca cecha pieniędzy polega jednak na tym, że mogą one wpleść się w ludzką psychikę jako substytut siły życiowej. Gdy ludzie stawiają je na równi z energią życiową – co często robią nieświadomie – skutki zwykle bywają przykre, ponieważ każdy wydany przez nich grosz jest nieświadomym wydatkowaniem energii. Brak pieniędzy to często niedobór energii w samym ciele, czego również sobie nie uświadamiamy.

Błędne postrzeganie pieniędzy jako siły życiowej, połączone z nagłą ich utratą, może stać się przyczyną wielu problemów zdrowotnych, takich jak rak prostaty, impotencja, endometrioza, zaburzenia pracy jajników, bóle krzyża i rwa kulszowa. Fakt, iż tyle chorób fizycznych wywołanych napiętą sytuacją finansową dotyczy narządów płciowych, jest symbolicznym wyrazem energii fallusa, którą reprezentuje sefira Jesod; pieniądze zostały powiązane z energią seksualną.

W swojej psychice wszyscy do pewnego stopnia kojarzymy pieniądze z siłą życiową. Nasze zadanie polega na tym, by w miarę możliwości oddzielać od siebie te dwa elementy, a mimo to zdobywać pieniądze w sposób łatwy i naturalny. Im bardziej bezosobowy jest nasz stosunek do pieniądza, tym większe prawdopodobieństwo, że podporządkujemy jego energię potrzebom naszego życia.

Bez wątpienia pieniądze mają ogromne symboliczne znaczenie. Zwroty w rodzaju: „Najgłośniej przemawia pieniądz" odzwierciedlają powszechne przeświadczenie, że sposób, w jaki ludzie postępują ze swoimi pieniędzmi, lepiej mówi o ich motywach niż wszelkie słowne deklaracje.

Pieniądze są środkiem, za pomocą którego publicznie wyrażamy swoje przekonania i cele. Energia poprzedza czyny, toteż jakość naszych intencji zasadniczo wpływa na osiągane przez nas rezultaty.

Stosunek do pieniędzy wywiera także wpływ na postawę życiową i zachowanie. Wiara, że Bóg błogosławi tym, którzy czynią dobro, obdarzając ich bogactwem, jest bardzo rozpowszechniona, podobnie jak przekonanie, że dobroczynność w postaci pomocy finansowej chroni nas samych przed nędzą. Tego rodzaju opinie odzwierciedlają bardziej ogólną koncepcję, że Bóg porozumiewa się z nami za pośrednictwem pieniędzy i że my również komunikujemy się z Nim poprzez nasze działania finansowe.

Nieważne, czy takie postawy opierają się na mitach, czy na prawdzie. Bardziej jesteśmy skłonni wierzyć takim opiniom, niż je odrzucać, i już sam ten fakt świadczy o tym, iż swoją wiarę łączymy z pieniędzmi. Najmądrzej byłoby traktować je jak coś, co pojawia się w życiu dzięki naszej wierze.

Postawienie wiary na pierwszym miejscu pozbawia pieniądze roli pana i czyni je naszym sługą. Wiara silniejsza niż pieniądz pozwala człowiekowi na to, aby swobodnie podążał za swoją intuicją, nie ulegając dominacji spraw finansowych. Oczywiście, dopóki jesteśmy częścią świata fizycznego, dopóty musimy szanować jego zasady dotyczące płatności i oddawania długów, musimy kierować się zdrowym rozsądkiem w kwestii pieniędzy, lecz nie poświęcajmy im zbyt wiele uwagi.

Już samo zapoczątkowanie takiej wiary świadczy o dojrzałości duchowej. Człowiek dojrzały duchowo poddaje się wewnętrznym wskazówkom i chce postępować w sposób, który osoba uzależniona od pieniędzy uznałaby za głupotę i ryzyko. W wielu przekazach duchowych mówi się o tym, jak Bóg kontaktuje się z ludźmi, którzy mają w sobie wiarę, i jak ich prowadzi, codziennie zsyłając im „mannę z nieba", aby mogli wykonać przydzielone im zadanie. Takie mity odzwierciedlają symboliczne znaczenie sefiry Jesod. „Manna z nieba" oznacza energię finansową. Z tego, co wiem, nigdzie w literaturze duchowej nie wspomina się o tym, że jakiś człowiek żałował, iż poddał się Boskiemu przewodnictwu.

Andrew, dwudziestosiedmioletni mężczyzna, przyszedł do mnie na wizytę, ponieważ miał stale powtarzający się sen i chciał, abym pomogła mu go zinterpretować. Śniło mu się, że przeprowadził się do pewnego miasteczka w Montanie. W rzeczywistości nigdy nie był w tym miasteczku, nie miał tam pracy, domu, przyjaciół ani znajomych. Próbował zlekceważyć ten sen, tak jakby była to tylko scena z jakiegoś filmu, która utkwiła w jego podświadomości. Ale stopniowo sen zaczął wywoływać w nim wrażenie, że jedynym powodem, dla którego trzyma się swojej obecnej posady, są korzyści finansowe. Zapytał, co sądzę o jego śnie, a ja odpowiedziałam: „Radziłabym poważnie zastanowić się nad przeprowadzką do Montany".

Andrew odparł, że nigdy tam nie był i nie ma ochoty jechać. Zasugerowałam, aby zrobił sobie krótką wycieczkę, by tylko przyjrzeć się temu miejscu. Powiedział, że przemyśli to sobie i da mi znać.

Odezwał się po pół roku. Nadal miał ten sen, ale teraz wrażenie, że pracuje tylko dla pieniędzy, sprawiało, że czuł się jak prostytutka. Uważał siebie za człowieka honoru i coraz trudniej było mu żyć z myślą, że sprzeniewierza się swoim ideałom. Powtórnie zachęciłam go do wizyty w Montanie, lecz tym razem poradziłam, aby udał się tam jak najszybciej. Odparł, że poważnie się nad tym zastanowi.

Nazajutrz Andrew zadzwonił z informacją, że rzucił posadę. Powiedział, że kiedy wszedł do biura, poczuł, że musi to zrobić. Gdy oświadczył, że przeprowadza się do Montany, jego koledzy przypuszczali, że dostał tam jakąś ciekawą propozycję. Poinformował ich, że nie tylko nie ma tam żadnej pracy, ale nawet obietnicy na jej otrzymanie, i że właściwie kieruje się tylko swoim snem.

Po miesiącu Andrew przeniósł się do Montany. Wynajął pokój u pewnego małżeństwa, właścicieli rancza. Potrzebowali pomocy przy gospodarstwie i zatrudnili go. Czas mijał i z upływem kolejnych miesięcy Andrew coraz więcej pracował rękami niż głową, co było dla niego nowym doświadczeniem. Gdy nadeszły wakacje, postanowił zostać ze swymi nowymi przyjaciółmi, zamiast wracać na wschód. Właściciele rancza mieli córkę, która odwiedziła ich w święta Bożego Narodzenia. Następnego lata Andrew był już jej mężem, a po pięciu latach nauczył się zarządzać tym dużym gospodarstwem, które kiedyś wraz z żoną odziedziczą.

Kierując się swoim snem, Andrew stał się wolnym człowiekiem, bez względu na to, czy to sobie uświadamiał, czy nie. Jego działania stały się dla Boga świadectwem, że woli zmierzyć się z nieznanym, niż sprzeniewierzać się ideałom w zamian za bezpieczeństwo finansowe. Za taką decyzję otrzymał o wiele więcej, niż kiedykolwiek marzył.

Ze względu na wiele niewłaściwych przekazów dotyczących seksu, obecnych w naszej kulturze, niełatwo jest prowadzić zdrowe życie seksualne, co ilustruje niżej opisany przypadek.

Dwudziestoośmioletni Allen zgłosił się do mnie na konsultacje, mówiąc, że boi się kobiet i chce, bym pomogła mu zrozumieć przyczynę tego lęku. Gdy zrobiłam mu odczyt, zorientowałam się, że jest impotentem, i napłynęło do mnie silne wrażenie, iż uważa on siebie za zboczeńca; mimo to nie wyczułam, by kogokolwiek napastował. Nie zauważyłam w nim również energii cechującej osobę molestowaną w dzieciństwie, toteż byłam nieco zdezorientowana. Podzieliłam się z Allenem swoimi spostrzeżeniami i zapytałam, dlaczego myśli o sobie jak o zboczeńcu. Powiedział, że kiedy był nastolatkiem, uczestniczył raz w zbiorowej masturbacji. Nieoczekiwanie weszła wówczas matka jednego z chłopców, wyzwała ich wszystkich od zboczeńców i powiedziała, że powinni się wstydzić. Następnie zadzwoniła do innych matek, opisując całe zajście, a potem do dyrektora szkoły, któremu powiedziała, że ci chłopcy stanowią zagrożenie dla dziewcząt i małych dzieci z miasteczka. Plotka rozeszła się po okolicy i od tej chwili chłopców zaczęto unikać. Gdy tylko Allen zdał maturę, wyprowadził się z miasta, ale od tamtej pory uważał, że jest zboczony.

Allen przyznał, że jest impotentem, i dodał, że dotychczas nie był jeszcze nigdy na randce. Stwierdziłam, że zbiorowa masturbacja jest zjawiskiem powszechnym, i to do tego stopnia, iż można by ją uznać za rytuał inicjacyjny nastolatków. „Nie wierzę w to" – rzekł Allen. Zgodził się ze mną, że powinien poszukać pomocy, aby uporać się ze swoim problemem i zrozumieć, że jego doświadczenie nie świadczy o dewiacji.

Po upływie około roku otrzymałam od niego list, w którym pisał o swoich postępach w terapii. Napisał też, że zaczyna się czuć jak człowiek „normalny", co dla niego było nowym doznaniem. Poznał kobietę, z którą czuł się na tyle dobrze, że mógł jej opowiedzieć o swych przykrych przeżyciach. Zareagowała bardzo życzliwie i wcale nie była zgorszona. Allen wierzył, że wkrótce całkowicie się wyleczy.

Energie czakry drugiej w subtelny sposób przywołują te wspomnienia, które trzeba uwolnić, i stale pobudzają w nas pragnienie działania pozwalającego osiągnąć większą pełnię fizyczną i duchową.

ENERGIA ETYKI

Czakra druga jest ośrodkiem naszego ciała związanym z etyką. Podczas gdy zasady prawne przypisane są czakrze pierwszej, etyka i moralność osobista wiążą się z czakrą drugą. Energia sefiry Jesod i sakrament komunii w sposób duchowy pobudzają nas do tworzenia silnego osobistego kodeksu etycznego, skłaniają do kształtowania bliskich związków uczuciowych i słuchania głosu intuicji ostrzegającego nas przed łamaniem zasad honoru.

Narządy związane z drugą czakrą stanowią „zapis" wszelkich naszych interakcji, w których „dajemy słowo" innym ludziom, składamy im obietnice i czynimy zobowiązania albo przyjmujemy je od nich. Taki mocny kodeks etyczny emanuje silną energią. Ta część naszego układu biologicznego zapisuje także obietnice, jakie składamy sami sobie, na przykład przyrzeczenia noworoczne i inne postanowienia co do zmiany własnych wzorców postępowania.

Porządek fizyczny, nad którym czuwa czakra pierwsza, sprawia, że czujemy się bezpiecznie, a przypisane tej czakrze prawa dają nam poczucie, że w naszym otoczeniu panuje ład. Etyka drugiej czakry dostarcza nam języka, za pomocą którego możemy mówić, czego nie akceptujemy, a co dopuszczamy w stosunkach międzyludzkich. Etyka ma ogromną moc tworzenia więzi – szukamy towarzystwa ludzi, które mają takie jak my pojęcie dobra i zła, a często odsuwamy od siebie tych, którzy postępują niezgodnie z przyjętymi przez nas normami. Chcemy również, aby nasz Bóg postępował zgodnie z ustalonym porządkiem, i ciągle próbujemy odgadnąć Boskie pojęcie dobra i zła oraz nagrody i kary, starając się zrozumieć, dlaczego „złe rzeczy przydarzają się dobrym ludziom". Skłonni jesteśmy wierzyć, że jeśli zawiedzie sprawiedliwość ludzka, to Bóg w swojej sprawiedliwości sprawi, że wszyscy otrzymają to, na co „zasługują".

Ponieważ w czakrze drugiej mieszczą się wszystkie nasze wewnętrzne lęki o przetrwanie, skonstruowaliśmy zewnętrzny system prawny, który pozwala zachować pozory sprawiedliwości, co dla naszego dobrego samopoczucia ma zasadnicze znaczenie. Stosując władzę prawną lub choćby nawet posługując się językiem prawnym, zapewniamy sobie swoisty zawór bezpieczeństwa dla energii, które wzbierają w czakrze drugiej. System prawny, przynajmniej teoretycznie, to środek ustalania winy i kary; często otrzymanie werdyktu „niewinny" uważa się za sprawę honoru, a odszkodowanie finansowe przysługujące ofierze jest symbolem przywrócenia godności osobistej. Ta zależność to społeczna wersja świętej zasady: „Szanujcie siebie wzajemnie".

Tę potrzebę sprawiedliwości, prawa i porządku odczuwa nasz układ biologiczny, w którym panują fizyczne zasady zdrowego życia, takie jak uprawianie gimnastyki, właściwa dieta, świadome radzenie sobie ze stresem oraz umiar i porządek. Prawa te są sygnałem dla naszej fizjologii, że jesteśmy fizycznie bezpieczni i ufamy naszemu środowisku. Natomiast brak stabilności wywołuje ciągły silny przepływ adrenaliny oraz sprawia, że nasz mechanizm „walki lub ucieczki" znajduje się w stałej gotowości do działania. Ciało fizyczne nie może znosić długotrwałego stresu, nie tworząc przy tym negatywnych reakcji biologicznych. Choroby wrzodowe i migreny to najczęstsza wskazówka, że człowiek nie może już znieść panującego w jego życiu chaosu.

Czterdziestodwuletni Paul, prawnik, zgłosił się do mnie, ponieważ, jak stwierdził, stres związany z pracą całkowicie go wyczerpuje. Wykonując odczyt intuicyjny, otrzymałam wrażenie, że do jego drugiej czakry stara się wedrzeć jakaś toksyczna energia, tak jakby ktoś lub coś próbowało nim zawładnąć. Następnie zorientowałam się, że Paul cierpi na przewlekłe bóle pleców, karku i ramion oraz migreny.

Gdy powiedziałam mu o swoich spostrzeżeniach, Paul dodał, że te bóle o różnym stopniu nasilenia dokuczają mu już od dziesięciu lat, a leczenie nie przynosi skutku. Połykał proszki przeciwbólowe, co tłumaczyło moje wrażenie, że coś próbuje nim zawładnąć; był przerażony, że uzależnia się od leków. Powiedziałam mu, że przyczyna jego bólu tkwi w tym, iż za wszelką cenę chce, aby wszystko przebiegało zgodnie z jego planami. Obsesja, by nad wszystkim panować, przejawiała się w tym, że pragnął zawsze wygrywać – czy to w sprawach prawniczych, czy w sporcie, czy w grze w karty, czy nawet przybywając pierwszy na umówione miejsce. Kierowała nim potrzeba sprawowania kontroli, a teraz, kiedy zażywał środki przeciwbólowe, dręczyła go myśl, iż sam będzie przez coś kontrolowany. Dla Paula taka sytuacja równałaby się utracie honoru. Uważał, że jeśli ktoś lub coś ma nad nim władzę, to tylko mały krok dzieli go od kompromitacji.

Poradziłam mu, że skoro jest prawnikiem, powinien zawrzeć sam ze sobą umowę, iż stopniowo zmieni swoje życie – sprawi, że jego kontrolująca, lecz honorowa natura zacznie z nim współpracować, powoli osłabiając jego potrzebę kontrolowania rezultatów. Powiedziałam mu, że z każdym kolejnym sukcesem wytworzy się w nim energia, która złagodzi jego ból. Ta myśl spodobała mu się, bez wątpienia dlatego, że miałby wpływ na treść owej umowy.

Oświadczył, że natychmiast ją spisze i przyśle mi ją faksem – co uczynił nazajutrz.

Trzy miesiące później Paul przysłał mi krótką wiadomość, że odkąd wywiązuje się z „kontraktu na wyzdrowienie", czuje się znacznie lepiej. Jako sposób na zwalczenie swej potrzeby wygrywania zakazał sobie zakładać się o cokolwiek. Tylko w sprawach prawniczych pozwolił sobie na kompulsywne pragnienie zwycięstwa, i tylko wtedy, gdy było to właściwe. Przyznał, że nie miał pojęcia, iż wszyscy, którzy go znali, uważali jego potrzebę wygrywania za okropnie uciążliwą cechę. Stopniowo dochodził do zdrowia – migreny pojawiały się rzadziej, a bóle pleców złagodniały do tego stopnia, że znowu mógł być aktywny fizycznie.

Historia Paula ukazuje symboliczny wymiar komunii z samym sobą, która oznacza zawarcie ze sobą umowy, że staniemy się harmonijną jednością. Dopóki dysfunkcyjna część twojej natury wywiera negatywny wpływ na resztę organizmu, dopóty twoja energia będzie osłabiona, wewnętrznie sprzeczna. Paul umiał zawrzeć ze sobą korzystną umowę i wyzdrowiał.

Ponieważ ludzie z natury chcą prawa i porządku, z łatwością dostają się pod wpływ osób, które mają autorytet i pragną rządzić. Instynktowne pragnienie ufania ludziom, z którymi mieszkamy i pracujemy, jest wyrazem energii zawartej w świętej zasadzie: „Szanujcie siebie wzajemnie"; nienaturalna jest podejrzliwość w stosunku do tych, z którymi staramy się coś tworzyć. Jednak wiele osób za bardzo kontroluje innych, zamiast ich wspierać.

W bliskich związkach czymś naturalnym jest tworzenie zbioru zasad, których obie strony zgadzają się przestrzegać: żadnych romansów pozamałżeńskich, żadnych oszustw, żadnych większych zakupów bez uzgodnienia i tak dalej. Lecz ustanawianie reguł mających na celu kontrolowanie drugiego człowieka w sensie emocjonalnym, mentalnym, psychicznym lub duchowym jest destrukcyjne pod względem energetycznym. Jeżeli jakaś para nie potrafi być elastyczna, tak by dostosować wspólne zasady do rozwoju osobistego każdego z partnerów, związek się rozpadnie. Rodzice czasem stosują przemoc duchową i emocjonalną wobec dzieci, narzucając im surowe zasady, by w ten sposób zapewnić sobie autorytet.

Zemsta osobista to jeszcze jeden objaw niewłaściwego korzystania z energii drugiej czakry. Druga czakra to nasz ośrodek samoobrony, o czym świadczy fakt, że broń nosi się właśnie w jej okolicy. Chociaż w gazetach mnóstwo jest dzisiaj doniesień o ludziach wymierzających sprawiedliwość bronią palną, to najczęściej akty „brania prawa w swoje ręce" opierają się na osobistych. psychologicznych i emocjonalnych zasadach honoru, takich jak chęć „wyrównania rachunków" z kimś, kto nas skrzywdził.

Energia zemsty to jedna z najsilniejszych trucizn dla naszego układu biologicznego, powodująca rozmaite zaburzenia i choroby, począwszy od impotencji aż po nowotwory narządów płciowych.

SIŁA WEWNĘTRZNA DRUGIEJ CZAKRY

Chociaż głównymi formami energetycznymi drugiej czakry są kreatywność, seksualność, moralność i pieniądze, to należy również poświęcić uwagę przypisanemu jej pragnieniu siły wewnętrznej. Siła ta jest przejawem siły życiowej. Potrzebna jest nam ona do tego, byśmy mogli trwać, rozwijać się i funkcjonować. Choroba, na przykład, w sposób naturalny towarzyszy osobom pozbawionym siły. W zasadzie wszystko, co dotyczy naszego życia, ma związek z ową energią zwaną siłą.

Na poziomie czakry pierwszej mamy poczucie siły wówczas, gdy przebywamy w grupie osób, z którymi jesteśmy w pewien sposób związani, tak jak w obwodzie elektrycznym. Przykładem tego jest entuzjazm kibiców sportowych lub uczestników wieców politycznych, który jednoczy zwolenników tej samej drużyny czy tej samej sprawy. Natomiast siła znajdująca się w czakrze drugiej wyraża się za pośrednictwem form fizycznych, takich jak materializm, autorytet, władza, posiadanie, pociąg seksualny, zmysłowość, erotyzm i uzależnienia. Każda kusząca pod względem fizycznym forma, jaką może przybrać ta siła, jest energetycznie związana z czakrą drugą. I w przeciwieństwie do zbiorowego charakteru siły czakry pierwszej, czakra druga ma naturę relacji między jednostkami. Każdy z nas jako jednostka musi zbadać swój stosunek do tej fizycznej siły. Musimy sobie uświadomić, jak i kiedy władają nami moce zewnętrzne i jakiego rodzaju sile – jeśli w ogóle – najczęściej ulegamy.

Siła jest energią życiową i z tą wiedzą się rodzimy. Od najmłodszych lat sprawdzamy sami siebie i swoją zdolność rozpoznawania, co i kto tę energię posiada, zdobywania jej oraz wykorzystywania. Dzięki tym dziecięcym próbom odkrywamy, czy mamy w sobie to coś, co pozwala nam uzyskać siłę. Jeśli tak, zaczynamy snuć marzenia, co możemy osiągnąć, gdy dorośniemy. Jeżeli jednak stwierdzimy, że nie jesteśmy zdolni uzyskać takich sił życiowych, zaczynamy żyć jakby w stanie „niedoboru energetycznego". Wyobrażamy sobie, że możemy przetrwać tylko dzięki energii innych ludzi, nie własnej.

W przypadku ludzi, którzy są przeświadczeni o swojej zdolności zdobycia siły, zwykłe marzenia mogą przemienić się w fantazje o władzy. W najgorszym razie ich myślami zawładnie złudzenie wielkości. Wówczas rozsądek poddaje się żądzy władzy i w efekcie tracą oni umiar i chwytają się wszelkich środków, aby osiągnąć cel. Apetyt na władzę może stać się uzależnieniem i powodować konflikt z wolą Boską. Dążenie do władzy dla niej samej stanowi temat wielu świętych pism i mitów o ludziach, którzy w takiej sytuacji z woli Boga ponieśli klęskę.

Nasze zadanie nie polega na tym, abyśmy żyli w „celibacie energetycznym", lecz raczej byśmy rozwinęli w sobie moc wewnętrzną w takim stopniu, by korzystać z siły w świecie fizycznym bez sprzeniewierzania się własnej duszy. To właśnie oznacza powiedzenie „być w świecie, lecz nie ze świata". Podziwiamy ludzi, którzy opierają się pokusom świata materialnego; są dla nas bohaterami społecznymi i duchowymi.

Stosunek Gandhiego do władzy był jasny. Jego pragnienie poprawy życia narodu Indii wynikało z dużo głębszych motywów niż względy osobiste. W życiu prywatnym cierpiał z powodu braku opanowania, szczególnie w sferze seksu. Ale te osobiste zmagania dodawały tylko wiarygodności jego ogólnym osiągnięciom: znał swoje wady i świadomie starał się oddzielić je od pracy na rzecz społeczeństwa, dzięki czemu rozwijał się duchowo.

Bohater filmowy Forrest Gump zdobył serca milionów ludzi głównie z powodu swojej etycznej postawy wobec siły w świecie fizycznym. Co dziwne, nie był człowiekiem uduchowionym i nie odrzucał ani seksu, ani sławy i pieniędzy. Osiągał te wszystkie cele drugiej czakry dzięki swojej niewinności i nieustępliwości wobec nieczystych elementów życia ziemskiego. Nigdy nie sprzeniewierzył się swojej duszy, choć nieraz odczuwał strach i samotność.

Kiedy podczas warsztatów proszę słuchaczy, aby opisali swój stosunek do siły, atmosfera zwykle się ożywia. To napięcie sprawia, że dalej chcę drążyć temat. Większość osób zmienia pozycję na krześle, aby ukryć swoją drugą czakrę. Zakładają na przykład nogę na nogę lub zginają się w pasie, opierając łokcie na udach i podpierając podbródek rękami. Patrzą na mnie, jakby mówili: „Intrygujące pytanie, ale nie posuwaj się dalej".

Na początku nieodmiennie opisują tę siłę jako zdolność panowania nad swoim otoczeniem lub sposób osiągania tego, czego się chce. Następnie określają ją jako wewnętrzną moc panowania nad sobą. Najbardziej uderzające jest to, że większość definiuje siłę jako posiadanie pewnego przedmiotu, niezależnie od tego, czy znajduje się on w świecie zewnętrznym, czy w nich samych. Mimo że siłę wewnętrzną uważa się z pewnością za ideał, to w praktyce ceni się ją mniej niż siłę zewnętrzną, bo po pierwsze, jest mniej przydatna, a po drugie, w pewien sposób wymaga oderwania się od świata fizycznego.

W tym momencie naszej ewolucji, zarówno społecznej, jak i jednostkowej, wiemy, że siła zewnętrzna czy fizyczna jest dla zdrowia konieczna. Zdrowie to bezpośredni skutek przestrzegania w życiu zasad duchowych i terapeutycznych. I we współczesnej duchowości, i w psychoterapii podkreśla się, jak ogromne znaczenie ma siła osobista dla sukcesów materialnych i harmonii duchowej człowieka. Przyczynia się ona wprost do kształtowania naszego prywatnego świata oraz zdrowia.

David Chetlahe Paladin opowiedział mi w 1985 roku historię swojego życia; zmarł rok później. Jest ona świadectwem zdolności człowieka do osiągania siły wewnętrznej, która pokonuje granice materii. Gdy go poznałam, emanowało z niego niespotykane poczucie mocy, i musiałam się dowiedzieć, w jaki sposób udało mu się osiągnąć to, czego szuka tak wielu. David był jednym z moich najlepszych nauczycieli, kimś, kto po mistrzowsku opanował świętą zasadę: „Szanujcie siebie wzajemnie" i przekazywał innym energię sefiry Jesod i sakramentu komunii.

David był Indianinem z plemienia Nawahów i w latach 1920–1930 wychowywał się w rezerwacie. Zanim skończył jedenaście lat, był już alkoholikiem. Jako nastolatek opuścił rezerwat, przez kilka miesięcy włóczył się po świecie, a potem znalazł pracę na statku handlowym. Miał wtedy zaledwie piętnaście lat, lecz podał się za starszego.

Na pokładzie zaprzyjaźnił się z młodym Niemcem i innym Indianinem. Razem pływali po Pacyfiku, odbywając rejsy do różnych portów. David w wolnym czasie zajmował się szkicowaniem. Szkicował między innymi bunkry, które Japończycy budowali na rozmaitych wyspach mórz południowych. Był wtedy rok 1941.

Rysunki bunkrów wpadły w końcu w ręce amerykańskiego wojska. Gdy powołano Davida do służby wojskowej, miał nadzieję, że będzie kontynuować swoją pracę artystyczną. Ale został włączony do tajnej operacji przeciwko nazistom. Armia wykorzystywała Nawahów i Indian z innych szczepów w sieci szpiegowskiej. Wysyłano ich na tyły wroga, skąd mieli przekazywać informacje do głównej kwatery wojskowej w Europie. Ponieważ wszystkie transmisje radiowe podsłuchiwano, język Indian stanowił gwarancję, że wychwyconych informacji nikt nie zrozumie.

Za linią wroga David wpadł w ręce nazistów. Poddano go torturom, między innymi przybijając mu stopy gwoździami do podłogi, a potem zmuszając, by stał tak przez wiele dni. Gdy przeżył ten horror, wysłano go do obozu zagłady, uznając za członka „niższej rasy". Kiedy wpychano go do wagonu, poczuł uderzenie kolbą w żebra zmuszające go do pośpiechu. Odwrócił się i zobaczył za sobą hitlerowca. Był to Niemiec, z którym David zaprzyjaźnił się na statku.

Niemiecki kolega postarał się, by Davida przewieziono do obozu jenieckiego, w którym pozostał już do końca wojny. Gdy wyzwalano obóz, amerykańscy żołnierze znaleźli Davida nieprzytomnego i umierającego. Zabrano go do Stanów Zjednoczonych, do szpitala wojskowego w Battle Creek w stanie Michigan, gdzie przez dwa i pół roku pozostawał w stanie śpiączki. Kiedy w końcu odzyskał świadomość, był tak osłabiony, że nie mógł chodzić. Dopasowano mu do nóg ciężki aparat ortopedyczny, tak że posługując się kulami, mógł pokonywać niewielkie odległości.

David postanowił wrócić do rezerwatu, by pożegnać się z bliskimi, po czym chciał się udać do szpitala dla weteranów i pozostać tam do końca życia. Gdy się zjawił, rodzina i przyjaciele przerazili się jego widokiem. Zgromadzili się na naradę, by omówić, jak można mu pomóc. Po naradzie podeszli do niego członkowie starszyzny, zdjęli mu z nóg klamry, rozwiązali pas ściskający talię i wrzucili Davida do głębokiej wody. „Wezwij swoją duszę z powrotem do siebie – nakazali mu. – Nie masz jej teraz w swoim ciele. Jeśli nie zdołasz jej przywołać, pozwolimy ci odejść. Nikt nie może żyć bez duszy. Ona jest twoją siłą".

David powiedział mi, że to „sprowadzanie duszy" było dla niego najtrudniejszym zadaniem w życiu. „Było to nawet trudniejsze niż znoszenie bólu, gdy przybijano mi stopy do podłogi. Zobaczyłem twarze tamtych hitlerowców. Przez te wszystkie miesiące żyłem wciąż w obozie. Wiedziałem, że muszę uwolnić gniew i nienawiść. Teraz z trudem walczyłem, by nie utonąć, ale jednocześnie modliłem się, aby złość mnie opuściła. Tylko o to się modliłem i moje modlitwy zostały wysłuchane".

David odzyskał pełną władzę w nogach i wkrótce został szamanem, pastorem chrześcijańskim i uzdrowicielem. Powrócił również do szkicowania i zyskał sławę jako utalentowany artysta.

David Chetlahe Paladin emanował siłą, którą odczuwało się jak łaskę. Przeżył spotkanie z najciemniejszą stroną mocy, przezwyciężył ten mrok i spędził resztę życia, uzdrawiając ludzi i inspirując ich do tego, aby „przywoływali swoją siłę" z doświadczeń, które odbierają ją naszemu ciału.

Najważniejszym zadaniem w jednoczeniu dualistycznych energii obecnych w naszych związkach jest nauczyć się „szanować siebie wzajemnie". Korzystając z energii drugiej czakry, z twórczej siły sefiry Jesod i ze zdolności symbolicznego postrzegania sakramentu komunii, możemy nauczyć się pielęgnować święte związki, które tworzymy z innymi ludźmi.

Sposób, w jaki reagujemy na wyzwania ze świata zewnętrznego, decyduje o tym, jak traktujemy sami siebie. Oprócz wszystkich kontaktów z innymi osobami musimy też tworzyć zdrowy i życzliwy związek ze sobą – co jest zadaniem przynależnym czakrze trzeciej.

JAKI JESTEŚ?

1. Czym jest dla ciebie kreatywność? Czy uważasz się za osobę twórczą? Czy starasz się realizować swoje twórcze pomysły?
2. Jak często kierujesz swą twórczą energię ku temu, co negatywne? Czy skłonny jesteś do przeinaczania lub upiększania faktów, tak by poprzeć swój punkt widzenia?

3. Czy zadowala cię twoje życie erotyczne? Jeśli nie, to czy zamierzasz popracować nad poprawą równowagi seksualnej? Czy w sferze seksu wykorzystujesz ludzi dla własnej przyjemności albo czy sam czujesz się wykorzystywany? Czy jesteś dość silny, by szanować swoje granice w dziedzinie seksu?
4. Czy dotrzymujesz danego słowa? Na czym polega twój kodeks honorowy? Czy nie stosujesz swych zasad moralnych zależnie od okoliczności?
5. Czy odnosisz wrażenie, że Bóg jest siłą, która wymierza w twoim życiu sprawiedliwość?
6. Czy lubisz sprawować kontrolę? Czy w swoich związkach walczysz o dominację? Czy umiesz trafnie ocenić siebie w sytuacjach związanych z władzą, sławą i pieniędzmi?
7. Czy pieniądze mają nad tobą władzę? Czy dla korzyści majątkowych idziesz na ustępstwa, które szkodzą twojemu wewnętrznemu ja?
8. Jak często lęk o przetrwanie kieruje twoimi decyzjami?
9. Czy jesteś dość silny, by opanować strach związany z sytuacją finansową i fizycznym przetrwaniem, czy też włada on tobą i twoimi postawami?
10. Jakie masz jeszcze przed sobą cele? Co stoi ci na przeszkodzie, by je osiągnąć?

Rozdział 3

Czakra trzecia: siła wewnętrzna

Energia trzeciej czakry, czyli czakry siły wewnętrznej, zaczyna intensywnie wibrować w okresie dojrzewania. Towarzyszy nam ona później w procesie kształtowania się naszej indywidualności, formowania się naszego „ja", ego i osobowości niezależnej od tożsamości, jaką odziedziczyliśmy po przodkach. Ten ośrodek energetyczny dotyczy także większości zagadnień związanych z rozwojem naszej siły wewnętrznej i samooceny.

Trzecia czakra stanowi dopełnienie fizycznej triady w układzie energetycznym człowieka. Podobnie jak czakra pierwsza i druga, przede wszystkim wiąże się ona z fizyczną formą siły. Podczas gdy czakra pierwsza odnosi się do siły zbiorowej lub społecznej, a czakra druga do przepływu siły pomiędzy nami i innymi ludźmi, czakra trzecia odpowiada za naszą osobistą siłę wewnętrzną w odniesieniu do świata zewnętrznego.

Miejsce: splot słoneczny.

Energetyczne połączenie z ciałem fizycznym: żołądek, trzustka, nadnercza, jelito cienkie, pęcherzyk żółciowy, wątroba, odcinek kręgosłupa w okolicy splotu słonecznego.

Energetyczne połączenie z ciałem emocjonalnym i mentalnym: czakra trzecia, często zwana splotem słonecznym, jest naszym ośrodkiem siły wewnętrznej, magnetycznym rdzeniem naszej osobowości i ego. Związane z nią choroby mają źródło w problemach dotyczących odpowiedzialności za siebie, samooceny, lęku przed odrzuceniem i nadmiernej wrażliwości na krytykę.

Związek z symboliką i postrzeganiem: czakra trzecia pośredniczy między świadomością zewnętrzną (charakterystyczną dla czakr pierwszej i drugiej) a świadomością wewnętrzną. Czakra pierwsza ma zewnętrzny punkt odniesienia, który zawsze znajduje się w umyśle zbiorowym. Także czakra druga skłania się ku zewnętrzności, choć skupia się na związkach i na ich wpływie na nas. W przypadku czakry trzeciej ośrodek zainteresowania przenosi się częściowo do wnętrza: ze sposobu, w jaki traktujemy ludzi, na sposób, w jaki traktujemy i rozumiemy sami siebie.

Związek z sefirą i sakramentem: sefira Necach symbolizuje Boską cechę wytrwałości, a sefira Hod majestat (lub spójność) Boga. W systemie czakr te dwie cechy się łączą, ponieważ w tradycji kabalistycznej obie reprezentują właściwości, których potrzebujemy, aby „wznieść się" jako jednostki. A zatem Necach i Hod przedstawia się symbolicznie jako nogi podpierające ciało. Uważa się je również za źródło proroctwa i ośrodek zdolności patrzenia symbolicznego. Symboliczne znaczenie tych sefir jest duchowo sprzężone z sakramentem bierzmowania. Sakrament ten jest symbolem rodzenia się „świadomego ja", czyli tej części ludzkiej osobowości, która jest wieczna i naturalnie połączona z tym, co święte.

Podstawowe lęki: lęk przed odrzuceniem, krytyką, śmiesznym wyglądem i niemożnością sprostania obowiązkom; wszystkie obawy związane z wyglądem fizycznym, na przykład strach przed nadwagą, łysieniem, starzeniem się; lęk, że inni odkryją nasze sekrety.

Podstawowe wartości: poczucie własnej wartości, szacunek dla samego siebie i samodyscyplina; ambicja, zdolność działania i umiejętność radzenia sobie z trudnościami; odwaga w podejmowaniu ryzyka; szczodrość, moralność i siła charakteru.

Święta zasada: święta zasada trzeciej czakry brzmi: „Szanuj samego siebie"; wspierają ją duchowe energie sefir Necach (wytrwałość) i Hod (majestat) oraz symboliczne znaczenie sakramentu bierzmowania, jak również wewnętrzna siła samej czakry. Energie łączące się w tej czakrze mają tylko jeden duchowy cel: pomóc nam dojrzeć, byśmy lepiej rozumieli samych siebie, uświadamiali sobie swój stosunek do siebie, sposób, w jaki dbamy o własne sprawy i otaczamy siebie troską. Jakością duchową przypisaną sakramentowi bierzmowania jest szacunek dla siebie. Sakrament ten symbolizuje także przejście z dzieciństwa do dojrzałości. Wszyscy mieliśmy lub będziemy mieć doświadczenie, które ukaże nam, że nasze wewnętrzne zalety i wady są niezależne od wpływu naszych przodków. Duchowość tkwiąca w trzeciej czakrze skłania nas do tworzenia własnej tożsamości, niezależnej od naszej zbiorowej jaźni.

ROZWIJANIE POCZUCIA WŁASNEJ WARTOŚCI

Wszystkie trzy strumienie energii duchowej łączą się w jeden, aby utworzyć intuicyjny głos naszego splotu słonecznego. Gdy budujemy poczucie własnej tożsamości, głos ten staje się naturalnym i stałym źródłem przewodnictwa.

Nasz stosunek do samych siebie, to, czy siebie szanujemy, decyduje o jakości naszego życia, umiejętności odnoszenia sukcesów w pracy, w związkach, w uzdrawianiu i zdolnościach intuicyjnych. Rozumienie i akceptacja siebie, więź, jaką ze sobą nawiązujemy, jest pod różnymi względami naszym najważniejszym wyzwaniem duchowym.

W gruncie rzeczy, jeśli siebie nie lubimy, nie będziemy podejmowali trafnych decyzji. Całą swoją zdolność dokonywania wyborów oddamy w ręce kogoś innego – kogoś, na kim chcemy zrobić wrażenie lub komu według naszego mniemania musimy się podporządkować, by zapewnić sobie bezpieczeństwo. Ludzie o niskim poczuciu wartości wikłają się w związki i sytuacje zawodowe, które są odzwierciedleniem tej słabości.

Pewien mężczyzna powiedział mi, że nie oczekiwał, iż żona będzie go kochała. Ożenił się tylko po to, aby mieć towarzystwo, i uważał, że miłość przydarza się innym ludziom, nie takim jak on. Nikt nie rodzi się ze zdrowym poczuciem własnej wartości. Na tę cechę musimy sobie w życiu zapracować, stawiając czoło kolejnym wyzwaniom.

Trzecia czakra jest szczególnie wyczulona na ograniczenia naszego fizycznego ciała. Czy jesteśmy fizycznie słabi, czy silni? Sprawni czy upośledzeni? Ładni czy brzydcy? Za wysocy czy za niscy? Z perspektywy duchowej wszystkie fizyczne cechy i ograniczenia są iluzoryczne, są tylko „rekwizytami życiowymi". Ale ich zaakceptowanie jest podstawowym warunkiem osiągnięcia dojrzałości duchowej. Zresztą z duchowego punktu widzenia cały świat materialny nie jest dla nas niczym więcej jak szkolną klasą. Zadanie, jakie musimy w tej klasie wykonać, polega na tym, by zastanowić się, czy mając określone ciało, otoczenie i przekonania, będziemy podejmować decyzje wzbogacające naszą duszę, czy takie, które sprawią, że zmarnotrawimy swoją energię na iluzje otaczającej nas fizyczności. Wyzwania związane z trzecią czakrą będą cię nieustannie zmuszały do oceny twojego poczucia siły i tożsamości w odniesieniu do świata zewnętrznego.

Weźmy na przykład wyzwania trzeciej czakry, z jakimi spotyka się kobieta na wózku inwalidzkim. Myśl, że świat fizyczny jest złudzeniem, nie oznacza, że ten wózek nie istnieje ani że problemy fizyczne tej osoby nie są rzeczywiste. Znaczy tylko, że w świecie materialnym nie ma nic, co ograniczałoby moc ludzkiej duszy. Ta kobieta może nigdy nie odzyska władzy w nogach, lecz nadal posiada zdolność decydowania, czy życie na wózku okaleczy jej duszę. Jeśli postanowi czerpać z życia to, co najlepsze, nie tylko podejmie trafną psychologicznie decyzję, ale pobudzi do pełnego działania energię sefir Necach i Hod.

Poznałam Ruth, gdy prowadziłam weekendowe warsztaty w Meksyku. Ruth zatrzymała się w tym samym hotelu co ja – nie była uczestniczką moich zajęć. Skazana była na wózek inwalidzki z powodu ostrego zapalenia stawów; tak skrajnego przypadku nigdy dotąd nie widziałam.

Pewnego ranka wstałam wyjątkowo wcześnie i wyszłam na patio z filiżanką kawy, aby zrobić notatki do planowanego na ten dzień wykładu. Zobaczyłam samotnie siedzącą Ruth, która słuchała muzyki klasycznej ze starego magnetofonu. Poznałam Ruth poprzedniego dnia, ale tego ranka nie mogłam przestać się na nią gapić. Myślałam, że mnie nie widzi, bo siedziała odwrócona do mnie plecami. Zastanawiałam się, jak radzi sobie z tym okropnie zniekształconym ciałem, na dodatek otyłym z powodu braku ruchu. Nagle odwróciła głowę, uśmiechnęła się i spytała:

– Zastanawiasz się, jak sobie daje radę, żyjąc w tym ciele, prawda?

Byłam tak zmieszana, że nie umiałam już się wycofać.

– Przyłapałaś mnie, Ruth. Właśnie o tym myślałam.

– W takim razie podejdź bliżej, to ci opowiem.

Gdy przysunęłam się do niej z krzesłem, ta siedemdziesięciopięcioletnia kobieta zapytała:

– Lubisz muzykę New Age?

Skinęłam głową, a Ruth rzekła:

– Dobrze, włączę kasetę i opowiem ci o sobie.

Przy dźwiękach kitary w tle ta zadziwiająca Żydówka opowiedziała mi swoją historię.

– Owdowiałam w wieku trzydziestu ośmiu lat. Zostałam sama z dwiema córkami na utrzymaniu i niewielkimi środkami. Stałam się najbardziej zaradną osobą, jaką można sobie wyobrazić. Nigdy niczego nie ukradłam, ale byłam tego bliska. Gdy moja córka skończyła dwadzieścia dwa lata, przystąpiła do wspólnoty buddyjskiej. W Nowym Jorku wychowywałam córki w duchu tradycji żydowskiej, a ona została buddystką! Za każdym razem, gdy mnie odwiedzała, robiłam jej wyrzuty: „Jak mogłaś mi to zrobić, przecież tyle dla ciebie poświęciłam!". Chyba ze sto razy prowadziłyśmy taką rozmowę. Pewnego dnia córka popatrzyła na mnie i spytała: „Mamo, czy ja mam brudne ubranie? Czy jestem jakoś zaniedbana? Czy w ogóle robię coś, co cię razi?".

Odpowiedziałam, że z pewnością bierze narkotyki i że oni ją do tego zmuszają. Odparła: „Tak, próbowałam narkotyków". I wiesz, co jej wtedy powiedziałam? „Daj mi trochę". A ona to zrobiła. Przyniosła mi działkę LSD. Miałam pięćdziesiąt pięć lat i wzięłam kwas.

Omal nie spadłam z krzesła. Nie mogłam sobie wyobrazić, że Ruth bierze LSD.

– Wierzysz w anioły? – zapytała.

– Oczywiście – odparłam.

– To dobrze, bo właśnie wtedy zobaczyłam anioła. Wzięłam LSD i miałam doświadczenie pozacielesne. Unosiłam się, lżejsza od powietrza, nad własnym ciałem. I wtedy spotkałam tę cudowną istotę, która oświadczyła, że jest moim aniołem. Poskarżyła mi się: „Och, Ruthie, Ruthie, nawet nie wiesz, jak trudno być twoim aniołem". Odparłam, że nigdy o tym nie myślałam, a anielska istota zaproponowała: „Pozwól, że ci pokażę, jak wyglądasz w moich oczach". I wskazała mi mojego sobowtóra – tylko że ów sobowtór skrępowany był tysiącem gumowych opasek. „Tak właśnie cię widzę. Każda opaska to lęk, który tobą włada. Masz tyle lęków, że możesz nigdy nie usłyszeć, jak próbuję ci powiedzieć, że wszystko jest pod moją kontrolą". Potem anioł powiedział: „Oto nożyczki. Dlaczego nie przetniesz wszystkich tych krępujących cię opasek?". Uczyniłam to. Brałam każdą po kolei w palce i przecinałam, i z każdym przecięciem czułam niewiarygodny strumień energii wpływający do mojego ciała. Anioł spytał: „Czy teraz czujesz się lepiej?". Odparłam, że czuję się lżejsza od powietrza i szczęśliwsza niż kiedykolwiek w życiu. Nie mogłam powstrzymać radości. Mój anioł powiedział: „Będziesz teraz musiała wrócić do swojego ciała, ale przedtem coś ci pokażę". Anielska istota pokazała mi przyszłość i zobaczyłam siebie chorą na artretyzm. Nie potrafiła mi powiedzieć, dlaczego będę musiała znosić tę chorobę, było tylko jasne, że to nieuniknione. Ale obiecała, że będzie przy mnie w każdej chwili. Potem wprowadziła mnie z powrotem do mojego ciała. Opowiedziałam córce o wszystkim, co się wydarzyło, i obie mówiłyśmy o tym ze śmiechem jeszcze przez dwa miesiące. Po tym doświadczeniu stałyśmy się sobie bliższe. Kiedy dziesięć lat temu pojawiły się pierwsze objawy zwyrodnienia stawów, pomyślałam, że nie jest to aż tak wielkie kalectwo. Byłam o wiele większą kaleką, gdy jeszcze chodziłam – zawsze tak bardzo bałam się być samotna, zdana tylko na siebie, że chciałam zatrzymać przy sobie córki, aby to one zawsze o mnie dbały. Ale po tym doświadczeniu przestałam już się bać. Uznałam, że moja choroba ma przypominać mi, że muszę przestać się lękać. Teraz rozmawiam ze swoim aniołem codziennie i jestem coraz radośniejsza.

Chciałabym zabierać Ruth wszędzie ze sobą, aby opowiadała tę historię moim słuchaczom. Dla mnie Ruth i jej anioł są jak bliźniaczki. Historia Ruth jest przykładem wiary, że niefizyczny świat Boskiej energii ma większą moc niż fizyczny świat formy i materii. Decyzja Ruth spowodowała, że to, co mogłoby stać się kalectwem, stopniowo stało się źródłem inspiracji. Jej ograniczenia stały się dla niej atutem. Taki jest właśnie wpływ sefir Necach i Hod, naszych duchowych „nóg".

ZWIĘKSZANIE SIŁY WEWNĘTRZNEJ

Postanawiając przedkładać rzeczywistość duchową nad iluzję świata fizycznego, dokonujemy „reorganizacji" swojego życia. Z każdą podjęta przez nas decyzją albo coraz bardziej wikłamy się w sprawy złudnego świata materii, albo umacniamy własną duszę. Każda z siedmiu czakr symbolizuje inną wersję czy przejaw tej jednej podstawowej prawdy. Zawsze gdy postanawiamy umocnić się wewnętrznie, ograniczamy władzę świata fizycznego nad naszym życiem, ciałem, zdrowiem, umysłem i duchem. Z energetycznego punktu widzenia każdy wybór zwiększający moc naszej duszy wzmacnia również nasze pole energetyczne, a im jest ono silniejsze, tym mniej mamy kontaktów z negatywnymi ludźmi i doświadczeniami.

Poznałam Penny na warsztatach, kiedy to zaczęła już na własną rękę rekonstruować swoje życie. Zamężna od osiemnastu lat, wspólnie z mężem prowadziła interesy. Penny była mózgiem całego przedsięwzięcia. Była również alkoholiczką – odpowiadało to jej mężowi, gdyż sam był uzależniony od alkoholu. Wolał, by piła, ponieważ gdy znajdowała się w stanie półświadomości, zyskiwał większą kontrolę – i w małżeństwie, i w biznesie.

Zwykle po pracy Penny wracała do domu, zajmowała się psami i gospodarstwem. Mąż nalewał jej kieliszek wina i mówił: „A teraz odpocznij. Ja zajmę się obiadem". Kiedy obiad pojawiał się na stole, Penny już była wstawiona.

Po siedemnastu latach takiego życia Penny uświadomiła sobie, że ma problem. Zastanawiała się, czy nie pójść na spotkanie klubu AA, ale zrezygnowała. „Mieszkamy w małej miejscowości – tłumaczyła. – Gdyby zobaczono mnie na tym spotkaniu, byłby to koniec świata". Tak więc przejeżdżała tylko obok ośrodka, ale nigdy tam nie wstąpiła. Pewnego dnia jednak się załamała. Zamiast wracać do domu, do męża, zadzwoniła do koleżanki i powiedziała: „Pomóż mi! Potrzebuję pomocy". Dzięki koleżance trafiła na pierwsze spotkanie AA.

Trzeźwość odmieniła jej życie. Gdy odzyskała zdolność panowania nad sobą, zrozumiała, że w jej życiu nic nie funkcjonuje dobrze, łącznie z małżeństwem. Mimo że obawiała się odejść od męża – co oznaczałoby także utratę pracy – powoli realizowała swoje zamierzenia. Przeprowadziła się do innej części kraju, gdzie nadal uczestniczyła w spotkaniach AA i zapisała się na kurs rozwoju osobistego, na którym właśnie się poznałyśmy. Przeszła całkowitą przemianę – zmieniła fryzurę i schudła dziesięć kilogramów. Krótko mówiąc, powróciła do życia. Postanowiła się rozwieść, nie zważając na to, że jej sytuacja finansowa się pogorszy, bowiem, jak powiedziała, „tego potrzebowała moja dusza, aby się wyzwolić". Gdy już poczyniła te wszystkie kroki, razem zastanawiałyśmy się nad kolejnymi ruchami, które zmieniłyby jej życie i zapewniły dobre samopoczucie. Ponieważ rozwód pogorszyłby jej sytuację materialną, Penny musiała się przekonać, czy sama zdoła na siebie zarobić. Postanowiła sobie zaufać. Zapragnęła zostać instruktorką programowania neurolingwistycznego (NLP). Poznała w końcu Jamesa, wspaniałego człowieka, który odpowiadał jej obecnym, nowym wymaganiom dotyczącym zdrowia i rozwoju wewnętrznego. Pobrali się i teraz razem prowadzą w całej Europie seminaria na temat samorozwoju.

Historia Penny ukazuje, iż w każdym z nas tkwi nieograniczony potencjał pozwalający nam zmienić nasze życie, jeśli tylko jesteśmy na to zdecydowani i mamy silne poczucie odpowiedzialności osobistej. Tego rodzaju energia znajduje się w czakrze trzeciej. Zaangażowanie się Penny w proces własnego uzdrowienia odzwierciedla symboliczne znaczenie sakramentu bierzmowania. Penny odcięła się od negatywnych osób i okoliczności, odwołała się do własnej duszy i odkryła, że ma w sobie cechę niezłomnej wytrwałości (Necach) i godności (Hod), dzięki czemu potrafiła przebudować własne życie. Ponieważ stawiła czoło swoim lękom, mogła je pokonać, zyskując siłę, zdrowie i powodzenie.

Im silniejsza staje się nasza dusza, tym mniejszy wpływ wywiera na nasze życie czas linearny. Czas ten jest do pewnego stopnia złudą fizycznego świata i wiąże się z fizyczną energią trzech pierwszych czakr. Owa fizyczna energia jest nam potrzebna do wykonywania fizycznych zadań; gdy na przykład potrzebujemy natchnienia, aby naszym pomysłom nadać kształt materialny, postępujemy niejako linearnie, w czasie. Lecz w odniesieniu do naszej zdolności uzdrawiania musimy zweryfikować swoje pojęcie czasu.

Złudne przekonanie, że uzdrowienie wymaga „dużo czasu", jest w naszej kulturze silnie zakorzenione. Wierząc w to, sprawiamy, że tak jest naprawdę. W Księdze Rodzaju Bóg „tchnął w jego nozdrza tchnienie życia, wskutek czego stał się człowiek istotą żywą". Przyjmując jakieś przekonanie, ożywiamy je swoim tchnieniem i dajemy mu władzę nad nami.

W naszym społeczeństwie panuje opinia, że wyleczenie się z bolesnych wspomnień z dzieciństwa wymaga wielu lat psychoterapii, jednak wcale nie musi tak być. Jeżeli tylko uwierzymy, to porzucenie dawnych wspomnień i wyzwolenie się spod ich władzy nastąpi bardzo szybko.

Czas procesu zdrowienia zależy od tego, jak ocenia go umysł zbiorowy. Na przykład obecnie w świadomości zbiorowej tkwi przekonanie, że niektóre nowotwory zabijają człowieka w ciągu sześciu miesięcy, że osoby chore na AIDS mogą żyć od sześciu do ośmiu lat, że rozpacz po śmierci małżonka trwa co najmniej rok, a po śmierci dziecka nie ustępuje nigdy. Gdy wierzymy w takie stwierdzenia, oddajemy świadomości zbiorowej władzę nad naszym życiem, zamiast wziąć tę władzę we własne ręce. Jeżeli twoja dusza jest wystarczająco silna, by oprzeć się zbiorowym przekonaniom, to ma ona także dość siły, aby zmienić twoje życie, czego przykładem może być wyjątkowo piękna historia Margaret.

Poznałam Margaret na moich warsztatach w New Hampshire. Określiła swoje dorastanie jako „porządne, surowe i zwyczajne". Rodzice kontrolowali wszystko, co czytała, i decydowali, z kim ma się przyjaźnić. Nie pozwalano jej brać udziału w niczym, co zdaniem rodziców było zbyt „radykalne". Czasami musiała nawet ukradkiem czytać gazetę. Dorastała kontrolowana przez ich lęk przed nieznanym. Gdy poszła do szkoły, rodzice powiedzieli jej, że ponieważ jest kobietą, ma w zasadzie do wyboru dwa zajęcia: zostać nauczycielką lub pielęgniarką.

Postanowiła zostać pielęgniarką. Wkrótce po ukończeniu szkoły pielęgniarskiej wyszła za mąż za człowieka, który – jak powiedziała – był „porządny, surowy i zwyczajny. Powieliłam w ten sposób wzorzec swoich rodziców".

Margaret przeprowadziła się wraz z mężem do małego miasteczka, gdzie sprawowała opiekę pielęgniarską u pacjentów w domach. Miasteczko, typowa sielankowa społeczność, miało swoich dziwaków, a wśród nich kobietę o imieniu Ollie. W jakiś sposób zasłużyła sobie na opinię „niebezpiecznej". Nikt z nią nie rozmawiał i nie zapraszał jej na spotkania towarzyskie. Co roku w Halloween dzieci ją dręczyły i trwało to już od dziesięciu lat.

Pewnego dnia Ollie zadzwoniła do agencji pielęgniarek, prosząc o pomoc. Cały personel pielęgniarski odmówił przyjęcia zlecenia – z wyjątkiem Margaret. Kiedy zbliżała się do domu Ollie, czuła się trochę nieswojo, lecz gdy weszła do środka, ujrzała, jak to określiła, „samotną, nieszkodliwą pięćdziesięciolatkę pragnącą odrobiny uczucia".

Margaret podjęła się tej opieki i stopniowo nawiązała się między nimi przyjaźń. Kiedy Margaret poczuła się dość pewnie, zapytała Ollie, w jaki sposób zasłużyła sobie na taką reputację. Po chwili milczenia Ollie powiedziała, że „moc wstąpiła w nią nagle", gdy była dzieckiem. Tą mocą mogła leczyć ludzi. Ojciec zaczął sprzedawać jej usługi tym, którzy potrzebowali pomocy. Zarabiał dzięki temu mnóstwo pieniędzy aż do dnia, w którym „moc zniknęła". Ojciec uważał, że Ollie po prostu się uparła, próbował więc biciem skłonić ją do tego, by odzyskała swoją moc, ale nie dało to żadnego rezultatu.

Gdy Ollie dorosła, opuściła dom i przeprowadziła się do miasteczka, w którym nikt jej nie znał. Pracowała jako sprzątaczka i w wieku trzydziestu dwóch lat wyszła za mąż. Urodziła dwoje dzieci. Gdy młodszy chłopiec skończył pięć lat, zachorował na białaczkę. Lekarz powiedział rodzicom, by przygotowali się na śmierć dziecka. I właśnie wtedy Ollie wyznała mężowi, iż w dzieciństwie miała moc uzdrawiania. Poprosiła męża, by wspólnie pomodlili się do Boga, błagając Go, aby przywrócił jej teraz tę zdolność. Ollie uklękła przy łóżku synka, odmówiła modlitwę i położyła na nim ręce. Po dwóch dniach pojawiły się pierwsze oznaki poprawy, a po tygodniu chłopiec zaczął wracać do zdrowia. Po dwóch miesiącach wyzdrowiał całkowicie.

Lekarz zapytał małżonków, co takiego uczynili, jakie zastosowali lekarstwo. Ollie prosiła męża, by nie wspominał nic o jej zdolnościach, lecz on opowiedział dokładnie, co się wydarzyło. Lekarz stwierdził, że Ollie jest „niebezpieczna", i poradził jej mężowi, aby „uważał na tę kobietę, bo może jest czarownicą albo czymś w tym rodzaju".

Pięć miesięcy później, gdy Ollie wróciła pewnego dnia do domu, stwierdziła, że mąż opuścił ją, zabierając dzieci. Uzyskał rozwód ze względu na niepoczytalność żony. Ollie była zrozpaczona. Powiedziała Margaret, że próbowała odnaleźć dzieci, lecz nigdy ich już zobaczyła.

Z każdą wizytą Margaret więź między obiema kobietami stawała się coraz silniejsza. „Moc" Ollie zainspirowała Margaret do czytania książek o uzdrowicielach, sile uzdrawiania i duchowości. Ollie otworzyła jej drzwi do nowego świata. Im więcej się dowiadywała, tym częściej myślała o swoich rodzicach, ich lęku przed nowymi ideami i ich staraniach, aby córka uczyła się tylko „zwyczajnych rzeczy, zgodnych z ich zwykłym stylem życia".

Margaret próbowała podzielić się z mężem swoją nową wiedzą, mając nadzieję, iż informacje te okażą się dla niego równie inspirujące jak dla niej. Mąż jednak poczuł się zagrożony przez Ollie i przez te nowe pomysły i wreszcie pewnego dnia zabronił żonie tych wizyt.

W tamtym okresie Margaret czuła potrzebę odwiedzania Ollie nie tylko dlatego, że kobieta tak bardzo pragnęła jej towarzystwa, ale też dlatego, że Ollie uczyła ją o mocy uzdrawiania, która jest energią miłości płynącą z Boskiego źródła. Tym razem Margaret nie miała zamiaru pozwolić na to, by rządziły nią czyjeś lęki.

Margaret wkroczyła w najmroczniejszy okres swego życia, nie tylko z powodu Ollie, lecz także dlatego, że znalazła się „na pograniczu dwóch światopoglądów". Wiedziała, że bez względu na to, czy spotka się jeszcze z Ollie, czy nie, i tak nie powróci do swoich dawnych przekonań na temat zdrowia i duchowości. Chciała nadal zdobywać wiedzę i w końcu oświadczyła mężowi, że niezależnie od jego zdania nie porzuci swych obowiązków pielęgniarskich u Ollie.

Mąż Margaret zaczął komentować to uwagami w rodzaju: „Ta kobieta rzuciła na ciebie urok", „Zastanawiam się, co jeszcze jest między wami". Atmosfera w domu w końcu stała się nie do zniesienia i Margaret przeprowadziła się do innego mieszkania. Miała nadzieję, że tymczasowa separacja pomoże ocalić ich małżeństwo.

Koledzy i przyjaciele Margaret stanęli po stronie jej męża. Mówili, że poświęca ona swoje małżeństwo dla starej wariatki. Nikt nie rozumiał jej postępowania. A ona „modliła się o cud bez względu na to, co się stanie", co oznaczało, że nie dba o to, w jaki sposób Bóg rozwiąże jej problem – byle to się już skończyło.

Mniej więcej cztery miesiące później Margaret dostała od męża wiadomość, że chce się z nią spotkać. Sądziła, że zamierza prosić ją o rozwód, ale on poinformował ją, że właśnie stwierdzono u niego raka okrężnicy. Był przerażony – i oto stał się cud. Spytał, czy Ollie mogłaby mu pomóc. Margaret aż drżała z emocji. Natychmiast pojechali razem do Ollie.

Ollie powiedziała mężowi Margaret, że jej moc pochodzi od Boga i że powinien o tym pamiętać. Położyła na nim ręce i trzymała je tak przez dziesięć minut. W ciągu trzech miesięcy mężczyzna wyzdrowiał. Z wielkim oddaniem zaczął troszczyć się o Ollie – do tego stopnia, iż namówił ją, by wprowadziła się do ich domu. Mieszkała z nimi aż do końca życia.

„Teraz mąż przechodzi sam siebie w trosce o mnie oraz o innych. Prowadzimy w domu sesje uzdrawiania, modlimy się razem z ludźmi i uczymy ich, jak uzdrawiać. Nigdy nie wierzyłam, że tak się stanie, a mój mąż nieustannie powtarza: «W swych codziennych modlitwach dziękuję Bogu, że miałaś odwagę mi się przeciwstawić i wytrwać w swoich przekonaniach. Dzisiaj żyję dzięki tobie»".

Nie ulega wątpliwości, że nasze wspomnienia z dzieciństwa mogą być źródłem ogromnego bólu. Ale możemy, tak jak Margaret, otrzymać szansę, by wykorzystać ten ból przy dokonywaniu wyborów w życiu dorosłym.

WIARA W SIEBIE I INTUICJA

Kiedy zaczęłam prowadzić warsztaty poświęcone przewodnictwu intuicyjnemu, prosiłam uczestników, by wykonywali wewnętrzną pracę nad sobą i stosowali medytację. Większość medytujących osób nie osiągała jednak sukcesów w rozwijaniu swojej intuicji. Podczas jednego z warsztatów zrozumiałam, że to nie nawiązanie kontaktu z intuicją stanowi problem. Przeważnie moi słuchacze mieli już ten kontakt, lecz błędnie pojmowali naturę swej intuicji.

Wszyscy oni mylili intuicję ze zdolnością przewidywania. Uważali, że intuicja to umiejętność widzenia przyszłości. Tymczasem intuicja nie jest ani prorokowaniem, ani środkiem do unikania problemów finansowych czy nieudanych związków. W rzeczywistości polega na umiejętnym wykorzystywaniu informacji energetycznych do podejmowania decyzji w danym momencie. Informacje energetyczne to emocjonalne, psychologiczne i duchowe elementy określonej sytuacji. Są składnikami życia występującymi „tu i teraz", a nie pozafizyczną informacją nadchodzącą z jakiegoś miejsca „w przyszłości".

Najczęściej informacje dostępne dla intuicji dają o sobie znać, sprawiając, że czujemy się jakoś nieswojo, przeżywamy depresję lub niepokój – albo w skrajnych przypadkach odrywamy się od rzeczywistości i nabieramy dystansu, jakbyśmy zostali nagle odcięci od wszystkich naszych uczuć. W snach o charakterze intuicyjnym pojawiają się symbole zmiany i chaosu. Takie sny często występują z większą intensywnością w okresach kryzysu emocjonalnego. Wrażenia energetyczne czy intuicyjne sygnalizują, że doszliśmy w życiu do swoistego rozdroża i że mamy szansę wpłynąć, przynajmniej w pewnym stopniu, na kolejny etap swojej egzystencji, dokonując teraz określonego wyboru.

Intuicja i niezależność cechujące trzecią czakrę dają nam zdolność podejmowania ryzyka, podążania za głosem wewnętrznym. Dwudziestoośmioletni Evan przyszedł do mnie na wizytę, gdyż cierpiał na ostre zapalenie jelita grubego. Gdy robiłam mu odczyt intuicyjny, otrzymałam powtarzający się obraz konia, którego prowadzi się do linii startowej, ale nigdy nie bierze on udziału w wyścigach. Trzecia czakra Evana wyglądała jak otwarta dziura, z której wylewa się energia. Wydawało się, że Evan nie ma dość siły, aby samodzielnie osiągać cele. W gruncie rzeczy uciekał przed możliwościami oferowanymi mu przez życie, bo bał się porażki. Nie wykorzystał nawet jednej szansy, aby potwierdzić swoje przeczucia.

Jak mówił, jego życie było pasmem falstartów. Zastanawiał się nad różnego rodzaju przedsięwzięciami, lecz na żadne się nie zdecydował. Wiecznie studiował sytuację na giełdzie, szukając formuły, która pozwoliłaby mu przewidzieć schematy wzrostu i spadku cen akcji. Owładnięty tą myślą, skrzętnie gromadził dane statystyczne. Po pewnym czasie stał się naprawdę dobry w typowaniu akcji, które uzyskają wyższą wartość. Gdy spytałam go, dlaczego nie poszedł dalej i nie zainwestował w te akcje, odparł: „Formuła nie jest jeszcze w pełni dopracowana. Musi być doskonała". Mimo to był na siebie rozżalony, bo wiedział, że zarobiłby mnóstwo pieniędzy, gdyby posłuchał swych przeczuć. Stałby się bardzo bogaty. Gdy stwierdziłam, że skoro tak świetnie radzi sobie na papierze, to równie dobrze mógłby odnosić sukcesy w prawdziwych inwestycjach, Evan odrzekł, że rynek giełdowy jest chwiejny, toteż nigdy nie miałby pewności, że jego przeczucia okażą się trafne.

Ciało Evana, z objawami zapalenia jelita grubego, było rozdarte z powodu jego niezdolności postępowania zgodne z przeczuciami. Nie zdecydowałby się zainwestować na giełdzie nawet małej sumy. Strach przed podejmowaniem ryzyka dosłownie rujnował jego ciało, mimo że obsesyjną pasją Evana był biznes, który polega wyłącznie na ryzyku. Namawianie Evana, by stosował techniki relaksacyjne, byłoby równie celowe, jak powiedzenie nastolatkowi, aby wracał do domu na czas. Evan musiał uwolnić się od swojego komputerowego sposobu myślenia i skierować uwagę na głos wewnętrzny. Upierał się jednak, że przeczucia nie dają mu „dowodów", lecz sugerują tylko pewne możliwości.

Uczestnicy moich warsztatów także nawiązywali kontakt ze swoją intuicją, lecz uważali, że oznacza ona wskazanie konkretnego kierunku, a nie ogólne odczucia co do dalszej drogi. Mieli nadzieję, że jakiś dobry intuicyjny „strzał" da im siłę do przebudowy własnego życia i zapewni im szczęście i harmonię. Przewodnictwo intuicyjne nie oznacza jednak podążania za głosem prowadzącym do Ziemi

Obiecanej. Słuchać intuicji to znaczy wierzyć w samego siebie i rozumieć, iż nasz dyskomfort lub dezorientacja są sygnałem, że musimy zapanować nad swoim życiem i dokonać wyboru, który wyrwie nas ze stagnacji czy jałowości.

Jeśli człowiek cierpi z powodu niskiej samooceny, to nie potrafi działać na podstawie impulsów intuicyjnych, ponieważ jego strach przed porażką jest zbyt silny. Intuicja, tak jak wszystkie dyscypliny medytacyjne, może być ogromnie efektywna wtedy, i tylko wtedy, gdy mamy odwagę i siłę wewnętrzną, aby podążać za jej wskazówkami. Przewodnictwo wymaga działania, lecz nie daje gwarancji bezpieczeństwa. Podczas gdy my sami oceniamy własne sukcesy w kategoriach osobistego komfortu i bezpieczeństwa, wszechświat mierzy je poziomem zdobytej przez nas wiedzy. Dopóki naszym kryterium będzie bezpieczeństwo i wygoda, dopóty będziemy lękać się swojej intuicji, ponieważ ze swej natury wskazuje ona kierunek ku nowej wiedzy i doświadczeniom, co nie zawsze bywa przyjemne.

Sandy była uczestniczką jednego z moich warsztatów. Oświadczyła wszystkim z dumą, że spędziła sześć lat w aśramie w Indiach, rozwijając swoje zdolności medytacyjne. Co dzień rano i wieczorem stosowała godzinną medytację i otrzymywała konkretne przekazy duchowe. W prywatnej rozmowie spytała mnie, czy mam jakieś odczucia co do tego, gdzie powinna teraz zamieszkać i jak ma zarabiać na życie. Zapytałam, dlaczego sama nie otrzymała takich wskazań podczas medytacji, i dodałam, że nie specjalizuję się w doradztwie zawodowym. Odparła, że jej intuicja dotyczy tylko spraw duchowych. Zaoponowałam jednak, mówiąc, że zawód jest częścią jej życia, a więc także częścią jej duchowości. Powiedziała, że nie otrzymuje takich informacji.

Zapytałam ją wówczas:

– Jaki swój przekaz intuicyjny, związany z twoim przyszłym miejscem zamieszkania i twoją pracą, uznałabyś za najgorszy?

– To proste – odparła bez namysłu. – Wrócić do pracy w szkole w centrum Detroit. Mam koszmarne sny na ten temat.

– Na twoim miejscu rozważyłabym tę możliwość. Dla mnie brzmi to jak głos intuicji – oświadczyłam.

Po roku otrzymałam od Sandy list, w którym pisała, że po moich warsztatach zaczęły dręczyć ją myśli o powrocie do zawodu nauczycielskiego. Walczyła z nimi tak silnie, że nabawiła się migreny i zaburzeń snu. Tymczasem pracowała jako kasjerka w księgarni, jednak zarabiała marnie. Tak więc gdy dostała propozycję zastępstwa w szkole, w której niegdyś uczyła, przyjęła ją. Po dwóch miesiącach zorganizowała dla uczniów zajęcia pozalekcyjne poświęcone medytacji. Odbywały się dwa razy w tygodniu i cieszyły się tak dużym powodzeniem, że następnego roku włączono je do programu nauczania, a Sandy z zadowoleniem podpisała kontrakt nauczycielski. Wkrótce potem ustały jej migreny i kłopoty ze snem.

Poczucie własnej wartości jest warunkiem zdrowia. Zanim zrozumiałam znaczenie wysokiej samooceny w rozwoju zdolności intuicyjnych, twierdziłam, że najważniejszym czynnikiem uzdrawiania jest wiara. Teraz na równi cenię wiarę, poczucie własnej wartości i siłę wewnętrzną, gdyż niska samoocena jest odzwierciedleniem zarówno braku wiary w siebie, jak i w siły niewidzialnego świata. Nie ulega wątpliwości, że wiara w siebie ma zasadnicze znaczenie w radzeniu sobie z wyzwaniami codziennego życia.

Trzydziestoletnia Janice skontaktowała się ze mną, ponieważ chciała się dowiedzieć, jak ma sobie radzić ze swymi dolegliwościami. Janice miała wiele poważnych problemów zdrowotnych, lecz nie pytała mnie, dlaczego właśnie ona musi się z nimi borykać. Interesowało ją tylko to, jak zacząć odzyskiwać zdrowie.

Jako nastolatka przeszła operację z powodu niedrożności jelita grubego. Kiedy ją poznałam, była mężatką, miała jedno dziecko. Leżała w szpitalu po siódmej z kolei operacji. Usunięto jej większą część przewodu pokarmowego i musiała korzystać ze sztucznie wytworzonego odbytu. Nie mogła przyjmować stałych pokarmów, odżywiała się tylko płynnymi, przez cewnik umieszczony w klatce piersiowej. Tak miało trwać do końca jej życia. Przed snem podłączała się do podajnika, z którego w nocy spływał do jej ciała pokarm. Ponieważ ten sposób odżywiania, zwany hiperalimentacją, odkryto dopiero niedawno, ubezpieczenie nie pokrywało jego kosztów. Każda podróż, nawet wycieczka weekendowa, stawała się trudną przeprawą, ponieważ Janice musiała zabierać ze sobą ciężki sprzęt medyczny. W dodatku, z powodu wysokich kosztów leczenia, Janice i jej mąż popadli w ogromne długi.

Jadąc do szpitala na spotkanie z Janice, spodziewałam się, że zastanę kobietę przytłoczoną chorobą i pełną obaw o przyszłość. Lecz ku swojemu zdziwieniu zobaczyłam, że emanuje z niej pozytywna energia. Chciała poznać techniki pracy z energią, takie jak medytacja i wizualizacja, aby mogła je stosować dla poprawy zdrowia. Podczas naszej rozmowy powiedziała: „Muszę przyznać, że gdy włożono mi cewnik, użalałam się nad sobą, nie mówiąc już o tym, iż miałam poczucie winy. Uważałam, że jestem dla męża tylko obciążeniem finansowym i nieprzydatną żoną. Potem spacerowałam po korytarzach szpitalnych i zobaczyłam, jak cierpią inni ludzie. Stwierdziłam, że moja sytuacja wcale nie jest aż taka zła, i obiecałam sobie, że się z tym uporam".

Po ostatniej operacji Janice wróciła do szkoły, aby zdobyć dyplom pielęgniarki. Gdy właśnie zaczęła układać sobie życie na nowo, mąż poprosił ją o rozwód. Zatelefonowała do mnie i umówiłyśmy się na spotkanie. W czasie rozmowy stwierdziła: „Wcale nie jestem zaskoczona, że Howard chce się rozwieść. W ciągu tych ostatnich dwunastu lat wspierał mnie, jak tylko mógł, ale nic nie miał z naszego małżeństwa. Nie mogę czuć do niego żalu. Mam syna, który mnie potrzebuje, i mocno wierzę, że negatywna postawa tylko pogłębiłaby moje problemy zdrowotne. Jestem jednak przerażona. Co robić? Czy istnieje jakaś wizualizacja, która sprawi, że nabiorę odwagi?".

Uznałyśmy, że teraz najważniejszą rzeczą jest przejść przez procedury rozwodowe i że Janice potrzebuje jak najwięcej wsparcia w nadchodzących miesiącach. Chociaż Janice przeżywała ostatni, trudny etap rozwodu, znalazła sobie pracę w miejscowym szpitalu. Wraz z dziesięcioletnim synem przeprowadziła się do innego mieszkania i bardzo starała się zdobyć nowych przyjaciół. Priorytetem stał się dla niej rozwój sfery duchowej i każdego ranka ona i jej syn wizualizowali swoje życie jako szczęśliwe i pełne. Takim działaniem docierała do duchowych energii związanych z czakrą trzecią: wytrwałości, hartu ducha i szacunku dla samej siebie. Była zdecydowana „stanąć na własnych nogach". W końcu jej się powiodło. W okresie tych przemian jej stan zdrowia ustabilizował się, a w rok po rozwodzie poznała wspaniałego człowieka i powtórnie wyszła za mąż. Jej historia dobitnie ukazuje, jak nasza dusza potrafi pokonywać fizyczne ograniczenia i problemy osobiste, jeśli tylko postanowimy odważnie na nie reagować. Janice z pewnością przeżywała trudne chwile, lecz zrozumiała, że użalanie się nad sobą krzywdzi ją bardziej niż choroba. Odpowiednia postawa i codzienne praktyki duchowe pozwoliły Janice zachować harmonię ciała i umysłu, symbolizując wsparcie energetyczne, jakiego udzielają nam sefiry Necach i Hod oraz sakrament bierzmowania.

Symboliczne znaczenie sakramentu bierzmowania polega na tym, że stajemy się wewnętrznie „ożywieni" dzięki napływowi siły wewnętrznej. Poczucie własnej wartości i świadomość wewnętrznej mocy rozwijają się czasem wskutek jakiegoś niezapomnianego wydarzenia, które staje się inicjacją do duchowej dojrzałości. Może w nagłym przebłysku świadomości zrozumiałeś, w jaki sposób możesz wykonać określone zadanie, które wcześniej wydawało ci się przytłaczające. Może ujrzałeś siebie jako człowieka silnego i stwierdziłeś, że potrafisz osiągnąć wszelkiego rodzaju cele, począwszy od sprawności fizycznej aż do sukcesów finansowych.

Poczucie pewności siebie pozwalające osiągać wytyczone cele to jeden ze sposobów, w jaki siła wewnętrzna staje się bodźcem do zmian w życiu osobistym. Jednocześnie równie wyraźna chęć zmian może pojawić się w sferze duchowej czy symbolicznej. Rozbudzenie sił wewnętrznych sprawia, że środek ciężkości przenosi się z zewnątrz do wewnątrz – co jest oznaką dojrzałości duchowej.

W wielu kulturach praktykuje się rytuał inicjacji w odniesieniu do młodych osób; obrzęd symbolizuje osiągnięcie wieku duchowości. U żydów jest to bar micwa, a u chrześcijan bierzmowanie. W wielu kulturach indiańskich, przynajmniej w przeszłości, młodzi mężczyźni musieli opuścić na pewien czas swoje plemię i żyć samotnie w naturalnych warunkach przyrody, by zyskać miano prawdziwych wojowników. Takie ceremonie są symboliczną wskazówką, że ustała zależność młodego człowieka od chroniącej go energii wspólnoty i że może on przyjąć odpowiedzialność za własne życie fizyczne i duchowe. Rytuał jest też uznaniem tego faktu przez wspólnotę. Od „wtajemniczonego" rodzina i przyjaciele oczekują bardziej dojrzałych zachowań.

Silne poczucie tożsamości może rozwijać się etapami, w ciągu całego naszego życia, poprzez małe inicjacje. Za każdym razem, gdy nasza samoocena wzrasta, choćby w niewielkim stopniu, musimy coś zmienić w naszym otoczeniu. Przeważnie unikamy zmian, ale inicjacja oznacza konieczność ich wprowadzania. Możemy zerwać związek, ponieważ staliśmy się wystarczająco silni, aby poszukać sobie lepszego partnera. Albo możemy rzucić pracę, gdyż chcemy wyrwać się ze znanych bezpiecznych schematów i wypróbować swoją kreatywność. Zbyt radykalne i zbyt szybkie zmiany mogą okazać się przytłaczające, toteż mądrze rozporządzajmy swoimi siłami, podejmując tylko jedno wyzwanie na raz. Gdy działamy stopniowo, zmiany, jakim podlegamy w naszej wędrówce, otwierają nam drogę ku rozwojowi naszej siły wewnętrznej.

CZTERY ETAPY OSIĄGANIA SIŁY WEWNĘTRZNEJ

Pojęcie „poczucie własnej wartości" stało się bardzo popularne na początku lat 60., w dziesięcioletnim okresie rewolucji, która zweryfikowała nasz pogląd na istotę człowieka silnego. Dopiero wtedy poczucie własnej wartości uznano za podstawę zdrowia człowieka, a samo pojęcie zdrowia poszerzono, obejmując nim zarówno zdrowie psychiczne i duchowe, jak i fizyczne.

W ciągu trzech kolejnych dziesięcioleci jeszcze bardziej precyzowano nową definicję wysokiej samooceny czy poczucia własnej wartości. Symbolicznie rzecz biorąc, trendy społeczne w latach 1960–1990 odzwierciedlają etapy rozwoju mocy osobistej, przez które wszyscy przechodzimy. Po rewolucji lat 60. nastąpiła dekada inwolucji lat 70. Surowa energia uwolniona dziesięć lat wcześniej, która przełamała bariery zewnętrzne, doprowadziła teraz do pokonywania barier wewnętrznych. W tym dziesięcioleciu słowa „psychoterapia" używano już na co dzień.

W latach 70. nastąpiło połączenie dwóch nowych sił psychicznych. Po pierwsze, niezmiernie silne pojęcie „jaźni" uwolniono z purytańskiego więzienia, w którym uważano je za samolubne i egoistyczne. Przez wieki to jego negatywne znaczenie było na tyle utrwalone, że powstrzymywało większość osób przed jakąkolwiek formą rozwoju osobistego. Lata 70. sprawiły, że zaczęto go swobodnie używać w kontekście takich pojęć jak motywowanie siebie, samouzdrawianie i samoświadomość. Ta prosta przemiana równała się oddaniu człowiekowi klucza od furtki do jego „tajemniczego ogrodu". Przy niewielkiej pomocy wszyscy odkryliśmy, że naprawdę możemy chodzić po tym ogrodzie samodzielnie.

Nic dziwnego, że ta fascynacja własnym ja sięgnęła skrajności. Chcąc sprawdzić, jak daleko może nas zaprowadzić nas nasze nowe ja, tematem lat 80. uczyniliśmy „pobłażanie sobie", a więc narcyzm. Narcystyczna atmosfera sprawiła, że poczuliśmy, iż nagle możemy zaspokajać wszelkie nasze potrzeby fizyczne. I robiliśmy to aż do przesady. Jak szybko możemy się wzbogacić? Jak szybko można przekazywać informacje? Jak szybko zmienimy nasz świat w technoplanetę? Jak szybko możemy schudnąć? Jak szybko uda nam się wyzdrowieć? Nawet poszerzanie świadomości, które do tej pory było świętym celem wymagającym pracy przez całe życie, stało się czymś, co, jak uznano, można osiągnąć w tydzień, jeśli się tylko dobrze zapłaci.

Ale nawet pobłażanie sobie osiąga punkt nasycenia. Z chwilą wejścia w lata 90. wahadło znów wychyliło się w stronę świata wewnętrznego, wskazując wszystkie wzorce energetyczne służące ewolucji osobistej. W centrum uwagi znalazło się tworzenie własnej jaźni wystarczająco silnej, aby mogła „być w świecie, ale nie ze świata" i aby mogła radować się fizycznością tego świata, nie ulegając jednocześnie jego iluzjom.

Rewolucja, inwolucja, narcyzm i ewolucja są to cztery etapy na drodze do osiągnięcia wysokiej samooceny i duchowej dojrzałości. Osoba dojrzała duchowo bez żadnych oporów korzysta ze swoich duchowych cech przy podejmowaniu codziennych decyzji. Jej „uduchowione" myśli i czyny są nieodłączne od innych aspektów jej życia; wszystko staje się jednością.

Każdy z tych etapów można pokonywać przez wiele lat albo tylko przez kilka miesięcy, lecz obojętnie, ile czasu nam to zajmie, na pewno spotkamy na swej drodze przypisane każdemu etapowi zadania dotyczące naszego charakteru, etyki, zasad moralnych i szacunku dla siebie.

Musimy starać się poznać samych siebie, zrozumieć, dlaczego coś skrywamy, dlaczego mamy nałogi, dlaczego obwiniamy innych za nasze błędy. Musimy też zrozumieć, dlaczego z taką trudnością przyjmujemy lub mówimy komplementy i dlaczego czujemy się zawstydzeni. Musimy być dumni z siebie i ze swoich osiągnięć. Musimy poznać cechy naszego charakteru: w jakim stopniu możemy sprzeniewierzyć się swoim zasadom i gdzie wyznaczyć granicę – a nawet czy w ogóle potrafimy ją wyznaczyć. Tworzenie własnej tożsamości opiera się na poznaniu siebie, a nie na biologicznym czy kulturowym dziedzictwie. Pierwszym etapem samopoznania jest rewolucja.

Etap pierwszy: rewolucja

Rozwijanie poczucia własnej wartości wymaga rewolucji lub kilku mniejszych przewrotów, kiedy to zaczynamy odcinać się od myślenia grupowego i ustanawiamy własne autorytety. Możemy sobie nagle uświadomić, że nasza opinia różni się od zdania naszej rodziny lub rówieśników, ale z trudem uwalniamy się od zbiorowej energii, której siła zależy od liczebności grupy i od jej oporu wobec wszelkich przejawów indywidualności.

Wyrabianie sobie własnego zdania, nawet w efekcie takich małych rewolucji, ma duże znaczenie duchowe. Dojrzałość duchowa mierzy się nie tym, na ile wyszukane są nasze opinie, lecz tym, na ile szczerze i odważnie potrafimy je wyrażać i trwać przy nich. Mówiąc o odwadze, nie mam na myśli uporu dwóch osób usiłujących się przelicytować – takie zachowanie to walka o dominację, właściwa dla czakry drugiej.

Natomiast dojrzałość duchowa to zdolność trwania przy swojej opinii, wynikającej z naszego prawdziwego wewnętrznego przekonania.

Jerry poprosił mnie o konsultację, gdyż cierpiał na wrzody żołądka. Podczas odczytu otrzymałam bardzo intensywne wrażenie, że jest on zaangażowany w związek z kobietą, która łamie wyznawane przez niego zasady moralne. Czułam, że żywi wobec niej instynkt opiekuńczy, lecz zarazem jest nią rozczarowany. Był jednak również rozczarowany samym sobą, ponieważ nie potrafił dzielić się z nią swoimi odczuciami.

Gdy powiedziałam mu o swoich spostrzeżeniach, zwierzył mi się, że jego partnerka bierze narkotyki. Poznał ją, kiedy była „czysta", a po miesiącu wprowadziła się do niego. Przez kolejne dwa miesiące wszystko zdawało się dobrze układać między nimi, ale potem zachowanie Jane zaczęło się zmieniać. Zapytał ją, czy znowu bierze, lecz zaprzeczyła i dodała, że ma kiepski nastrój, bo zamierza rzucić pracę, ale nie wie, co będzie później robić. Początkowo jej wierzył, jednak po pewnym czasie zauważył, że z portfela znikają mu pieniądze. Gdy jej o tym napomknął, odparła, że potrzebowała pieniędzy na zakupy domowe, i przeprosiła, że mu o tym nie wspomniała. Opowiadanie Jerry'ego o kłamstwach Jane trwało pół godziny.

Poprosiłam go, aby wyciągnął wnioski. Dopóki nie zamieszkał z Jane, nigdy nie miał wrzodów. Zauważyłam, że to nie Jane stanowi jego problem, lecz to, iż tak rozpaczliwie chciał jej powiedzieć, że nie wierzy w jej usprawiedliwienia. Milczał przez chwilę, a potem stwierdził, że nie chciał dopuszczać do siebie myśli, iż nabawił się wrzodów z powodu Jane. Pragnął jej pomóc, bo człowieka będącego w potrzebie nie można pozostawić samemu sobie. Bardzo się bał, że jeśli rozmówi się z Jane, ona go opuści. Zapytałam go, co wolałby stracić: Jane czy zdrowie, i dodałam, że właściwie już mówi jej o swoich wątpliwościach, tylko że tę rozmowę prowadzą jego wrzody. Po dwóch dniach Jerry zadzwonił do mnie, oznajmiając, że poprosił Jane, by się wyprowadziła. Stwierdził ze zdziwieniem, że ta decyzja sprawiła mu ulgę. „Nie myślałem, że się na to zdobędę, ale nie mogłem już tak dłużej żyć. Wolę być sam, niż znosić kłamstwa".

Dla Jerry'ego konfrontacja z Jane była posunięciem rewolucyjnym. To jedno doświadczenie uświadomiło mu, że musi szanować swoje wartości i że ma odwagę dokonać właściwego wyboru.

Kiedy rozwijamy w sobie tego rodzaju siłę, nawet w niewielkim stopniu, zyskujemy zdolność introspekcji i oceny samego siebie. W ten sposób stopniowo zastępujemy wpływ myślenia zbiorowego własnym przewodnictwem intuicyjnym. Gdy ten proces już się rozpocznie, nastąpi po nim kolejny naturalny etap – „inwolucja", czyli badanie swojego wewnętrznego ja.

Etap drugi: inwolucja

Każde nowe spotkanie lub zadanie sprawia, że pytamy swoje wewnętrzne ja: „W co wierzę? Czego jeszcze o sobie się dowiem?" i mówimy: „Chcę poznać siebie lepiej. Chcę zdobyć więcej informacji". W każdej nowej sytuacji napływają do naszego wnętrza informacje. Nowo poznane osoby i nowe okoliczności budzą w nas określone uczucia. W tej fazie inwolucji oceniamy świat zewnętrzny i to, w jakim stopniu odpowiada on naszym potrzebom. Często podczas takiego badania siebie chcielibyśmy skupić uwagę na naszym stosunku do Boga i na celu, jaki nam w życiu przyświeca, ale najpierw musimy znaleźć w sobie oparcie, które da nam siłę, byśmy mogli sprostać konsekwencjom takiego wewnętrznego rozpoznania. Podczas warsztatów moi słuchacze mówili, że kiedy zadaję im pytania wymagające od nich refleksji nad sobą, wolą się wycofać, bo nie chcą poznać siebie aż tak dobrze. Albo mówią: „Nie wiem. Nigdy o tym nie myślałem", na co ja odpowiadam: „Pomyśl więc teraz!". Dlaczego wszyscy reagują tak podobnie? Dlatego, że wiedza o sobie prowadzi do konieczności dokonania wyboru i podjęcia działań, a wiele osób nie jest na to gotowych.

Na jednych z moich zajęć poznałam Emmę, pięćdziesięciokilkuletnią kobietę, która właśnie przeszła chemioterapię z powodu raka okrężnicy. Miała sześcioro dzieci, wszystkie były już prawie dorosłe. Powiedziała mi, że ta choroba była dla niej inspiracją. W okresie rekonwalescencji uświadomiła sobie, że choć dzieci szczerze ją kochają, to tak naprawdę najbardziej kochają w niej „służącą". Było jej smutno, że czworo jej dzieci stwierdziło, że teraz, gdy choruje, muszą sobie znaleźć kogoś innego, kto zrobi dla nich to czy tamto; dzieci spytały też, kiedy jej zdaniem będzie znów mogła chodzić. Emma zrozumiała, że musi na nowo się zastanowić, jaką rolę ma odgrywać w życiu i co jest jej potrzebne, aby wyzdrowiała. Ta rewolucja doprowadziła ją do etapu inwolucji, kiedy to zaczęła czytać mnóstwo książek na temat samouzdrawiania i świadomości siebie. Doszła do wniosku, że żyła dla dzieci, ale teraz chce żyć dla siebie. Musiało upłynąć kilka miesięcy, zanim odważyła się wprowadzić nowe zasady w swoim domu. Oświadczyła dzieciom, że nie mogą dłużej liczyć na to, iż wiecznie będzie ich nianką; że nie będzie zawsze przygotowywać posiłków i nie będzie przerywać swoich zajęć, aby załatwiać ich sprawy. Krótko mówiąc, dała sobie prawo, aby mówić „nie". Dzieci były tak zaniepokojone jej słowami, że zorganizowały rodzinny zjazd (zebranie wspólnoty), by zastanowić się, jak sobie z matką poradzić. Emma wytrwała w swojej decyzji i powiedziała, by uznały fakt, iż oprócz tego, że jest ich matką, jest również odrębną istotą mającą swoje potrzeby. Oświadczyła, że jako matka przechodzi odtąd na emeryturę.

Historia Emmy pokazuje, jak etap inwolucji poprzedza narcystyczne rodzenie się nowego obrazu samego siebie.

Etap trzeci: narcyzm

Mimo iż samo słowo wywołuje złe skojarzenia, narcyzm czasem daje nam ogromny napęd do pracy nad rozwijaniem zdrowego poczucia tożsamości. Budowanie nowego wizerunku własnego – nowa fryzura, nowe ubrania, a może nawet nowa sylwetka uzyskana dzięki ćwiczeniom fizycznym – oznacza, że również w naszym wnętrzu następują zmiany. Kiedy znajdujemy się w tym stanie podwyższonej wrażliwości, możemy spotykać się z krytyczną reakcją naszej wspólnoty, lecz narcystyczna energia daje nam silne oparcie, dzięki czemu, choć napotykamy opór, możemy na nowo tworzyć siebie i swoje granice. Zmiany zachodzące na tym etapie przygotowują nas do bardziej znaczących przemian wewnętrznych, które nadejdą niebawem.

Gary pięknie opisał ten etap, gdy stwierdził podczas zajęć, że wybierając się na koncert lub do teatru, nagle zaczął ubierać się bardziej elegancko, a nie jak dotychczas – w wytarte dżinsy i bluzę. Chociaż oblewał się zimnym potem na myśl, że w ten sposób łamie zwyczaje panujące wśród jego rówieśników, uznał ową zmianę za ważny krok w swoim rozwoju osobistym, gdyż zapragnął dowiedzieć się, jak to jest „być podziwianym". W rzeczywistości nie chodziło mu o podziw; chciał wyrwać się spod wpływu przyjaciół, którzy podtrzymywali w nim jego niską samoocenę. Gary przyznał, że jest gejem, a kiedy spytałam, czy otwarcie powiedział o tym rodzinie, odparł: „Jeszcze nie. Powoli pracuję nad osiągnięciem tego poziomu poczucia własnej wartości. Gdy tylko stanę się wystarczająco silny, by ubierać się tak, jak chcę, zacznę gromadzić siły, aby być tym, kim być pragnę".

Stawanie się tym, kim chcemy być, odzwierciedla istotę czwartego etapu: ewolucji.

Etap czwarty: ewolucja

Ostatni etap rozwijania poczucia własnej wartości – ewolucja – przebiega w naszym wnętrzu. Ludzie, którzy przestrzegają swoich zasad oraz zachowują godność i wiarę, nie sprzeniewierzając się energii własnej duszy, są wewnętrznie rozwinięci – na przykład Gandhi, Matka Teresa, Nelson Mandela. Na świecie jest oczywiście wielu ludzi, którzy, choć nie tak sławni, zdołali osiągnąć ten poziom samooceny, lecz dusze tych trzech osób potrafiły zapanować nad otoczeniem fizycznym, które zmieniło się, dając wyraz ich wewnętrznej mocy.

Każdej z tych trzech osób przypisywano na pewnym etapie jej rozwoju cechy narcystyczne. Matka Teresa, na przykład, w młodości została niemal zmuszona do porzucenia dwóch wspólnot religijnych, ponieważ jej wizja służenia ludziom biednym była zbyt trudna do przyjęcia dla pozostałych sióstr. Wówczas postrzegano ją jako osobę narcystyczną i zajętą wyłącznie sobą. Musiała przejść okres głębokich refleksji duchowych, a gdy nastąpił właściwy czas, podążyła za głosem swej intuicji. Podobnie jak Gandhi i Mandela, wkroczyła na etap ewolucji, kiedy to osobowość staje się „personą" – archetypiczną mocą, z której miliony ludzi mogą czerpać inspirację. Gdy twoja dusza przejmie rządy, świat również podda się jej sile.

WYZWANIA

Mimo że nasza wędrówka składa się tylko z czterech etapów, wcale niełatwo zdobyć wiedzę o samym sobie oraz zyskać niezależność i szacunek dla siebie. Trzecią czakrę wypełnia energia naszych osobistych ambicji, poczucia odpowiedzialności, poszanowania dla naszych wad i zalet, jak również dla naszych lęków i sekretów, z którymi nie jesteśmy jeszcze gotowi się zmierzyć. Ponieważ często targają nami wewnętrzne konflikty, napotykamy na naszej drodze wyzwanie duchowe: „Stań się pusty, abyś mógł znów się wypełnić" – co oznacza, że mamy porzucić stare nawyki i wyobrażenia na swój temat, aby z drżeniem narodzić się na nowo. Ale droga ku niezależności i dojrzałości jest czymś o wiele więcej niż uzyskaniem zdrowia psychicznego. Nauczenie się wewnętrznego procesu poznawania siebie oraz patrzenia symbolicznego to niezwykle ważne zadanie duchowe, które w efekcie wzmacnia naszą wiarę w siebie.

Historia Chucka ogromnie mi się podoba, ponieważ doskonale odzwierciedla duchowy charakter zasady: „Szanuj samego siebie".

Chuck pochodził z bardzo tradycyjnej rodziny z Europy Wschodniej. Wpływ jego rodziny był silny pod każdym względem – kształtował jego postawę społeczną i wartości religijne. Od dzieci oczekiwano, że gdy dorosną, będą podobne do rodziców. Chuck był outsiderem: nie lubił sportu i spotkań przy piwie, a pociągały go liberalne idee i osoby. W szkole średniej prowadził jakby podwójne życie, oddzielając swoje zainteresowania i przyjaciół od spraw domowych. W ostatnich latach szkoły wiedział już, że jest gejem, co pogłębiło jego potrzebę prowadzenia podwójnego życia, ponieważ zdawał sobie sprawę, że rodzina nie pogodzi się z jego homoseksualizmem. Opuścił dom, aby wyjechać za granicę i pracować jako nauczyciel. Był w różnych krajach, dzięki czemu opanował wiele języków.

Gdy w końcu wrócił do rodzinnego miasta, miał już na swoim koncie wiele osiągnięć akademickich, ale stale czuł się przygnębiony. Kiedy go poznałam, odczuwał wyraźną potrzebę zaprzestania podróży zewnętrznych na rzecz zagłębienia się w sobie. Rozmawialiśmy o jego życiu w kategoriach symbolicznych i doszliśmy do wniosku, że prawdziwym motywem jego życia za granicą było to, że w rodzinie traktowano go jak odmieńca. Rozpaczliwie pragnął, by go akceptowano, choć wiedział, że najpierw musi zaakceptować sam siebie. Tymczasem nie potrafił żyć otwarcie jako homoseksualista, co go bardzo trapiło, bo, jak stwierdził: „Chyba wciąż nie pogodziłem się z faktem, że jestem gejem, ponieważ jedynymi osobami, które o tym wiedzą, są moi przyjaciele geje. Najbardziej boję się tego, że gdy zgłębię swoje uczucia, odkryję, że w gruncie rzeczy nie akceptuję sam siebie. Co wtedy zrobię?".

Chuck poświęcił się studiowaniu mistycyzmu i stosował praktyki duchowe, które obejmowały modlitwę, medytację i obrzędy religijne. Zasugerowałam, aby udał się na pielgrzymkę do miejsc świętych, o których tak bardzo lubił czytać, i skierował swoje intencje duchowe ku zaakceptowaniu samego siebie. Zacytował wtedy słowa swojego przyjaciela: „Pielgrzymka to uzewnętrzniony mistycyzm, podobnie jak mistycyzm jest wewnętrzną pielgrzymką".

Następnego lata Chuck wyjechał do Europy, aby odwiedzić Fatimę, Lourdes i kilka innych miejsc symbolizujących dla niego świętość. Wszędzie odprawiał ceremonię duchową, polegającą na tym, że uwalniał bolesną cząstkę swojej przeszłości i prosił o zdolność pełnego zaakceptowania siebie. Powrócił do domu odmieniony. Czuł się wolny i pełen życia. Odsunął od siebie mrok i zdawało się, że emanuje blaskiem. Zaraz po powrocie spotkał się z rodziną i oświadczył, że jest gejem. Był przygotowany na każdą reakcję, ale ku jego radości rodzina zaakceptowała tę wiadomość. Podróż duchowa pomogła Chuckowi uniezależnić się od przeszłości i od lęku o przyszłość, a także dała mu głęboką wiarę w samego siebie.

Wszyscy odbywamy swego rodzaju pielgrzymkę, choć z pewnością nie musimy wędrować w sensie fizycznym do miejsc świętych ani odprawiać ceremonii uwalniania przeszłości. Konieczna jest jednak podróż duchowa i odrzucenie lęków, które przesłaniają nam piękno naszego życia. Musimy dotrzeć do miejsca uzdrawiania i samoakceptacji. Możemy podejmować tego rodzaju wędrówkę co dzień w naszych modlitwach i medytacji.

Nieżyjąca już pisarka Dorothy Parker stwierdziła kiedyś: „Nienawidzę pisać. Uwielbiam, gdy mam już napisane". To samo można powiedzieć o rozwijaniu siły wewnętrznej: gdy ją osiągniemy, czujemy się jak w niebie, ale droga do niej jest długa i wyboista. Życie ciągle każe nam na nowo przypominać sobie słowa Poloniusza: „Bądź wierny sobie". Gdy nie mamy w sobie siły wewnętrznej, życie staje się przerażającym, bolesnym doświadczeniem.

Praca nad intuicją nie zwalnia nas od wyzwania, jakim jest zmierzenie się z własnymi lękami. Do tego, abyśmy stali się w pełni sobą, nie ma drogi na skróty i nie dadzą nam rozwiązania zdolności intuicyjne – one są tylko naturalną konsekwencją poczucia własnej wartości.

Pod względem biologicznym jesteśmy przygotowani do przyjęcia lekcji: nasze ciało rozkwita, kiedy rozkwita dusza. Czakra trzecia odzwierciedla świętą zasadę: „Szanuj samego siebie", którą wspiera symboliczne znaczenie sefir Necach i Hod oraz sakrament bierzmowania. Gdy osiągniemy siłę i hart ducha wynikające z poczucia własnej wartości, wówczas nasze zdolności intuicyjne obudzą się w sposób naturalny.

JAKI JESTEŚ?

1. Czy lubisz siebie? Jeśli nie, co ci się w tobie nie podoba i dlaczego? Czy aktywnie pracujesz nad zmianą tego, czego w sobie nie lubisz?
2. Czy jesteś uczciwy? Czy zdarza ci się, że przeinaczasz prawdę? Dlaczego?
3. Czy jesteś krytyczny wobec innych? Czy czujesz potrzebę obwiniania innych ludzi, aby chronić siebie?
4. Czy masz odwagę przyznać, że się myliłeś? Czy jesteś otwarty na uwagi kierowane pod twoim adresem?
5. Czy potrzebujesz aprobaty innych ludzi? Jeśli tak, to dlaczego?

6. Czy uważasz siebie za silnego, czy za słabego? Czy lękasz się, że będziesz musiał sam o siebie zadbać?
7. Czy kiedykolwiek pozwoliłeś sobie na to, aby być z kimś, kogo naprawdę nie kochałeś, uznając, że to lepsze niż samotność?
8. Czy szanujesz siebie? Czy potrafisz podjąć decyzję, że wprowadzisz zmiany w swoim życiu, i później trwać w tym postanowieniu?
9. Czy boisz się odpowiedzialności? A może czujesz się odpowiedzialny za wszystko i wszystkich?
10. Czy stale myślisz o tym, by odmienić swoje życie? Jeśli tak, czy robisz coś, aby faktycznie je zmienić, czy też całkowicie się poddałeś?

Rozdział 4

Czakra czwarta: siła emocjonalna

Czakra czwarta zasila układ energetyczny człowieka. Jako czakra środkowa pośredniczy między ciałem i duszą i decyduje o ich zdrowiu i sile. Energia tej czakry ma charakter emocjonalny i pobudza rozwój naszych uczuć. Odzwierciedla ona lekcję duchową, mówiącą nam, że w swoim postępowaniu mamy kierować się miłością i współodczuwaniem i że właśnie miłość jest najpotężniejszą siłą.

Miejsce: środek klatki piersiowej.

Energetyczne połączenie z ciałem fizycznym: serce, układ krążenia, żebra, piersi, grasica, płuca, barki, ramiona, dłonie i przepona.

Energetyczne połączenie z ciałem emocjonalnym i mentalnym: czakra ta odpowiada za naszą percepcję emocjonalną, która oddziałuje na jakość naszego życia o wiele silniej niż percepcja umysłowa. W dzieciństwie reagujemy na otoczenie rozmaitymi emocjami: miłością, współczuciem, ufnością, nadzieją, rozpaczą, nienawiścią, zazdrością, strachem. Jako dorośli stajemy przed wyzwaniem, aby stworzyć w swoim wnętrzu klimat i fundament emocjonalny, który pozwoli nam postępować świadomie i z poświęceniem.

Związek z symboliką i sposobem postrzegania: czakra czwarta, bardziej niż pozostałe, symbolizuje naszą zdolność „puszczania w niepamięć i powierzania Bogu". Dzięki jej energii uznajemy nasze osobiste problemy emocjonalne za przejawy Boskiego planu, którego celem jest rozwijanie naszej świadomości. Uwalniając się od emocjonalnego cierpienia, rezygnując z dociekań, dlaczego coś się nam przydarzyło, osiągamy spokój. Aby jednak ten stan osiągnąć, musimy dopuścić do siebie uzdrawiającą energię wybaczania i zrezygnować z naszej ludzkiej potrzeby sprawiedliwości.

Związek z sefirami i sakramentem: czakra czwarta koresponduje z sefirą Tiferet, symbolem piękna i współodczuwania jako cech Boga. Energia ta jest obrazem Boskiego serca – bezgranicznego źródła ożywczej siły życiowej. Czakrze czwartej odpowiada sakrament małżeństwa. Jako archetyp małżeństwo symbolizuje najważniejszą, najtrwalszą więź z samym sobą, wewnętrzne zjednoczenie jaźni i duszy.

Zadanie przypisane czakrze czwartej podobne jest do zadań czakry trzeciej, lecz ma głębszy charakter duchowy. Podczas gdy ośrodkiem zainteresowania czakry trzeciej jest nasz stosunek do samych siebie w kontekście naszego świata fizycznego, czakra czwarta skupia się na naszych uczuciach w odniesieniu do świata wewnętrznego – na reakcji emocjonalnej na własne myśli, idee, postawy i inspiracje, jak również na tym, jak zaspokajamy swoje potrzeby uczuciowe. Osiągnięcie takiego poziomu zainteresowania sobą jest najważniejszym czynnikiem w kształtowaniu zdrowych relacji z innymi ludźmi.

Podstawowe lęki: strach przed samotnością, zaangażowaniem się i „podążaniem za głosem serca"; lęk przed niemożnością chronienia swoich uczuć; strach przed słabością emocjonalną i zdradą. Utrata energii płynącej z czwartej czakry może wywoływać zazdrość, rozgoryczenie, złość, nienawiść oraz niezdolność wybaczania innym i sobie.

Podstawowe wartości: miłość, wybaczenie, współodczuwanie, poświęcenie, natchnienie, nadzieja, ufność i zdolność uzdrawiania siebie i innych.

Święta zasada: czakra czwarta jest ośrodkiem zasilania układu energetycznego człowieka, ponieważ: „Miłość jest Boską siłą". Chociaż na ogół uważa się, że inteligencja, czyli „energia mentalna", jest ważniejsza niż energia emocjonalna, to w gruncie rzeczy właśnie ta druga jest prawdziwym motorem dla ludzkiego ciała i duszy. Miłość w swojej najczystszej postaci – bezwarunkowa – stanowi kwintesencję boskości, potrafi bowiem stale nam przebaczać i spełniać nasze modlitwy. Nasze serce stworzone jest do tego, aby wyrażać piękno, okazywać współczucie, wybaczać i kochać. Inne postępowanie jest przeciwne naszej duchowej naturze.

Nie rodzimy się wypełnieni miłością, lecz uczymy się jej przez całe życie. Jej energia jest czystą mocą. Miłość równie silnie pociąga nas, jak przeraża. Motywuje nas, kontroluje, inspiruje, uzdrawia i niszczy. Jest paliwem dla naszego ciała fizycznego i ciała duchowego. Każde z życiowych wyzwań to swoista lekcja miłości. Sposób, w jaki stawiamy czoło tym wyzwaniom, zapisany jest w naszej tkance: żyjemy niejako w obrębie biologicznych konsekwencji naszych życiowych wyborów.

UCZENIE SIĘ MIŁOŚCI

Ponieważ miłość ma taką siłę, poznajemy jej energię stopniowo. Każdy etap jest lekcją o intensywności i formach miłości – o wybaczaniu, współczuciu, wspaniałomyślności, życzliwości, troszczeniu się o siebie i innych. Etapy te odpowiadają strukturze naszego układu czakr: miłości zaczynamy uczyć się w naszej wspólnocie, otrzymujemy jej wzorce od członków rodziny. Miłość wspólnoty bywa bezwarunkowa, lecz na ogół wymaga lojalności i wsparcia dla grupy. We wspólnocie miłość jest energią, którą dzielą się jej członkowie.

Kiedy uaktywnia się w nas druga czakra i uczymy się tworzyć więzi przyjacielskie, zaczynamy obejmować miłością także osoby „z zewnątrz". Okazujemy ją, dzieląc się sobą z innymi ludźmi i troszcząc się o tych, z którymi nie łączą nas więzy krwi.

A kiedy budzi się trzecia czakra, poznajemy, czym jest umiłowanie rzeczy zewnętrznych oraz zaspokajanie potrzeb osobistych, fizycznych i materialnych, które mogą dotyczyć sportu, nauki, mody, spotkań towarzyskich, przyjaźni, pracy, domu i potrzeb ciała.

Trzy pierwsze czakry związane są z miłością w świecie zewnętrznym. W pewnym okresie naszej cywilizacji wystarczały te trzy rodzaje miłości. Niewiele osób potrzebowało czegoś więcej niż miłość od wspólnoty i partnera. Ale wraz z pojawieniem się psychoterapii i ruchu duchowości miłość uznano za siłę, która wywiera wpływ na aktywność biologiczną człowieka i być może ją determinuje. Pomaga nam ona uzdrawiać siebie i innych.

Kryzysy życiowe, które w istocie dotyczą miłości – rozwód, śmierć bliskiej osoby, przemoc emocjonalna, odtrącenie lub zdrada – często są przyczyną choroby, a nie tylko wydarzeniem, które ją przypadkowo poprzedza. Powrót do zdrowia fizycznego często wymaga najpierw uzdrowienia problemów emocjonalnych.

Jack, czterdziestosiedmioletni stolarz, zainwestował znaczną część swych życiowych oszczędności w przedsięwzięcie prowadzone przez jego kuzyna Grega. Opisując siebie jako „zielonego w biznesie", Jack powiedział, że Greg zawsze sprawiał wrażenie człowieka, który dobrze wie, co robi, i że obiecał mu, iż ta inwestycja przyniesie ogromne zyski, co pozwoli Jackowi przejść na wcześniejszą emeryturę. Żona Jacka, Lynn, wahała się, czy włożyć niemal wszystkie ich oszczędności w interes, który nie dawał żadnych gwarancji, ale Jack ufał kuzynowi i czuł, że wszystko pójdzie dokładnie po ich myśli.

Po czterech miesiącach okazało się, że interes nie wypalił, a Greg gdzieś zniknął. Dwa miesiące później Jack miał wypadek w pracy i doznał urazu dolnej części kręgosłupa. Zaczął cierpieć na nadciśnienie, wycofał się z życia i popadł w depresję.

Pojawił się na moich warsztatach, ponieważ Lynn zmusiła go, aby jej towarzyszył, szukając w ten sposób pretekstu, by wyrwać go z otępienia.

Niektóre dolegliwości mają tak oczywistą przyczynę, że nawet osoba postronna potrafi ją znaleźć, po prostu zestawiając fakty. Stres Jacka związany z sytuacją finansową i poczucie, że kuzyn go wykorzystał, bez wątpienia wstrząsnęły jego psychiką, powodując osłabienie krzyża i nerwu kulszowego. Gniew przyczynił się do rozwoju nadciśnienia. Jack zadręczał się myślą, że tak naiwnie uwierzył w obietnice dobrobytu. Zachorował na serce w wyniku zdrady Grega i własnego poczucia, iż zawiódł żonę.

Gdy podczas wykładu poruszyłam temat wybaczania, Jack tak bardzo się zirytował, że przerwał mi i zapytał, czy może wyjść. Nie chciałam, by opuścił salę, bo wiedziałam, że powinien usłyszeć to, o czym miałam zamiar mówić w dalszej części wykładu. Kiedy jednak popatrzyłam na jego twarz, stało się dla mnie jasne, że jeśli pozostanie na zajęciach, poczuje tylko większy dyskomfort. Lynn zwróciła się do Jacka tak, jak gdyby byli sami, wzięła go za rękę i powiedziała mu, że choć karze siebie za to, co teraz uznaje za głupotę, to według niej postąpił tak z miłości. „Nie wierzę, że miłość może być ukarana cierpieniem – mówiła. – Jestem przekonana, że gdybyś spojrzał na to inaczej i uznał, iż wsparłeś kogoś, kogo kochasz, gdyż wydawało ci się to słuszne, to wówczas wszystko w jakiś sposób okazałoby się dla nas dobre. Nie chcę, aby twoja złość na kuzyna rujnowała resztę naszego życia, a więc, proszę cię, po prostu żyjmy dalej".

Jack rozpłakał się, przepraszając żonę i dziękując jej. Pozostali uczestniczy byli też głęboko przejęci i poprosili o przerwę, aby zapewnić Jackowi i Lynn trochę prywatności. Gdy wychodziłam z sali, Lynn zwróciła się do mnie: „Myślę, że teraz już możemy sobie pójść. Będzie dobrze".

Kilka miesięcy później skontaktowałam się z nimi, aby dowiedzieć się, co u nich słychać. Lynn oznajmiła, że Jack wrócił do pracy i że choć nadal ma problemy z kręgosłupem, ból nie jest już tak dokuczliwy. Ciśnienie się ustabilizowało i Jack wyszedł z depresji. Oboje uwolnili się od przykrych myśli związanych z porażką finansową, ponieważ wybaczyli sobie i kuzynowi i zaczęli żyć na nowo. „Greg dotąd się nie odezwał – dodała – ale podejrzewamy, że teraz myśli o tej sprawie więcej niż my".

Ta para jest przykładem działania duchowej energii serca. Współczucie płynące z serca Lynn do ciała Jacka było dla niego wsparciem, jakiego bardzo potrzebował, aby móc wybaczyć kuzynowi i sobie i pogodzić się z życiem.

KOCHANIE SIEBIE DROGĄ DO BOSKOŚCI

Znane jest powiedzenie: „Jeśli nie umiesz kochać siebie, to nie umiesz kochać innych". Mimo to dla wielu osób kochanie siebie jest pojęciem mglistym, a miłość własną najczęściej wyrażamy poprzez kupowanie sobie różnych rzeczy czy organizowanie niezwykłych wakacji. Nagradzanie siebie wycieczkami i zabawkami jest jednak miłością cechującą trzecią czakrę – pragniemy przyjemności fizycznej, aby okazać sobie akceptację. Chociaż tego rodzaju nagroda sprawia radość, może zagłuszać głębsze emocje naszego serca, które rozbrzmiewają wówczas, gdy mamy ocenić określony związek, posadę lub jakieś inne trudne okoliczności wpływające na nasze zdrowie. Miłowanie siebie jako wyzwanie związane z czwartą czakrą oznacza, że mamy odwagę słuchać wskazówek emocjonalnych i duchowych własnego serca. Archetypem, do którego najczęściej kieruje nas nasze serce, gdy pragniemy uzdrowienia, jest „zranione dziecko".

W archetypie „zranionego dziecka", tkwiącym w każdym z nas, zawierają się zaburzone lub zablokowane schematy emocjonalne młodości, wzorce bolesnych wspomnień, negatywnych postaw i dysfunkcyjnych wyobrażeń o sobie. Nawet o tym nie wiedząc, możemy jako dorośli nadal działać w obrębie tych schematów, tyle że w zmienionej formie. Na przykład strach przed porzuceniem przybiera formę zazdrości. Doznawanie przemocy seksualnej przeradza się w wypaczony stosunek do seksu i często zostaje powielone w podobnych zachowaniach wobec własnych dzieci. Negatywny wizerunek własny ukształtowany w dzieciństwie może w dalszym życiu stać się przyczyną anoreksji, otyłości, alkoholizmu i innych uzależnień, jak również obsesyjnego lęku przed porażką. Wzorce te mogą niszczyć nasze związki emocjonalne, życie prywatne i zawodowe oraz zdrowie. Pokochanie siebie zaczyna się od konfrontacji z ową archetypiczną siłą w naszej psychice i wyrwanie się spod władzy, jaką ma nad nami zranione dziecko. Te rany, jeśli nie są zagojone, sprawiają, że stale żyjemy w przeszłości.

Derek, trzydziestosiedmioletni biznesmen, przyszedł na moje zajęcia, ponieważ pragnął poradzić sobie z pewnymi bolesnymi wspomnieniami z dzieciństwa. Jako dziecko kilkakrotnie doznawał przemocy. Był bity, odmawiano mu jedzenia, kiedy był głodny, zmuszano, aby za karę nosił za małe buty.

Po ukończeniu szkoły średniej Derek opuścił dom, wstąpił do college'u, a potem zajął się handlem. Kiedy go poznałam, był już szczęśliwym mężem i ojcem dwojga małych dzieci. Stwierdził, że nadszedł czas, aby uporać się ze wspomnieniami z dzieciństwa, do których udawało mu dotąd trzymać na dystans, podobnie jak do własnych rodziców. Ojciec Dereka niedawno zmarł, a matka była gotowa odnowić z synem kontakty. Derek zgodził się z nią zobaczyć i podczas ich pierwszego spotkania domagał się, aby mu powiedziała, dlaczego razem z ojcem tak okrutnie go kiedyś traktowali.

Początkowo matka zaprzeczała, by ktokolwiek go dręczył. W końcu całą winą za kilka incydentów, które zdołała sobie przypomnieć, obarczyła ojca, dodając, że gdyby wiedziała, iż Derek czuje się taki nieszczęśliwy, starałaby się temu zaradzić. Potem zaczęła Derekowi wyrzucać, że tak ją ostro traktuje, zupełnie nie licząc się z tym, że niedawno została wdową. Jest to typowa reakcja rodzica, który stosował przemoc, a potem staje do konfrontacji ze swym dorosłym dzieckiem.

Derek uważnie słuchał mojego wykładu na temat wspomnień indywidualnych i grupowych. Nie uważał swoich rodziców za złych. Według niego byli zwykłymi przerażonymi ludźmi i może nawet nie uświadamiali sobie konsekwencji swojego postępowania. Po zajęciach Derek powiedział, że dałam mu wiele do myślenia i jest mi za to wdzięczny.

Po czterech czy pięciu miesiącach otrzymałam od niego wiadomość. Uznał, że życie jest zbyt krótkie, aby zmagać się z przykrymi wspomnieniami, i że ponowne pojawienie się matki w jego życiu daje mu szansę, aby pokazać jej, na przykładzie własnego małżeństwa i rodzicielstwa, że można żyć w inny, oparty na miłości sposób. Widywał się z matką regularnie i wierzył, że pewnego dnia „wszystko się ułoży".

Historia Dereka mówi o uzdrawiającym przewodnictwie, jakie płynie z sefiry Tiferet. Derek uświadomił sobie, że musi na nowo określić swój stosunek emocjonalny do wspomnień z przeszłości. Podobnie jak zdarza się to nam wszystkim, tak również w przypadku Dereka przewodnictwo to pojawiło wówczas, kiedy był on wystarczająco dojrzały, aby za nim podążyć. Pójście za głosem intuicji jest najwyższą formą profilaktyki zdrowotnej. Duchowe energie w sercu Dereka ostrzegły go, że złe wspomnienia mogą zacząć niszczyć mu zdrowie. Intuicja każdego z nas tak właśnie działa; rzadko się zdarza, by nie ostrzegła nas przed negatywnymi prądami, które mogą nas zniszczyć, lub nie pokazała, jak możemy uwolnić się od tych negatywnych energii, zanim przerodzą się w chorobę.

Uzdrowienie może nastąpić dzięki aktom wybaczania. W życiu i nauczaniu Jezusa widać, że wybaczenie jest najdoskonalszym aktem duchowym, lecz jest zarazem fizycznym aktem uzdrawiania. A zatem to już nie tylko pewna możliwość, ale konieczny warunek powrotu do zdrowia. Jezus zawsze najpierw uwalniał swych pacjentów od cierpień emocjonalnych, po czym w sposób naturalny następowało uzdrowienie fizyczne. Chociaż wielu teologów i nauczycieli w szkółkach niedzielnych uważa, że uzdrowienia, jakich dokonał Jezus, były nagrodą Boga za przyznanie się chorych do winy, to w gruncie rzeczy przebaczenie jest ważnych aktem duchowym koniecznym do tego, aby człowiek mógł w pełni otworzyć się na napływ uzdrawiającej siły miłości. Miłość własna oznacza, że troszczymy się o siebie wystarczająco mocno, byśmy mogli wybaczyć ludziom, którzy kiedyś nas skrzywdzili, tak by dawne rany przestały nas boleć – bo rany te nie szkodzą im, tylko nam. Puszczając w niepamięć zadawnione krzywdy, porzucamy dziecinny stosunek do Boga, cechujący pierwsze trzy czakry, na rzecz układu, w którym współdziałamy z Bogiem, wyrażając swym postępowaniem miłość i współodczuwanie charakterystyczne dla czakry czwartej.

Energie czwartej czakry wspierają nas w dalszym dojrzewaniu duchowym, które wychodzi poza dialog z Bogiem na zasadzie rodzic–dziecko, poza modlitwy o zrozumienie przyczyn wydarzeń, poza lęk przed nieoczekiwanym. Zranione dziecko postrzega Boga jako działającego w systemie kar i nagród, w którym wszystkie nasze bolesne doświadczenia znajdują swoje wyjaśnienie. Zranione dziecko nie rozumie, że w każdym doświadczeniu, nawet najtragiczniejszym, tkwi lekcja duchowa. Dopóki nie przestaniemy myśleć jak zranione dzieci, dopóty nasz miłość jest uwarunkowana i naznaczona ogromnym strachem przed utratą.

Cała nasza cywilizacja zmierza ku temu, by uwolnić się od podkreślania wagi doznawanych krzywd i cierpień. Oddając energię swoim zranieniom, z trudem wyrywamy się spod ich negatywnego wpływu, by ruszyć naprzód i stać się ludźmi „nie do pokonania" i silnymi własną siłą. Nasza epoka jest „cywilizacją czwartej czakry", cywilizacją, która jednak nie zdołała się jeszcze wyzwolić się z poczucia krzywdy i osiągnąć stanu duchowej dojrzałości.

BUDZENIE SIĘ ŚWIADOMEGO JA

Opanowujemy czwartą czakrę, „przerabiając" zawarte w niej lekcje. Kiedy wkraczamy do wnętrza własnego serca, pozostawiamy za sobą znane schematy myślenia niższych trzech czakr, zwłaszcza czakry wspólnoty. Wyzwalamy się spod władzy takich zwyczajowych stwierdzeń jak: „Dla mnie najważniejsze są potrzeby mojej rodziny" lub: „Nie mogę zmienić pracy, bo żona chce mieć poczucie bezpieczeństwa" – i u wrót do naszego serca słyszymy tylko jedno pytanie: „A co ze mną?". To pytanie jest inwokacją, odwołaniem się do naszych tłumionych latami, ale dobrze zapisanych uczuć, które w jednej chwili mogą zmienić kierunek naszego życia. Możemy próbować uciec znowu pod osłonę myślenia grupowego, lecz teraz nie jest już ono zdolne zapewnić nam komfortu.

Rozpoczynamy realizację trudnego zadania, jakim jest poznanie siebie, od uświadomienia sobie naszej emocjonalnej natury – nie w odniesieniu do kogokolwiek lub czegokolwiek, ale tylko do siebie. Z czyjąś pomocą lub bez niej musimy odpowiedzieć sobie na pytania: co lubię? Co kocham? Co czyni mnie szczęśliwym? Czego potrzebuję, by zachować równowagę? Jakie są moje zalety? Czy mogę na sobie polegać? Jakie mam wady? Dlaczego zajmuję się tym, a nie czym innym? Co sprawia, że potrzebuję uwagi i aprobaty innych ludzi? Czy jestem na tyle silny, aby zbliżyć się do drugiego człowieka i zarazem szanować własne potrzeby emocjonalne?

Te pytania różnią się od pytań cechujących myślenie zbiorowe: co lubię *w porównaniu z innymi ludźmi*? Na ile mogę być niezależny, pozostając nadal atrakcyjny dla innych? Czego potrzebuję *od innych*, by czuć się szczęśliwy? Co będę musiał w sobie zmienić, aby *ktoś* mnie pokochał?

Niezbyt chętnie odpowiadamy na te służące samopoznaniu pytania, bo wiemy, że musielibyśmy zmienić swoje życie. Zanim nastały lata 60., tego rodzaju badanie siebie było domeną jedynie wąskiej grupy ludzi: mistyków, artystów, filozofów i innych kreatywnych geniuszy. Spotkanie z własnym ja powoduje przemianę ludzkiej świadomości i w przypadku wielu artystów i mistyków dochodziło w konsekwencji do dramatycznych depresji, desperacji, halucynacji, wizji, prób samobójczych i niekontrolowanych wstrząsów emocjonalnych, jak również do stanów podwyższonej ekstazy połączonej z fizycznym i duchowym uniesieniem erotycznym. Panowało powszechne przekonanie, że dla większości ludzi cena za przebudzenie duchowe jest zbyt wysoka, a ryzyko zbyt duże – że jest ono przywilejem niewielu „wybranych".

Rewolucyjna energia lat 60. sprawiła jednak, że miliony osób zaczęły się zastanawiać: „A co ze mną?". Ruch poszerzania świadomości ludzkiej doprowadził naszą cywilizację do archetypicznych wrót czwartej czakry. Wydobył na powierzchnię tajemnice ludzkich serc i wyartykułował szczegóły naszego zranionego dzieciństwa, które w dużym stopniu nadal kształtują naszą dorosłą osobowość.

Nic dziwnego że w cywilizacji czwartej czakry pojawiła się ogromna fala rozwodów. Otwarcie się czwartej czakry przemieniło archetyp małżeństwa w archetyp partnerstwa. W rezultacie w większości współczesnych małżeństw trwałość związku wymaga raczej silnego poczucie własnego ja, a nie wyrzeczenia się siebie, jak to było w tradycyjnym małżeństwie. Symboliczne znaczenie sakramentu małżeństwa polega na tym, że przede wszystkim trzeba stanowić jedność ze swoją tożsamością i duszą. Dopiero wówczas, gdy osiągniemy wewnętrzne zrozumienie siebie, możemy tworzyć udany bliski związek z drugim człowiekiem. Przyczyna wzrostu liczby rozwodów tkwi zatem bezpośrednio w otworzeniu się czwartej czakry, która skłania ludzi do tego, aby najpierw zajęli się poznaniem siebie. Wielu ludzi uzasadnia rozpad swojego małżeństwa tym, że współmałżonek nie dawał im wsparcia emocjonalnego i psychicznego oraz nie zaspokajał ich potrzeb intelektualnych, co w rezultacie zmusiło ich do szukania innego, prawdziwego partnera.

W wyniku otwarcia się czwartej czakry zmienił się nasz stosunek do zdrowia, uzdrawiania i przyczyn chorób. Podczas gdy wcześniej uważano, że tych przyczyn należy upatrywać w niższych czakrach - genach i zarazkach - teraz szuka się ich w toksycznym wpływie stresu emocjonalnego. Uzdrowienie rozpoczyna się od wyleczenia urazów emocjonalnych. Cały nasz system zdrowotny kształtuje się na nowo wokół pojęcia energii serca.

Tę zmianę ilustruje następująca historia. Poznałam Perry'ego, lekarza, na moich warsztatach. Perry prowadził bardzo intensywną praktykę lekarską, co wywołało u niego typowy stres zawodowy i osobisty. Gdy środowisko medyczne zalała fala informacji o teoriach alternatywnego leczenia i różnych terapiach, Perry dużo czytał na ten temat, ale nadal przepisywał swym pacjentom leki tradycyjne, gdyż nie znał na tyle dobrze tych nowych metod, by je polecać.

Pięć lat wcześniej postanowił wziąć udział w seminarium terapii alternatywnych. Był pod ogromnym wrażeniem nie tylko rzetelności naukowej prezentowanych materiałów, ale także opisów przypadków, które omawiali inni lekarze. Po powrocie do pracy zaczął nagle postrzegać wszystkich swoich pacjentów zupełnie inaczej i w czasie wywiadów lekarskich pytał ich o problemy osobiste. Perry czytał książki o uzdrawianiu holistycznym i chodził na kolejne wykłady i seminaria poświęcone sprawom, które go najbardziej interesowały: emocjonalnym czynnikom choroby. Stopniowo utracił wiarę w skuteczność leczenia konwencjonalnego. Chciał porozmawiać o swoich odczuciach z kolegami po fachu, lecz nie podzielali jego poglądów. Wreszcie doszedł do punktu, kiedy to przestał czuć się pewnie, wypisując recepty, ale nie był zarazem wystarczającej przekonany, aby polecać pacjentom inne metody leczenia. W końcu tak niechętnie już przychodził do pracy, że zaczął poważnie myśleć o porzuceniu praktyki medycznej.

Pewnego dnia, gdy przygotowywał się do przyjęcia kolejnego pacjenta, pięćdziesięciodwuletni Perry doznał przy swoim biurku zawału serca. Kiedy wracał do zdrowia, poprosił o spotkanie zarówno z psychoterapeutą, jak i doradcą duchowym.

Korzystał z ich konsultacji przez kilka miesięcy, a potem zawiesił swoją praktykę lekarską, wciąż studiując metody leczenia alternatywnego. W końcu stworzył ośrodek terapeutyczny, w którym potrzeby fizyczne pacjentów traktowano na równi z ich potrzebami emocjonalnymi, psychicznymi i duchowymi.

„Miałem bardzo ciężki zawał – powiedział Perry. – Nigdy nie przestanę wierzyć, że odzyskałem zdrowie dzięki podjęciu terapii, która pozwoliła mi wejrzeć głębiej w siebie. Nie sądziłem, że moja praktyka lekarska może doprowadzić mnie do zawału, dopóki serce dobitnie mi o tym nie powiedziało. Czyż mogło być coś bardziej oczywistego? Przez wzgląd na samego siebie muszę traktować swoich pacjentów z troską i zrozumieniem, bo teraz wiem, że tego potrzebują. Muszę także inaczej dbać o siebie, tak bym nie pracował ponad siły jak kiedyś. Teraz przede wszystkim troszczę się o siebie. Całe moje życie stało się zdrowsze, ponieważ w czasie choroby uwierzyłem, że mój atak serca miał o wiele głębsze znaczenie i nie był tylko skutkiem zaburzeń układu krążenia”.

PRZEŁAMAĆ JĘZYK CIERPIENIA

Jako cywilizacja czwartej czakry posługujemy się w bliskich kontaktach językiem krzywd. Przed nadejściem lat 60. rozmawiano głównie na tematy związane z czakrami pierwszą, drugą i trzecią, a więc dotyczące nazwiska, pochodzenia, pracy i hobby. Rzadko mówiono o swoich seksualnych potrzebach czy psychicznych i emocjonalnych cierpieniach. Niezręcznie było prowadzić takie dyskusje oraz brakowało nam do tego odpowiedniego słownictwa.

Jednak wraz z rozwojem cywilizacji czwartej czakry zyskaliśmy wiedzę w dziedzinie psychoterapii i stworzyliśmy w kontaktach osobistych nowy język, który nazywam językiem krzywd, mową cierpień. Teraz rozmawiamy o naszych krzywdach, wymieniając doświadczenia, które pełnią funkcję spoiwa zbliżającego ludzi. W gruncie rzeczy staliśmy się w tym tak sprawni, że z własnych krzywd uczyniliśmy rodzaj waluty, z której korzystamy, aby kontrolować sytuacje i inne osoby. Wiele grup wsparcia, pomagając ludziom, analizuje ich bolesne przejścia dotyczące molestowania, kazirodztwa, uzależnień, przemocy, a wszystko to służy rozwojowi języka krzywd jako współczesnej płaszczyzny porozumienia. W takiej grupie, mającej dobre intencje, członkowie otrzymują – czasem po raz pierwszy – wiele tak bardzo potrzebnego im współczucia z powodu doznanych krzywd. Jest ono dla nich jak szklanka zimnej wody w upalny dzień.

Uświadomiłam sobie wszechobecność języka krzywd kilka lat temu podczas obiadu, na który umówiłam się z Mary. Czekałam na nią, pijąc kawę w towarzystwie dwóch mężczyzn, Iana i Toma. Gdy nadeszła Mary, przedstawiłam ich sobie. W tym momencie podszedł do naszego stolika jakiś mężczyzna, który spytał Mary, czy będzie miała wolny czas ósmego czerwca, bo ich grupa spodziewa się wizyty specjalnego gościa i chcą, by ktoś oprowadził go po ośrodku. Znaczące było to, że pytanie, które zadał Mary, brzmiało zwyczajnie: „Czy masz czas ósmego czerwca?" – i wystarczyła tylko prosta odpowiedź „tak" lub „nie".

Natomiast Mary odparła:

– Ósmego czerwca? Ósmego, mówisz? Wykluczone. Każdego innego dnia, ale nie ósmego. Mam wtedy spotkanie dla ofiar kazirodztwa, a my nigdy nie sprawiamy sobie zawodu. Zdeklarowaliśmy się, że pomagamy sobie i choćby nie wiadomo co się wydarzyło, jesteśmy tam, by wspierać się wzajemnie. Absolutnie nie mogę. Będziesz musiał znaleźć kogoś innego. Po prostu nie mogę zawieść grupy. Wszyscy przeżyliśmy już kiedyś zawód i zobowiązaliśmy się nie traktować siebie nawzajem z lekceważeniem.

Wayne, mężczyzna, który zadał to pytanie, odrzekł tylko: „W porządku, dziękuję" – i odszedł. Ale ja byłam oszołomiona, podobnie jak Ian i Tom. Później, gdy poszłyśmy z Mary na umówiony obiad i zostałyśmy same, spytałam:

– Mary, dlaczego tak szokująco odpowiedziałaś Waynowi na jego proste pytanie? Chyba ci strasznie zależało na tym, aby w ciągu tych paru chwil naszego spotkania Ian i Tom dowiedzieli się, że w dzieciństwie byłaś ofiarą kazirodztwa i że na myśl o tym nadal czujesz złość. Z mojego punktu widzenia było oczywiste, że zamierzasz swoją opowieścią zdominować rozmowę przy stole. Chciałaś, aby Ian i Tom traktowali cię szczególnie delikatnie jako osobę skrzywdzoną. Udzieliłaś tych wszystkich informacji, a przecież Wayne chciał tylko wiedzieć, czy masz czas ósmego czerwca – mogłaś po prostu zaprzeczyć. Dlaczego zależało ci na tym, aby wszyscy poznali twoją historię jako ofiary kazirodztwa?

Popatrzyła na mnie, jakbym ją zdradziła, i odparła:

– Ponieważ jestem ofiarą kazirodztwa.

– Wiem, Mary. Pytam cię tylko, dlaczego chciałaś, aby oni się o tym dowiedzieli?

Odrzekła, że najwyraźniej nie mam pojęcia, czym jest wsparcie emocjonalne, zwłaszcza w stosunku do ofiar kazirodztwa. Wytłumaczyłam jej, że naprawdę rozumiem, iż jej dzieciństwo było bardzo bolesne, ale uzdrawianie polega na pokonaniu bólu, a nie na „obnoszeniu się z nim". Dodałam, że jako przyjaciółka muszę jej uzmysłowić, że zamiast leczyć dawne rany, pozwala, aby ciągle miały nad nią władzę. Odparła, że musimy zastanowić się nad naszą dalszą przyjaźnią, i kiedy tego dnia skończyłyśmy jeść obiad w restauracji, skończyła się także nasza przyjaźń.

Ja jednak ciągle myślałam o tym wydarzeniu. Mary nigdy nie odpowiedziała mi na moje pytanie. Doznane krzywdy całkowicie ja pochłaniały – do tego stopnia, że uczyniła z nich walutę używaną w towarzystwie. Uważała, że z racji ciężkiego dzieciństwa przysługują jej pewne przywileje: przywilej zwalniania się z pracy z powodu złego samopoczucia, gdy tylko musi „zaleczyć" swoje rany; przywilej finansowego wsparcia od ojca, ponieważ on jej to zrobił; przywilej nieustającego wsparcia emocjonalnego od jej wszystkich „przyjaciół". Prawdziwymi przyjaciółmi byli według niej ci, którzy rozumieli jej kryzys i brali na siebie jej obowiązki, kiedy tylko stawały się dla niej zbyt trudne.

Ciekawa rzecz, ale właśnie następnego dnia miałam wygłosić krótki wykład dla tej grupy. Przyjechałam wcześniej i usiadłam obok kobiety, która przyszła wysłuchać mojej pogadanki.

– Dzień dobry, jak ma pani na imię? – spytałam.

Nie odwracając nawet głowy w moją stronę, odparła:

– Mam pięćdziesiąt sześć lat i jestem ofiarą kazirodztwa. Oczywiście teraz daję już sobie z tym radę, ponieważ należę do grupy wsparcia dla ofiar kazirodztwa i nawzajem się wspieramy. To dzięki tym ludziom moje życie nabrało sensu.

Byłam zaszokowana nie tylko dlatego, że tak bardzo przypomniało mi to wczorajszą sytuację, ale też dlatego, że przecież zapytałam ją jedynie o imię.

Język krzywd jako płaszczyzna bliskiego porozumienia funkcjonuje zarówno w związkach, jak i w terapeutycznych grupach wsparcia. Bez przesady można stwierdzić, że dzisiaj nawiązanie romantycznej więzi wymaga urazów, aby było z czym „wystartować". Zawieranie znajomości zwykle przebiega następująco: dwie osoby spotykają się po raz pierwszy – przedstawiają się sobie, wymieniają informacje o miejscu zamieszkania oraz pochodzeniu kulturowym i religijnym (dane pierwszej czakry). Dalej rozmowa się toczy na tematy związane z czakra drugą: praca, związki (w tym małżeństwo), rozwody, dzieci i ewentualnie finanse. Następnie przychodzi kolej na czakrę trzecią. Przeważnie mówi się o upodobaniach dotyczących odżywiania, aktywności fizycznej, spędzania wolnego czasu i programów rozwoju osobistego. Jeśli te dwie osoby pragną bliższej znajomości, przystępują do spraw związanych z czakrą czwartą. Jedna z nich mówi o swojej dawnej krzywdzie, z którą nadal „pracuje". Jeśli druga osoba chce odpowiedzieć w sposób służący „zbliżeniu", wspomni o własnych, równie bolesnych przeżyciach. Gdy na tym tle wytworzy się między nimi więź, staną się „przyjaciółmi w cierpieniu". Ich związek będzie opierał się na następujących niewypowiedzianych zasadach:

1. Zawsze będziemy się wspierać w obliczu wszelkich przykrych wspomnień związanych z tą krzywdą.
2. To wsparcie polegać będzie na takim organizowaniu naszego życia towarzyskiego, a nawet zawodowego, aby zaspokajać potrzeby skrzywdzonego partnera.

3. W razie konieczności będziemy brać na siebie obowiązki partnera na dowód, jak bardzo szczere jest nasze wsparcie.
4. Zawsze będziemy zachęcać partnera, by razem z nami pracował nad swoimi krzywdami i poświęcał na to tyle czasu, ile potrzeba do uzdrowienia.
5. Zaakceptujemy bez zastrzeżeń wszystkie wady i niedoskonałości partnera, które są skutkiem doznanych przez niego krzywd, ponieważ akceptacja jest podstawowym warunkiem uzdrowienia.

Krótko mówiąc, więź oparta na podobnych bolesnych doświadczeniach jest gwarancją, że słabi partnerzy zawsze będą siebie nawzajem potrzebować i będą mieć otwartą drogę do wnętrza partnera. Jeśli chodzi o wzajemne porozumienie, tego rodzaju więzi reprezentują całkiem nowy wymiar miłości – miłości opartej na udzielaniu pomocy terapeutycznej i na obustronnym angażowaniu się w proces uzdrowienia. Jeśli chodzi o energię, układ ten, jak żaden inny, ułatwia partnerom dostęp do ich słabych punktów i pozwala posługiwać się własnymi krzywdami jako środkiem kontrolowania swoich relacji. Język krzywd całkowicie zmienił pojęcie prawdziwej bliskości.

Bliskość wynikająca z podobnych bolesnych doświadczeń znalazła silny punkt oparcia w ruchu uzdrawiania holistycznego, zwłaszcza w literaturze na temat związku między cierpieniem emocjonalnym a chorobą i między uzdrawianiem traumy emocjonalnej a odzyskiwaniem zdrowia. Liczne grupy wsparcia zajmują się niemal każdym z możliwych urazów emocjonalnych, począwszy od kazirodztwa i maltretowania dzieci aż do przemocy w domu i zgryzoty spowodowanej pobytem członka rodziny w więzieniu. W telewizyjnych talk-show publicznie roztrząsa się ze szczegółami ludzkie krzywdy. (Dzisiaj nie tylko żyjemy wśród własnych cierpień, ale dla rozrywki rozdrapujemy także cudze rany). System prawny wypracował metody przeliczania krzywd na pieniądze: reklamy w telewizji zachęcają ludzi do korzystania z porad prawnych, by rozwiązywali swoje bolesne problemy.

Zanim nadeszły lata 60., za człowieka dojrzałego i silnego uważano kogoś, kto ukrywa swój ból i cierpienie. Dzisiaj natomiast dojrzałość oznacza zdolność ujawniania swoich wewnętrznych słabości. Chociaż pierwotną intencją grup wsparcia było niesienie pomocy ludziom poprzez życzliwe wysłuchanie ich problemów osobistych, nikt się nie spodziewał, że kiedy pokonają już oni kryzys i odzyskają równowagę, grupy te nadal będą służyły wsparciem. Miały być tylko łodzią ratunkową na tranzytowej rzece.

Ale niewielu ludzi zechciało opuścić tę łódź ratunkową, kiedy dotarli do przeciwległego brzegu. Z przejściowej fazy swej egzystencji uczynili stały styl życia. Gdy już nauczyli się mówić językiem krzywd, niezwykle trudno było im zrezygnować z przywilejów, jakie daje osobom skrzywdzonym nasza cywilizacja czwartej czakry.

Nie mając planu uzdrawiania, ryzykujemy, że uzależnimy się od tego, co uważamy za wsparcie i współczucie; zaczynamy wierzyć, że potrzeba nam coraz więcej czasu na „przepracowanie" naszych krzywd. Ponieważ osoby zranione tak długo oczekiwały zrozumienia, często się zdarza, że członkowie określonej grupy wsparcia trzymają się jej kurczowo z taką pasją, jakby chcieli powiedzieć: „Nigdy stąd nie odejdę, bo jest to jedyne miejsce, w którym znalazłem pomoc. W zwykłym świecie nie mogę na nią liczyć. Będę więc trwał w tym procesie, między ludźmi, którzy rozumieją, przez co przeszedłem".

Problem takich systemów pomocy polega na tym, że trudno jest komuś oznajmić, że otrzymał już dosyć wsparcia i teraz sam musi zająć się swoim życiem. Na wiele sposobów problem ten odzwierciedla nasze wypaczone pojęcie współczucia. Współczucie, emocja czwartej czakry i jedna z duchowych energii znajdujących się w sefirze Tiferet, to uszanowanie cierpienia drugiej osoby, gdy przechodzi ona proces odzyskiwania sił. Ponieważ nasza cywilizacja już od tak dawna nie poświęcała czasu na uzdrowienie serca ani nawet nie dostrzegała takiej potrzeby, teraz rekompensujemy to sobie, nie wyznaczając żadnych granic czasowych owemu procesowi uzdrawiania. Powinniśmy więc stworzyć zdrowy model bliskości, w którym pozostając wrażliwi na cierpienie drugiej osoby, dodajemy jej sił. Obecnie określeniu „zdrowy" przeciwstawiamy pojęcie „będący w potrzebie". A więc człowiek zdrowy to ten, kto jest w pełni samowystarczalny, zawsze pozytywnie nastawiony, zadowolony, pewny siebie i nikogo nie potrzebuje. Nic dziwnego, że tak niewiele osób uważa się za „zdrowe".

DROGA DO SILNEGO SERCA

Uzdrowić siebie jest prosto, ale wcale nie tak łatwo. Prowadzi do tego tylko kilka kroków, lecz wymagają one dużego wysiłku.

Krok 1. Z zaangażowaniem staraj się dotrzeć do samego źródła bólu. Oznacza to zwrócenie się ku własnemu wnętrzu i poznanie istoty doznanych krzywd.

Krok 2. Kiedy już jesteś „w środku", określ swoje krzywdy. Czy stały się swego rodzaju paliwem w twoim obecnym życiu? Jeśli dają ci one pewną siłę, pomyśl, dlaczego lękasz się procesu uzdrawiania. Jeżeli określiłeś swoje krzywdy, znajdź kogoś, kto „zaświadczy" o nich i o ich wpływie na twój rozwój. Potrzebna ci przynajmniej jedna osoba, terapeuta lub przyjaciel, która zechciałaby popracować z tobą w ten sposób.

Krok 3. Gdy już zwerbalizowałeś swoje cierpienia, obserwuj, jak się nimi posługujesz, aby wpływać lub nawet wywierać nacisk na otaczających cię ludzi i na samego siebie. Czy mówisz – choć to nieprawda – że źle się czujesz z ich powodu, kiedy na przykład chcesz odwołać spotkanie? Czy próbujesz manipulować innymi, mówiąc, że swoim postępowaniem przypominają ci twoich rodziców? Czy pozwoliłeś sobie kiedyś na to, aby wycofać się z jakiegoś działania albo w ogóle go nie podjąć, bo akurat rozpamiętywałeś swoją przeszłość i popadłeś w depresję? Czy obawiasz się, że w efekcie uzdrowienia rozluźnią się twoje kontakty z jakąś ważną dla ciebie osobą? Czy boisz się, że uzdrowienie zmusi cię do rezygnacji z czegoś, do czego się przyzwyczaiłeś? Na te pytania musisz odpowiedzieć szczerze, ponieważ są to najczęstsze powody, dla których ludzie boją się odzyskać zdrowie.

Obserwuj siebie na co dzień, zwracając szczególną uwagę na swoje słownictwo, na to, czy używasz języka zajęć terapeutycznych i języka krzywd. Potem stwórz nowe wzorce swoich relacji z ludźmi, które nie opierają się na sile bolesnych doświadczeń. Zmień słownictwo, w tym także sposób zwracania się do samego siebie. Jeżeli zmiana tych schematów okaże się trudna, uświadom sobie, że często o wiele trudniej zrezygnować z siły, jaką dają nam doznane krzywdy, niż uwolnić się od wspomnień o bolesnych doświadczeniach. Człowiek, który nie potrafi puścić w niepamięć swoich krzywd, jest od nich uzależniony i, jak w przypadku wszystkich uzależnień, trudno jest się z tego wyrwać. Nie bój się szukać pomocy terapeutycznej, aby zrobić ten krok lub którykolwiek inny.

Krok 4. Zastanów się, jakie dobro może płynąć z twoich przykrych doświadczeń. Zacznij żyć w atmosferze akceptacji i wdzięczności, a jeśli musisz, „udawaj, dopóki nie poczujesz tego naprawdę". Zacznij stosować jakąś praktykę duchową i trwaj przy niej. Nie lekceważ swoich duchowych zdolności.

Krok 5. Gdy już stworzyłeś atmosferę akceptacji, możesz podjąć wyzwanie, jakim jest wybaczenie. W teorii wybaczenie jest czymś pociągającym, ale dla większości osób jest ogromnie przykre głównie dlatego, że fałszywie pojmują jego prawdziwą istotę. Wybaczyć to nie to samo, co powiedzieć osobie, która cię skrzywdziła: „Wszystko w porządku", a mniej więcej tak rozumie to większość z nas. Wybaczenie jest raczej złożonym aktem świadomości, który uwalnia psychikę i duszę od potrzeby zemsty i postrzegania siebie jako ofiary. Jest ono czymś więcej niż odpuszczeniem winy komuś, kto był przyczyną naszych cierpień – jest wyzwoleniem się spod wpływu, jaki na naszą psychikę wywiera świadomość bycia ofiarą. Wyzwolenie płynące z wybaczenia jest efektem wzniesienia się na wyższy poziom świadomości – nie tylko teoretycznie, ale w sensie energetycznym i biologicznym. A rezultaty prawdziwego wybaczenia graniczą z cudem. Myślę, że może w nim tkwić energia, która sprawia, że cuda dokonują się same.

Zastanów się, co musisz zrobić, aby wybaczyć innym – i sobie, jeśli to konieczne. Jeżeli musisz w tym celu spotkać się z kimś, aby poważnie porozmawiać, upewnij się, że nie ma w tobie chęci obwiniania, bo w przeciwnym razie oznacza to, że nie jesteś gotów puścić krzywd w niepamięć i iść dalej. Jeżeli zechcesz podzielić się swoimi skrywanymi uczuciami listownie, również się upewnij, że pragniesz uwolnić swoją duszę z przeszłości, a nie znów wyrazić swoją złość.

Na koniec przeprowadź formalną ceremonię, podczas której przywołasz swą duszę z przeszłości i uwolnisz się spod negatywnego wpływu swoich krzywd. Niezależnie od tego, czy wolisz rytuał, czy indywidualną modlitwę, wyraź swoje wybaczenie w sposób „oficjalny", tak by wyznaczyć sobie początek nowego życia.

Krok 6. Napełniaj swoje myśli miłością. Żyj z akceptacją i wdzięcznością. Wprowadzaj zmiany, choćby w swoim nastawieniu do życia. I zawsze pamiętaj o przesłaniu wszystkich mistrzów duchowych: niechaj duch twój żyje dniem dzisiejszym. Jezus wyraził to słowami: „Porzuć umarłych i żyj dalej", a Budda: „Istnieje tylko teraz".

Ciekawe w uzdrawianiu jest to, że w zależności od tego, z kim rozmawiasz, dochodzisz do wniosku, że albo nie ma nic prostszego niż odzyskanie zdrowia, albo nie ma rzeczy bardziej skomplikowanej.

Czakra czwarta jest ośrodkiem naszego układu energetycznego. Wszystko, co dzieje się w naszym życiu i co się z nim wiąże, napędzane jest energią płynącą z serca. Wszyscy przeżywamy doświadczenia, które „łamią nam serce", i czujemy, że „serce nam pęka". Niezależnie od siły tego doznania, zawsze staniesz przed wyborem: co zrobić z moim bólem? Czy wykorzystać go jako usprawiedliwienie, by dać lękom jeszcze większą władzę nade mną, czy może dzięki wybaczeniu wyzwolić się spod panowania nade mną świata fizycznego? W życiu raz po raz będziesz musiał odpowiadać na pytania związane z czwartą czakrą – aż do chwili, gdy twoje odpowiedzi cię wyzwolą.

Subtelne energie sefiry Tiferet i sakramentu małżeństwa nieustannie kierują nas ku poznawaniu i kochaniu samych siebie. Ta miłość jest podstawowym warunkiem odnalezienia szczęścia, które w naszym przeświadczeniu znajduje się gdzieś na zewnątrz, choć święte pisma przypominają nam, iż szczęście można znaleźć tylko w sobie. Wielu ludzi boi się poznać siebie, gdyż są przekonani, że ta wiedza skazałaby ich na życie w samotności, bez obecnych przyjaciół i partnerów. Chociaż na krótką metę skutkiem zgłębiania własnej osobowości mogą być pewne zmiany, to na dłuższą metę nasz rozwój – napędzany świadomością, nie strachem – da nam poczucie spełnienia. Nie ma sensu rozwijać wrażliwości intuicyjnej, a potem nie dopuszczać jej do głosu. Jedyna droga do świadomości duchowej prowadzi przez serce. Ta prawda nie podlega dyskusji niezależnie od tego, jaką wybierzesz tradycję duchową, aby poznać Boga. „Miłość jest Boską siłą".

JAKI JESTEŚ?

1. Które twoje wspomnienia powinieneś jeszcze uzdrowić?
2. Które związki w twoim życiu wymagają uzdrowienia?
3. Czy posługujesz się swoimi krzywdami emocjonalnymi, by manipulować ludźmi lub sytuacjami? Jeśli tak, opisz te sytuacje.
4. Czy kiedykolwiek pozwoliłeś, aby manipulował tobą ktoś wykorzystujący swoje krzywdy? Czy sądzisz, że znowu na to pozwolisz? Jakie kroki gotów jesteś poczynić, aby uchronić się od tego w przyszłości?
5. Jakie lęki wywołuje w tobie perspektywa odzyskania zdrowia emocjonalnego?
6. Czy zdrowie emocjonalne kojarzy ci się z tym, że nie będziesz już potrzebował bliskiego związku?
7. Jak rozumiesz wybaczanie?
8. Kim są osoby, którym musisz jeszcze wybaczyć, i co cię powstrzymuje, aby puścić w niepamięć związane z nimi bolesne doświadczenia?

9. Jakie twoje czyny wymagają wybaczenia? Kto ma ci wybaczyć?
10. Na czym według ciebie polega zdrowy, bliski związek? Czy gotów jesteś zrezygnować z wykorzystywania swoich bolesnych doświadczeń, aby otworzyć się na tego rodzaju związek?

Rozdział 5

Czakra piąta: siła woli

Z czakrą piątą wiąże się wyzwanie polegające na podporządkowaniu własnej woli i duszy woli Boskiej. Z perspektywy duchowej naszym najwyższym celem jest całkowite oddanie naszej indywidualnej woli „w ręce Boga". Jezus i Budda, jak również inni wielcy nauczyciele, są przykładem mistrzowskiego opanowania tego stanu świadomości, pełnego zjednoczenia się z Boską wolą.

Miejsce: gardło.

Energetyczne połączenie z ciałem fizycznym: gardło, tarczyca, tchawica, przełyk, przytarczyca, podwzgórze, odcinek szyjny kręgosłupa, usta, szczęka i zęby.

Energetyczne połączenie z ciałem emocjonalnym i mentalnym: czakra piąta odpowiedzialna jest za liczne zmagania emocjonalne i intelektualne, które towarzyszą uczeniu się sztuki dokonywania wyborów. Wszystkie choroby mają związek z czakrą piątą, gdyż podejmowanie decyzji dotyczy każdego szczegółu naszego życia, a zatem i każdej dolegliwości.

Związek z symboliką i sposobem postrzegania: symboliczne zadanie czakry siły woli polega na czynieniu postępów dzięki procesowi dojrzewania naszej woli: od stanu, w którym wyznajemy grupowe przekonanie, że wszystko i wszyscy wokół nas mają nad nami władzę, poprzez wiarę, że sami o sobie decydujemy, aż po uznanie, że prawdziwe panowanie nad sobą można osiągnąć dzięki podporządkowaniu się woli Boga.

Podstawowe lęki: obawy związane z siłą woli tkwią we wszystkich naszych czakrach i są dla nich charakterystyczne. Boimy się, że nie będziemy mieć w życiu żadnej władzy ani zdolności podejmowania decyzji, przede wszystkim w naszej społeczności, a następnie w kontaktach osobistych i zawodowych. Lękamy się również, że nie będziemy panować nad sobą, że przestaniemy się kontrolować w sytuacjach związanych z dobrami materialnymi, pieniędzmi, władzą lub emocjonalną manipulacją ze strony innych. I wreszcie, boimy się woli Boga. Osoby dążące do rozbudzenia swej świadomości ogromnie zmagają się z myślą o powierzeniu własnej siły wyboru woli Boskiej.

Podstawowe wartości: wiara, poznanie samego siebie i panowanie nad sobą; zdolność podejmowania decyzji ze świadomością, że jakakolwiek ona jest, dotrzymamy słowa danego sobie i innym.

Związek z sefirą i sakramentem: czakra piąta odpowiada sefirze Chesed, symbolizującej miłość i łaskę Boga, oraz sefirze Gewura, symbolowi sądu Bożego. Te dwie sefiry to prawa i lewa ręka Boga, co ilustruje zrównoważony charakter Boskiej woli. Sefiry te wskazują, że Bóg jest miłosierny i że tylko On ma prawo osądzać nasze decyzje. Sefira Chesed przypomina nam, byśmy w rozmowach z ludźmi używali słów pełnych miłości, a Gewura poleca nam wypowiadać się z uszanowaniem i szczerością. Z czakrą piątą wiąże się sakrament spowiedzi, symbolizujący fakt, że wszyscy musimy się rozliczyć z tego, w jaki sposób korzystamy z naszej siły woli. Dzięki sakramentowi spowiedzi otrzymujemy możliwość wycofania własnej duszy z „negatywnych przedsięwzięć", które być może jej zleciliśmy wskutek naszych złych myśli lub uczynków.

Święta zasada: czakra piąta jest ośrodkiem decydowania i ponoszenia konsekwencji, ośrodkiem karmy duchowej. Każdy nasz wybór, każda myśl i uczucie jest aktem korzystania z siły, który wpływa na nasz układ biologiczny, środowisko, społeczeństwo, życie prywatne, a także ma konsekwencje globalne. Jesteśmy wszędzie tam, gdzie wędrują nasze myśli, i dlatego ponosimy odpowiedzialność za to, w co angażujemy swoją energię.

Jakie podejmowalibyśmy decyzje, gdybyśmy znali ich skutki? Możemy je przewidzieć tylko wtedy, gdy będziemy przestrzegać świętej zasady: „Swoją wolę poddaj woli Boga". Lekcje duchowe czakry piątej wskazują nam, że w swoich działaniach najlepsze rezultaty osiągniemy wówczas, gdy zaufamy Boskiej woli.

Nasze myśli i postawy również zyskują wyższą rangę, kiedy akceptujemy wolę Bożą. Pewna kobieta, która opowiedziała mi o swoich doświadczeniach z pogranicza śmierci, uważa, że każda podjęta przez nią decyzja ma energetyczny wpływ na jej życie jako całość. Kiedy była już na granicy dwóch światów, zobaczyła jeszcze raz wszystkie swoje wybory oraz ich konsekwencje dotyczące jej osobiście, innych ludzi i życia w ogóle. Dano jej do zrozumienia że duch opiekuńczy zawsze starał się przeniknąć do jej świadomości. Żadna decyzja – bez względu na to, czy dotyczyła kupna sukienki, czy podjęcia pracy – nie była na tyle błaha, by Bóg ją zignorował. Kiedy kupowała sukienkę, ukazano jej bezpośrednie skutki energetyczne owego „zakupu", długi łańcuch osób zaangażowanych w produkcję i sprzedaż sukienki. Teraz kobieta prosi o wskazówki przed każdą najdrobniejszą decyzją.

Gdy zrozumiemy konsekwencje energetyczne naszych myśli, przekonań i uczynków, może będziemy musieli stać się naprawdę uczciwi. Okłamywanie siebie lub innych w ogóle nie wchodzi w rachubę. Pełne, rzeczywiste uzdrowienie wymaga szczerości wobec samego siebie. Nieuczciwość blokuje proces uzdrawiania tak samo jak brak wybaczenia. Uczciwość i wybaczanie przywracają nam energię – naszą duszę – z energetycznego wymiaru „przeszłości". Piąta czakra i jej duchowe lekcje mówią nam, iż nasza siła wewnętrzna zależy od naszych myśli i postaw.

KONSEKWENCJE STRACHU

Najpoważniejsze konsekwencje energetyczne płyną z działań wynikających ze strachu. Nawet jeśli takie działania pozwalają nam osiągnąć to, czego pragniemy, na ogół towarzyszą im niepożądane skutki uboczne. Tego rodzaju niespodzianki uczą nas, że decyzje oparte na strachu są niezgodne z Boskim przewodnictwem. Wszyscy, przynajmniej od czasu do czasu, ulegamy złudzeniu, że sami kierujemy swym życiem. Pragniemy pieniędzy i wyższego statusu społecznego, aby mieć większą możliwość wyboru i nie podlegać decyzjom innych ludzi. Koncepcja, że rozwój świadomości wymaga podporządkowania własnej woli zrządzeniom Boskim, jawnie sprzeciwia się naszemu dotychczasowemu pojęciu człowieka silnego.

Dlatego możemy nieustannie powtarzać schemat przeplatających się ze sobą lęków i rozczarowań, aż do momentu, w którym zaczniemy się modlić: „Ty decyduj, a ja pójdę za Tobą". Gdy wzniesiemy taką modlitwę, może pojawi się w naszym życiu wyższe przewodnictwo, a wraz z nim liczne przypadki synchroniczności i zbiegów okoliczności – jednym słowem, „Boska interwencja".

Trzydziestopięcioletnia Emily jest nauczycielką w szkole podstawowej. Wskutek raka straciła lewą nogę trzynaście lat temu, zaraz po ukończeniu studiów. Podczas rehabilitacji mieszkała znów w domu z rodzicami. Spodziewali się, że będzie z nimi rok, ale jej pobyt przeciągnął się na całe lata, ponieważ Emily nie odzyskała poczucia niezależności, lecz wręcz przeciwnie, coraz bardziej ogarniała ją depresja i strach na myśl o podjęciu samodzielnego życia. Ograniczyła swoją aktywność fizyczną do tego stopnia, że chodziła na spacer nie dalej jak tylko wokół domu. Z każdym rokiem Emily coraz bardziej wycofywała się z życia, siedząc w domu rodziców, aż w końcu zrezygnowała nawet z przyjemności wychodzenia na powietrze.

Rodzice namawiali ją na terapię, ale nie była tym zainteresowana. Jej matka powiedziała mi: „Jedyne, co Emily robiła, to bez przerwy użalała się nad sobą, powtarzając, że utrata nogi zaprzepaściła jej szansę na wyjście za mąż, założenie własnej rodziny i w ogóle na prowadzenie jakiegokolwiek samodzielnego życia. Czuła się «napiętnowana» przez swą chorobę i czasem mówiła, że wolałaby, aby nowotwór powrócił i, jak to określiła, «dokończył swojego dzieła»".

Choroba córki sprawiła, że matka zainteresowała się alternatywnymi metodami leczenia. Kiedy ją poznałam, wraz z mężem zbierali się na odwagę, aby poprosić córkę, by się wyprowadziła i zaczęła żyć samodzielnie. Musiała nauczyć się zaspokajać swoje potrzeby fizyczne i dbać o stan psychiczny. Musiała znów zacząć polegać na swojej sile woli.

Rodzice wynajęli i umeblowali dla niej mieszkanie, a ona wprowadziła się do niego – przerażona i zła. Oznajmiła im, że czuje się przez nich odtrącona. Po miesiącu poznała sąsiadkę, Laurę, samotną matkę wychowującą dziesięcioletniego chłopca nazywanego T.J. Chłopiec co dzień wracał ze szkoły wcześniej, niż matka przychodziła z pracy. Emily słyszała, jak kręcił się po mieszkaniu, oglądał telewizję, brał sobie coś do jedzenia, czekając trzy godziny na powrót matki.

Pewnego popołudnia Emily wracała właśnie ze sklepu, gdy spotkała Laurę idącą z pracy. Zaczęły rozmawiać o T.J. i Laura wspomniała, że martwi się jego nauką i tym, że musi tak długo siedzieć sam w domu. Emily nagle zaproponowała, że codziennie po południu dotrzyma T.J. towarzystwa, a także pomoże mu w odrabianiu lekcji, ponieważ jest dyplomowaną nauczycielką. Laura zgodziła się z wdzięcznością i już następnego dnia Emily zaczęła się opiekować T.J.

Po kilku tygodniach rozeszła się po osiedlu wieść o pewnej „świetnej nauczycielce", która zarówno pomaga w lekcjach, jak i opiekuje się dziećmi po szkole. Pracujący rodzice zarzucili ją propozycjami. Zapytała zarządcę osiedla, czy znalazłby dla niej jakieś wolne pomieszczenie na trzy godziny po południu. Udostępniono jej pokój, uporządkowano sprawy finansowe i Emily – w trzy miesiące po opuszczeniu domu rodziców – znów, jak to określiła, „zaczęła żyć".

Gdy Emily opowiadała mi swoją historię, kilkakrotnie wspomniała o tym, jak spontanicznie zaoferowała swoją opiekę nad T.J. Ta propozycja „sama wyfrunęła jej z ust", zanim zdążyła w ogóle o tym pomyśleć. Powiedziała, że gdyby zaczęła się nad tym zastanawiać, nigdy nie zaoferowałaby swojej pomocy. Ponieważ to zachowanie było dla niej tak nietypowe, uznała, że to Niebo jej podpowiedziało, by zajęła się T.J. W rezultacie Emily doszła do wniosku, że najwidoczniej jej przeznaczeniem było zatroszczyć się o T.J i jedenaścioro innych dzieci, które pozostawały pod jej opieką, zanim powróciła do nauczania w szkole jesienią następnego roku.

Z jakiegoś powodu Emily miała szczęście rozpoznać udzielone jej przewodnictwo. Gdy tylko zaczęła troszczyć się o innych, zniknął jej własny lęk, że nikt nie zatroszczy się o nią. Była żywym dowodem – jak sama stwierdziła – że

Bóg zwraca uwagę na nasze potrzeby, i to przekonanie odbudowało jej wiarę.

WIARA

Istotą piątej czakry jest wiara. Gdy wierzymy w kogoś, przekazujemy mu część naszej energii; wierząc w jakąś ideę, oddajemy jej część swej energii, a opierając wiarę na strachu, również karmimy go własną energią. Wskutek tego my sami – nasz umysł, serce i życie – odczuwamy pewne konsekwencje. Nasza wiara i wola mają w istocie moc stwórczą. Jesteśmy pośrednikami w procesie przekształcania się energii w materię.

Dlatego życiowym zadaniem nas wszystkich jest odkrywanie, jakie motywy kryją się za naszymi decyzjami i czy wierzymy bardziej swoim lękom, czy Bogu. Wszyscy musimy znaleźć na te pytania odpowiedź – albo przez dialog duchowy, albo przez chorobę fizyczną. Wszyscy dochodzimy do momentu, gdy pytamy: kto kieruje moim życiem? Dlaczego sprawy nie toczą się po mojej myśli? Bez względu na to, jak nam się w życiu powodzi, w pewnej chwili uświadamiamy sobie, że czegoś nam brakuje. Jakieś nieoczekiwane wydarzenie, znajomość lub choroba uzmysławiają nam, że nasza siła wewnętrzna nie wystarczy, byśmy sami uporali się z trudną sytuacją. Musimy zrozumieć, że nasza indywidualna moc jest ograniczona, zastanowić się, czy w naszym życiu działa jakaś inna „siła", i zapytać: dlaczego sprawy toczą się tak a nie inaczej? Czego ode mnie oczekujesz? Co mam uczynić? Jaki jest mój cel?

Uświadamiając sobie własne ograniczenia, otwieramy się na rozważanie nowych możliwości, których inaczej nie bralibyśmy pod uwagę. W sytuacjach, gdy czujemy, że życie wymyka się nam spod kontroli, możemy stać się bardziej wrażliwi na wyższe przewodnictwo, którego wcześniej nie przyjęlibyśmy z taką chęcią. I wówczas nasze życie może obrać całkiem inny, niespodziewany dla nas kierunek. Większość z nas w pewnym momencie stwierdza: „Nigdy nawet nie pomyślałem, że będę to robić albo tu mieszkać, ale tak się stało i jest dobrze".

Łatwiej osiągniesz taki stan poddania się i wiarę, jeśli posłużysz się patrzeniem symbolicznym, by zobaczyć, że twoje życie jest tylko wędrówką twej duszy. Wszyscy znamy ludzi, którym udało się wyjść z tragicznych sytuacji – przypisywali ów fakt temu, że oddali się w ręce Boga. Wszystkie te osoby zgodnie twierdziły, że w pewnym momencie zwróciły się do Boga, mówiąc: „Bądź wola Twoja, nie moja". Jeśli poza tą jedną modlitwą nie potrzeba nic więcej, to dlaczego tak się boimy tych słów?

Czujemy nieustanny lęk, że uznając Boską wolę – przez rezygnację z własnej na rzecz tej wspanialszej – zostaniemy odsunięci od wszystkiego, co daje nam komfort fizyczny. Toteż z własnej woli zmagamy się z Boskim przewodnictwem: zapraszamy je do siebie, lecz zarazem staramy się go nie słyszeć. Często widzę na warsztatach osoby przeżywające ten dylemat; szukają intuicyjnych wskazówek, ale lękają się usłyszeć, co ów wewnętrzny głos im powie.

Pamiętaj, że twoje życie fizyczne i twoja duchowa ścieżka to jedno i to samo. Czerpanie z życia przyjemności jest dla duszy równie dobre jak posiadanie zdrowego ciała. I jedno, i drugie to efekt podążania za Boskimi wskazówkami przy podejmowaniu decyzji, jak żyć i postępować z wiarą i zaufaniem. Poddanie się Boskiej władzy to tylko pozbycie się złudzeń świata materialnego, a nie przyjemności i wygód fizycznego życia.

Duchowe energie piątej czakry prowadzą nas ku aktowi zawierzenia Bogu. Sefira Chesed przekazuje tej czakrze

Boską energię wspaniałości poprzez miłość, energię, która sprawia, że w każdej sytuacji okazujemy miłość. Czasem najwspanialszym aktem miłości jest powstrzymanie się od osądzania kogoś lub siebie. Ciągle przypomina się nam, że osądzanie jest błędem duszy. Rozwijając dyscyplinę woli, powstrzymujemy się od negatywnych myśli o innych i o sobie. Nie oceniając, osiągamy mądrość i pokonujemy nasze lęki. Sefira Gewura uczy nas, byśmy wyzbyli się potrzeby dociekania przyczyn wydarzeń i uwierzyli, że obojętnie jakie to przyczyny, wydarzenia te są częścią większego planu duchowego.

Czterdziestoczteroletnia Marnie jest uzdrowicielką posiadającą prawdziwy dar uzdrawiania. Wszystko zaczęło się po trwającej siedem lat „ciemnej nocy duszy", kiedy to była zmuszona uzdrowić sama siebie. Gdy Marnie miała lat trzydzieści, była pracownikiem socjalnym w Szkocji, prowadziła aktywne życie, miała wielu przyjaciół i bardzo lubiła swą pracę. I nagle postawiono jej diagnozę, że cierpi na „nierozpoznawalną" chorobę.

Z każdym miesiącem Marnie odczuwała coraz większy ból, czasem w plecach, czasem pojawiał się w formie ostrej migreny, a czasem czuła go w nogach. W końcu dolegliwości zmusiły ją do przerwania pracy. Przez niemal dwa lata chodziła od jednego specjalisty do drugiego, ale żaden nie umiał znaleźć przyczyny jej chronicznego bólu i okresowych utrat równowagi ani nie przepisać jej skutecznej kuracji.

Marnie popadała w coraz głębszą depresję. Przyjaciele namawiali ją, aby szukała pomocy u terapeutów stosujących alternatywne metody leczenia, ale ona nigdy nie wierzyła w te metody. Pewnego dnia przyjaciel przyniósł jej zbiór książek poświęconych leczeniu alternatywnemu.

Wśród nich były też pisma Sai Baby, mistrza duchowego mieszkającego w Indiach. Marnie przeczytała to wszystko, ale z lekceważeniem stwierdziła, że są to nonsensy, w które „uwierzą tylko nawiedzeni nieszczęśnicy".

Po upływie kolejnych sześciu miesięcy wypełnionych bólem Marnie zmieniła jednak zdanie i wybrała się do Indii, aby umówić się na prywatną wizytę u Sai Baby. Spędziła w tamtejszej aśramie trzy tygodnie, ale nie udało jej się spotkać z mistrzem osobiście. Wróciła do Szkocji jeszcze bardziej przygnębiona, niż była przed wyjazdem. Ale wkrótce po powrocie do domu miała serię snów, w których stale zadawano jej tylko jedno pytanie: „Czy gotowa jesteś przyjąć to, co ci daję?".

Początkowo myślała, że sny są rezultatem jej wycieczki do Indii i licznych rozmów o Boskich zamiarach wobec ludzi. Wtedy przyjaciel zaproponował, aby potraktowała te sny tak, jakby naprawdę ktoś jej zadał to duchowe pytanie. Marnie pomyślała: „Dlaczego nie, przecież i tak nie mam nic do stracenia".

Gdy zapytano ją o to w kolejnym śnie, odparła: „Tak, przyjmę to, co mi dajesz". W chwili gdy to powiedziała, poczuła, jakby zalała ją fala światła, i po raz pierwszy od wielu lat ból ustąpił. Obudziła się z nadzieją, że jej choroba minęła, ale tak nie było – w rzeczywistości przez kolejne cztery lata czuła się coraz gorzej. Co pewien czas powracała myślami do tamtego snu, trwając w przekonaniu, że nie był to zwykły sen, nadal jednak czuła złość i rozpacz, bo wydawało jej się, że Bóg każe jej cierpieć bez żadnego powodu.

Szlochając pewnej nocy, osiągnęła stan „poddania się". Wcześniej sądziła, że trwała już w tym stanie od czasu pojawienia się owego snu, lecz teraz zrozumiała, że była to rezygnacja, a nie zawierzenie Bogu. Dotychczas żyła z nastawieniem: „No, dobrze, zrobię to, ale musisz w zamian poprawić moje samopoczucie”, lecz tej nocy zdała sobie sprawę, że może nigdy nie poczuć się lepiej, a jeśli tak, to co ma powiedzieć Bogu? Poddała się mu całkowicie, mówiąc: „Jakikolwiek los mi wyznaczyłeś, niech tak będzie. Daj mi tylko siłę”.

Nagle ból minął, a dłonie Marnie napełniły się ciepłem – ale nie zwykłym cielesnym, lecz „ciepłem duchowym”. Od razu wiedziała, że to ciepło płynące przez jej ręce ma w sobie moc uzdrawiania, choć, jak na ironię, sama nie będzie mogła „pić z tej studni”. Uśmiechnęła się na myśl o swojej sytuacji, bo, jak powiedziała: „bardzo przypominała ona historie o dawnych mistykach, które czytałam – tylko kto by przypuszczał, że mnie coś takiego spotka?”.

Marnie jest obecnie uwielbianą, wysoko cenioną uzdrowicielką i chociaż jej ciało zasadniczo uwolniło się od „nierozpoznawalnej” choroby, nadal przeżywa ona trudne chwile. Ale jak mówi: „Biorąc pod uwagę to, kim dzisiaj jestem i co wiem, mogłabym przejść przez to wszystko jeszcze raz, aby zyskać przywilej niesienia ludziom pomocy, tak jak robię to dzisiaj”. Jej historia jest dla mnie wyjątkowa, ponieważ Marnie głęboko zrozumiała różnicę między poddaniem się a rezygnacją i obaliła mit, że jeśli tylko powiemy Bogu „tak”, wszystko od razu będzie wspaniale. Zaakceptowanie własnego stanu to pierwszy krok – akt, który może zmienić ów stan albo nie – a zgoda na to, aby Bóg wybrał odpowiedni czas, to krok drugi.

Spowiedź uwalnia naszą duszę od konsekwencji dokonanych przez nas wyborów. Gdy dowiemy się więcej o naturze naszej energii, zrozumiemy, jak bardzo nasza duszą przywiązana jest do negatywnych wydarzeń i myśli, przeszłych i teraźniejszych. Spowiedź to coś więcej niż publiczne przyznanie się do złych postępków. W sensie energetycznym jest ona stwierdzeniem, że oto uświadomiliśmy sobie – a więc również pokonaliśmy – strach, który kierował naszą duszą. W ujęciu symbolicznym spowiedź uwalnia duszę od dawnych lęków i negatywnych schematów myślowych. Pozostawanie w więzach przykrych wydarzeń i negatywnych przekonań zatruwa nam umysł, duszę, tkanki i życie.

Energetyczną i fizyczną konsekwencją naszych wyborów jest karma. Złe decyzje tworzą sytuacje, które stale do nas powracają, aby nauczyć nas, jak podejmować dobre decyzje. Gdy opanujemy tę lekcję i dokonamy właściwego wyboru, taka sytuacja już się więcej nie pojawi, bo dusza nie jest już przywiązana do wcześniejszych postaw. W kulturach zachodnich tego rodzaju karmiczną lekcję można dostrzec w popularnych powiedzeniach: „Jak sobie pościelesz, tak się wyśpisz" lub: „Nie uciekniesz przed przeznaczeniem". Spowiedź oznacza, że uznajemy swój błąd. W sensie energetycznym rytuał ten uwalnia naszą duszę od cyklu bolesnych doświadczeń i zwraca ku twórczym, pozytywnym energiom życia.

Spowiedź jest tak istotna dla zdrowia naszego umysłu, ciała i duszy, że nie możemy jej uniknąć. Potrzeba oczyszczenia duszy z poczucia winy jest silniejsza niż chęć milczenia. Pewien pracownik więzienny powiedział mi: „Wielu przestępców zostaje złapanych dlatego, że muszą opowiedzieć choćby jednej osobie o tym, co uczynili. I choć czasem są to tylko przechwałki, jest to moim zdaniem forma publicznej spowiedzi".

Współczesnymi spowiednikami stali się psychoterapeuci. Razem z nimi próbujemy rozwikłać swoje psychiczne i emocjonalne problemy, zgłębiając otwarcie ciemną stronę i lęki naszej natury i psychiki. Słodka moc uzdrawiania wpływa do naszego układu energetycznego, kiedy tylko wyrywamy się spod władzy strachu, zastępując go silniejszym poczuciem własnego ja. W języku spowiedzi takie terapeutyczne kroki milowe są tym samym co odwoływanie naszej duszy z negatywnej misji, na którą ją wysłaliśmy.

Jak więc poradzimy sobie teraz z zadaniami wyznaczonymi nam przez piątą czakrę, wiedząc już, że uczy nas ona korzystać z wolnej woli i zapisuje rozkazy, jakie wydajemy swej duszy?

MIĘDZY ROZUMEM A SERCEM

Ponieważ ośrodek woli umiejscowiony jest pomiędzy energią serca a energią umysłu, musimy nauczyć się równoważyć związane z nimi dążenia. W dzieciństwie zwykle skłaniamy się ku jednej z tych dwóch głównych energii; chłopców przeważnie zachęca się do kierowania się rozumem, a dziewczynki do słuchania głosu serca.

Energia umysłu włada światem zewnętrznym, podczas gdy energia serca rządzi naszym życiem osobistym. Przez wieki w naszej cywilizacji panował pogląd, że emocje osłabiają zdolność podejmowania szybkich i koniecznych decyzji, a z kolei w sferze uczuć energia umysłu jest zupełnie bezużyteczna. Widać w to w starym porzekadle, że serce ma swoje racje, których rozum nie zna. Przez wiele stuleci podziału tego nie kwestionowano. Dopiero w latach 60. umysł spotkał się z sercem i za człowieka zrównoważonego zaczęto uważać kogoś, kto w swoim działaniu kieruje się zarówno sercem, jak i umysłem.

Jeżeli rozum i serce nie potrafią się skutecznie porozumieć, jedno zawładnie drugim. Gdy prowadzenie obejmie rozum, cierpimy emocjonalnie, ponieważ sygnały przekazywane nam przez uczucia uznajemy za wrogie. Chcemy kontrolować wszelkie sytuacje i związki i panować nad emocjami. Gdy naszym przewodnikiem staje się serce, próbujemy zachować iluzję, że wszystko jest dobrze. Obojętnie, czy dominującą rolę odgrywa serce, czy rozum, naszą wolą kieruje strach i daremne pragnienie kontroli, a nie poczucie wewnętrznego bezpieczeństwa.

Brak równowagi między sercem i rozumem zwraca ludzi ku nałogom. Z energetycznego punktu widzenia każde zachowanie, którego motywem jest lęk przed rozwojem duchowym, ma charakter uzależnienia. Nawet zachowanie, które w zwykłych warunkach jest zdrowe – na przykład uprawianie gimnastyki lub medytacji – może być nałogiem, jeśli jego celem staje się unikanie bólu lub poznania prawdy o sobie. Każdego rodzaju aktywność może stać się umyślną barierą pomiędzy naszą świadomością a nieświadomością, kiedy to mówimy: „Chcę wskazówek, ale nie mów mi niczego, co mi się nie spodoba". Próbujemy nawet manipulować wskazówkami, których tak pragniemy. Kończy się na tym, że przeżywamy nieustanny cykl pragnień zmiany, wynikających z rozumu, i emocjonalnych obaw przed wprowadzaniem tej zmiany.

Jedynym sposobem przełamania tego wzorca jest podjęcie decyzji o połączeniu władzy rozumu z władzą serca. Łatwo jest trzymać się utartego schematu i twierdzić, że nie wiemy, co mamy robić. Ale to nieprawda. Jeżeli działamy według starego wzorca, to znaczy, że dokładnie wiemy, co powinniśmy czynić, ale się tego boimy. Wyrwanie się z owego schematu wymaga podjęcia tylko jednej stanowczej decyzji skierowanej w przyszłość, a nie w przeszłość. Decyzje w rodzaju: „Dość tego, nie będę już brać tych leków" albo: „Nie zostanę tutaj ani dnia dłużej – muszę wyjechać" zawierają w sobie siłę, która jednoczy energię rozumu i energię serca, a nasze życie niemal natychmiast zaczyna się zmieniać dzięki mocy sprawczej obecnej w tak kategorycznym postanowieniu. To prawda, że porzucenie znanego życia, choćby naprawdę żałosnego, jest przerażające. Zmiana zawsze przeraża, a niepewność związana z czekaniem na nadejście nowego sprawia jeszcze większą mękę. Dlatego jedynym sposobem zdobycia poczucia pewności jest wkroczyć w wir zmian i wyjść z niego z odzyskaną radością życia.

Eileen Caddy, jedna z trojga założycieli wspólnoty duchowej Findhorn w północnej Szkocji, prowadziła ciekawe życie pełne zmian i wyzwań, gdy nauczyła się ufać przewodnictwu Boga i zawierzyć jego nakazom. Otrzymała wskazówkę – którą uznała za głos Chrystusa – aby opuściła swego męża i pięcioro swoich dzieci i stworzyła partnerski związek z Peterem Caddym. Mimo że posłuchała tego głosu, kolejne lata jej życia były bardzo niespokojne, częściowo dlatego, że Peter był jeszcze wówczas żonaty. W końcu się rozwiódł, poślubił Eileen i objął kierownictwo podupadającego hotelu w miejscowości Forres w północnej Szkocji. Mieli troje dzieci. Idąc za wskazówkami, które Eileen otrzymywała nadal, Peter uczynił z tego marnego hoteliku elegancki czterogwiazdkowy hotel. Przez te lata Eileen prawie nie utrzymywała kontaktów z pięciorgiem starszych dzieci, choć głos wewnętrzny mówił jej, że powinna wreszcie się z nimi pogodzić, co w końcu uczyniła. Przewodnictwo Eileen, co zrozumieli oboje z Peterem, pochodziło z głębokiego źródła duchowego.

Gdy hotel był w pełni rozkwitu, ku ogólnemu zaskoczeniu Peter został zwolniony. Wiadomość ta była wstrząsem i dla niego, i dla Eileen; nigdy się nie spodziewali, że za swą solidną pracę dostaną taką odpłatę. Ale znowu głos wewnętrzny podpowiedział Eileen, żeby wynajęli przyczepę na pobliskim polu kempingowym zwanym Findhorn. Następnie kazał im uprawiać ogród, co wydawało się niedorzeczne, zważywszy na surowy klimat, złą ziemię i brak słońca. Niemniej posłuchali tej wskazówki, a wkrótce dołączyła do nich jeszcze jedna kobieta, Dorothy McLean.

Dorothy, podobnie jak Eileen, zajmowała się channellingiem, tylko że jej przewodnictwo miało źródło w „energiach przyrody", które mówiły jej, jak ma z nimi skutecznie współpracować. Przyrzekły jej one, że ogród będzie wspaniale rozkwitał przez następnych siedem lat, co pokaże ludziom, jak wiele można osiągnąć, kiedy współdziałają ze sobą siła człowieka, siła przyrody i siła duchowa.

Ogród rozkwitł w pełnej krasie, zgodnie z obietnicą. Wegetacja osiągnęła niespotykany poziom. Plotki o „magicznym" ogrodzie docierały wszędzie i zaczęli do tego miejsca przyjeżdżać ludzie z całego świata, aby je zobaczyć na własne oczy. Nikt nie był rozczarowany; nawet sceptycznie nastawieni ogrodnicy musieli przyznać, że ogród jest przepiękny. Kiedy pytano Dorothy, Petera i Eileen o źródło tak wspaniałych rezultatów, mówili prawdę: „Postępowaliśmy zgodnie z wolą Bożą".

W końcu wokół tego ogrodu utworzyła się wspólnota. Eileen zaczęła praktykować niezwykłą formę medytacji – oddawała się im od północy do szóstej rano, w ogólnej łazience, bo było to jedyne miejsce, gdzie mogła znaleźć nieco prywatności. Mała przyczepa, w której ledwie mieściła się jedna osoba, teraz służyła za mieszkanie dla sześciu osób. Każdego ranka Eileen przekazywała Peterowi instrukcje, jakie otrzymywała nocą. A on dokładnie się do nich stosował, wykorzystując przy tym swoje zdolności kierownicze, aby upewnić się, że członkowie wspólnoty wypełniają jego zalecenia. Wznoszono budynki, tworzono reguły postępowania i niebawem życie tej społeczności rozkwitło.

I tak jak im obiecano, po siedmiu latach wegetacja wróciła do normalnego poziomu. Eileen otrzymała wskazówkę, że Peter nie może już liczyć na dalsze przewodnictwo i musi sam znaleźć sposób, aby usłyszeć swój wewnętrzny głos. Ta wiadomość spowodowała napięcie w ich związku i Peter zaczął szukać przewodnictwa gdzie indziej w obrębie wspólnoty. Niebawem ludzie zaczęli ze sobą rywalizować, bo każdy chciał mieć wpływ na Petera. Powstał chaos, a Eileen wpadła w depresję. W końcu Peter oświadczył, że opuszcza i ją, i ich społeczność i że tak naprawdę nigdy nie był w niej zakochany. Eileen, zdruzgotana jego oświadczeniem i rozwodem, zastanawiała się, czy tak właśnie ma wyglądać nagroda za słuchanie Boskich wskazówek.

Dzisiaj Eileen twierdzi, że jej zmagania i rozpacz, a nawet rozwód, wynikały z „opierania się Bogu". Chociaż postępowała zgodnie z Jego wskazaniami, to w rzeczywistości robiła to wbrew sobie, wskutek czego przez większość czasu przeżywała konflikt wewnętrzny. Musiała nauczyć się wierzyć i ufać w swój kontakt ze „świadomością Chrystusową". Na tym polegała jej osobista misja duchowa.

Teraz Eileen mówi, że Boska siła jest w niej stale obecna i zawsze ją prowadzi. Wybrała drogę służby bliźnim i czuje, że jest za to na wiele sposobów wynagradzana. „Mam rodzinę w sensie archetypicznym. Moją rodziną jest społeczność, jaka mnie otacza. Mam piękny dom, serdeczne stosunki ze wszystkimi moimi dziećmi i bliski kontakt z Bogiem. Czuje się głęboko szczęśliwa".

Więź Eileen z energią „Chrystusa" jest odzwierciedleniem współczesnego mistycyzmu. Jej życie obejmuje obie ścieżki duchowe: starą – na której przywódca duchowy żyje w ubóstwie, samotnie, oddając się kontemplacji, by w ten sposób pośredniczyć między ludźmi i Bogiem; i nową – kiedy to przebywa on pośród swojej wspólnoty duchowej. Bóg zsyła na Eileen ciężkie próby, ale też błogosławieństwa i nagrody. Jej życie pełne jest cudów i niezwykłych zbiegów okoliczności.

Rezultatem powierzenia swojej woli Boskiemu przewodnictwu mogą być trudne doświadczenia, ale również wspaniałe chwile poznawania samego siebie. Pewne etapy życiowe mogą zakończyć się w sposób bolesny – rozpadem małżeństwa czy utratą pracy – ale nie spotkałam jeszcze nikogo, kto by uznał, że takie zakończenie, będące skutkiem zjednoczenia się z Boską wolą, nie było warte swej ceny. Żadna historia nie oddaje lepiej takiego doświadczenia niż biblijna przypowieść o Hiobie, który poddał się Boskim zrządzeniom.

Hiob był człowiekiem bardzo zamożnym i głęboko wierzącym w Boga – dumny był z obu tych cech. Szatan poprosił Boga, aby pozwolił mu wypróbować Hioba, twierdząc, że potrafi sprawić, iż człowiek ten utraci swą wiarę. Bóg się zgodził. Najpierw szatan pozbawił Hioba majątku i zabrał mu dzieci. Ale Hiob zachował wiarę, uważając, że skoro taka była wola Boska, musi to znieść. Następnie szatan sprowadził na niego chorobę. Wówczas żona zaczęła nakłaniać Hioba, by „wyrzekł się" Boga, skoro zsyła On na nich takie nieszczęścia. Hiob jednak nadal trwał w swej wierze. Wkrótce zmarła mu żona.

Odwiedzili go trzej przyjaciele Elifaz, Bildad i Sofar, by go pocieszyć i porozmawiać o naturze Boskiej sprawiedliwości. Uważali, że ponieważ Bóg nie ukarałby „sprawiedliwego męża", Hiob musiał czymś obrazić Niebiosa. Hiob jednak zapewnił ich, że w niczym nie zawinił, i powiedział, że jego cierpienie wynika z ogólnej niesprawiedliwości na świecie. Kiedy Hiob zaczął coraz bardziej dopuszczać do siebie myśl, że może rzeczywiście Bóg jest wobec niego niesprawiedliwy, skazując go na cierpienie, dołączył do nich młodzieniec o imieniu Elihu. Skarcił ich wszystkich za to, iż sądzą, że znają „zamysły Boga", i uważają, że Bóg winien się im tłumaczyć ze swoich decyzji.

W końcu Bóg przemówił do Hioba i wskazał mu, jaka jest różnica między wolą Boską a wolą ludzką. Bóg zapytał: „Gdzieś był, gdy zakładałem ziemię?" i: „Czyś w życiu rozkazał rankowi, wyznaczył miejsce jutrzence?".

Hiob zrozumiał, że głupotą jest przeciwstawiać się Boskiej woli, i wyraził skruchę. Przekazał swoim przyjaciołom prawdę, której się nauczył: że żaden śmiertelnik nie potrafi pojąć Boskich zamysłów, że jedynym prawdziwym aktem wiary jest zaakceptowanie wszystkiego, czego Bóg od nas wymaga, i że Bóg nie musi tłumaczyć się śmiertelnikom ze swoich decyzji. I Hiob powierzył swoją wolę Bogu, mówiąc: „Raz przemówiłem, nie więcej, drugi raz niczego nie dodam". Bóg obdarzył Hioba drugą rodziną i podwoił jego ziemskie bogactwa.

Co pewien czas wyzwania, z którymi się spotykamy, każą nam pytać: jakie Bóg ma wobec mnie zamiary? Często sądzimy, że Bóg wymaga od nas, byśmy wykonali jakieś zadanie czy pracę lub zdobyli umiejętności, z których będziemy mogli korzystać. Ale w rzeczywistości Bóg kieruje nas przede wszystkim ku temu, byśmy poznali naturę duszy i Jego samego.

Najwspanialszy akt woli, w który angażujemy swą duszę, polega na wyborze drogi życiowej zgodnej z następującymi zasadami:

1. Nie wydawaj żadnych sądów.
2. Nie miej żadnych oczekiwań.
3. Odrzuć potrzebę poznania przyczyn, dla których dzieje się tak a nie inaczej.
4. Ufaj w to, że nieoczekiwane wydarzenia w twoim życiu są formą duchowego kierownictwa.
5. Miej odwagę, aby podejmować pewne konieczne decyzje, akceptuj to, czego nie możesz zmienić, i naucz się odróżniać jedno od drugiego.

JAKI JESTEŚ?

1. Co według ciebie znaczy: „mieć silną wolę"?
2. Kto w twoim życiu ma wpływ na twoją wolę oraz twoje decyzje i dlaczego?
3. Czy pragniesz kontrolować innych? Jeśli tak, to kim są te osoby i dlaczego chcesz na nie wywierać wpływ?
4. Czy potrafisz wyrażać swoje myśli szczerze i otwarcie, jeśli czujesz taką potrzebę? Jeżeli nie, to dlaczego?
5. Czy wyczuwasz, kiedy otrzymujesz wewnętrzne wskazówki, według których masz działać?
6. Czy wierzysz w przewodnictwo, które nie daje „gwarancji" żadnych rezultatów?
7. Jakie obawy odczuwasz w związku z Boskim przewodnictwem?
8. Czy modlisz się o pomoc w realizacji twoich osobistych planów i czy umiesz powiedzieć: „Zrobię to, co wskaże mi Bóg"?
9. Co sprawia, że tracisz kontrolę nad swoją wolą?
10. Czy przeżywasz sytuacje, w których wiesz, że musisz coś zmienić, lecz stale odkładasz to na później? Jeśli tak, zastanów się, jakiego rodzaju są to sytuacje i z jakich powodów nie chcesz podjąć działania.

Rozdział 6

Czakra szósta: siła umysłu

Czakra szósta, czakra umysłu, związana jest z naszym intelektem i zdolnością logicznego myślenia, a także z psychologiczną umiejętnością oceny własnych przekonań i postaw. Ta czakra umysłu odwołuje się do energii naszej psychiki, naszych świadomych i nieuświadomionych sił psychicznych. W literaturze duchowej Wschodu nazywa się ją „trzecim okiem” – jest duchowym ośrodkiem, w którym interakcje między umysłem i psychiką mogą prowadzić do widzenia intuicyjnego i mądrości. Szósta czakra jest centrum mądrości.

Przed czakrą tą stoją następujące wyzwania: zwiększyć otwartość umysłu, rozwinąć świadomość nieosobową, wycofać naszą energię z powierzchownych i „fałszywych” prawd, nauczyć nas postępować zgodnie z nakazem wewnętrznym i widzieć różnicę między myślami wypływającymi z poczucia siły a tymi, które wynikają ze strachu i złudzeń.

Miejsce: środek czoła.

Energetyczne połączenie z ciałem fizycznym: mózg i układ nerwowy, przysadka mózgowa, szyszynka, a także oczy, uszy i nos.

Energetyczne połączenie z ciałem emocjonalnym i mentalnym: czakra szósta łączy nas z ciałem mentalnym, intelektem oraz psychiką. Nasza psychika to zbiór tego, co wiemy i w co wierzymy, że jest prawdą, to wyjątkowe połączenie faktów, obaw, osobistych doświadczeń oraz wspomnień nieustannie aktywnych w naszym mentalnym ciele energetycznym.

Związek z symboliką i sposobem postrzegania: szósta czakra pobudza nas do zadań, które prowadzą do mądrości. Mądrość zdobywamy zarówno dzięki życiowym doświadczeniom, jak i przez rozwinięcie zdolności nieprzywiązywania się. Patrzenie symboliczne jest częściowo zależne od owej sztuki nieprzywiązywania się – stanu świadomości sięgającego poza myślenie „indywidualne", który pozwala nam osiągnąć siłę i zdolność myślenia „bezosobowego", czyli otwartego.

Związek z sefirami i sakramentem: z czakrą szóstą związane są sefira Bina, symbolizująca Boskie zrozumienie, oraz sefira Chochma, symbol Boskiej mądrości. Bina to łono Boskiej matki, otrzymującej nasienie prokreacyjne od Chochmy, utożsamianej z „początkiem". Zespolenie się obu tych sefir tworzy niższe sefiry. Bina i Chochma symbolizują uniwersalną zasadę, że „myśl" poprzedza „formę" i że proces tworzenia rozpoczyna się w wymiarze energetycznym.

Bina i Chochma przypominają nam, abyśmy byli świadomi tego, co tworzymy – byśmy w pełni korzystali z rozumu, gdy każemy energii stać się materią. Z tej perspektywy sefiry te łączą się z chrześcijańskim sakramentem kapłaństwa.

Sakrament kapłaństwa symbolizuje zadanie, do którego ktoś został powołany, by służyć bliźnim. Z perspektywy archetypicznej oznacza to, że inni uznają, iż ta osoba posiada szczególną wnikliwość i mądrość, co pozwala jej nieść pomoc innym ludziom – jako matka, uzdrowiciel, nauczyciel lub wierny przyjaciel. Tradycyjnie z sakramentem kapłaństwa wiąże się oczywiście rolę księdza, ale w sensie symbolicznym kapłaństwem jest każdy akt, w którym społeczność uznaje, że czerpie korzyści z tego, iż – kierowany głosem wewnętrznym – wybrałeś drogę służby bliźnim, i w którym ty również korzystasz. Ten element obustronnej korzyści świadczy, że zostałeś powołany do otrzymania „święceń". Piękno symbolicznego znaczenia tego sakramentu polega na tym, iż mówi on, że każdy człowiek zdolny jest wnieść znaczący wkład w dobro innych ludzi, nie tylko przez swój zawód, ale, co ważniejsze, przez to, co sobą reprezentuje. Sakrament kapłaństwa przypomina nam, że nasz wkład duchowy w życie bliźnich jest o wiele istotniejszy niż wywiązywanie się z określonych zadań.

Podstawowe lęki: niechęć do wejrzenia w siebie i rozpoznania swoich obaw; strach przed poznaniem prawdy, gdy powody naszego działania są niejasne; strach przed stanowczą realistyczną oceną; lęk przed poleganiem na radach z zewnątrz, przed dyscypliną; strach przed mroczną stroną własnej natury i jej przejawami.

Podstawowe wartości: zdolności intelektualne i sprawność umysłowa; trafność w ocenie świadomych i nieświadomych przemyśleń; umiejętność czerpania natchnienia; wspaniałe akty twórczego działania i intuicyjnego rozumowania – inteligencja emocjonalna.

Święta zasada: szóstej czakrze odpowiada święta zasada: „Szukaj tylko prawdy". Zmusza nas ona do nieustannego odróżniania prawdy od iluzji, tych dwóch sił obecnych w każdej chwili naszego życia. Oddzielanie prawdy od fałszu to raczej zadanie dla umysłu niż mózgu. Mózg kieruje zachowaniami naszego ciała fizycznego, natomiast umysł rządzi funkcjonowaniem ciała energetycznego, które ma związek z naszym myśleniem i sposobem postrzegania. Mózg jest narządem fizycznym, za którego pomocą myśl przekształca się w czyn, lecz percepcja – i wszystko, co się z nią wiąże, na przykład poszerzanie świadomości – jest cechą umysłu. Poszerzając świadomość, człowiek może „zdystansować się" od postrzegania subiektywnego i dojrzeć w danej sytuacji prawdę czy jej symboliczne znaczenie. Zdystansowanie się czy nieprzywiązywanie nie oznacza, że przestaje nam na czymś zależeć. Znaczy tylko, że wyciszamy w sobie myśli motywowane strachem. Ten, kto wypracował wewnętrzną postawę nieprzywiązywania się, ma tak pełne poczucie tożsamości, że na jego świadomość nie oddziałują żadne siły zewnętrzne. Taka klarowność umysłu i własnego ja stanowi istotę mądrości, jednej z Boskich sił szóstej czakry.

STOSOWANIE ZASADY DYSTANSU

Jak stosować w praktyce zasadę dystansu we własnym życiu? Historia Pete'a pokazuje jeden ze sposobów korzystania z tej umiejętności. Pete zwrócił się do mnie z prośbą o wykonanie mu odczytu intuicyjnego, gdy przeżywał poważny kryzys osobisty. Żona, z którą spędzili razem siedemnaście lat, oznajmiła mu, że go już nie kocha i chce rozwodu. Pete, co zrozumiałe, był zdruzgotany, podobnie jak czwórka ich dzieci. Zasugerowałam mu, aby choć przez chwilę popatrzył na tę sytuację z dystansu. Podejrzewałam, że jego żona postanowiła porzucić rolę niańki – którą odgrywała przez większą część swego życia. W dzieciństwie opiekowała się młodszym rodzeństwem; wyszła za mąż w wieku siedemnastu lat, a po roku została matką. Teraz, gdy dobiegała czterdziestki, zaczęła myśleć o sobie i o własnych potrzebach i prawdopodobnie miała romans. Powiedziałam Pete'owi, że jego żona przestraszyła się swoich nowych odczuć i że gdyby lepiej znała słownictwo terapeutyczne, opisałaby te swoje nowe emocje, zamiast wpadać w panikę. Jej romans był zapewne próbą ucieczki od tego, co działo się w jej wnętrzu. Prawdopodobnie wcale nie zależało jej na mężczyźnie, z którym się związała, choć na razie nie zdawała sobie z tego sprawy. Zdecydowała się na romans, ponieważ nie potrafiła wymyślić innego sposobu odejścia od męża i dzieci. Nie przyszło jej do głowy szukać pomocy terapeutycznej, ponieważ było to obce jej kulturze i sposobowi myślenia.

Powiedziałam Pete'owi, że choć może trudno będzie mu to zaakceptować, jego żona postąpiłaby na tym etapie życia tak samo, niezależnie od tego, kto byłby jej mężem, gdyż rozpoczęła właśnie proces odkrywania samej siebie. Sama nie wie, że weszła w okres „ciemnej nocy duszy". Powiedziałam mu też, żeby się postarał nie traktować osobiście jej wybuchów złości i deklaracji odejścia, bo mimo że przeciwko niemu kieruje ona swój emocjonalny gniew, to w istocie jest zła na siebie, że ma zamęt w głowie.

Pete potrafił przyjąć i wykorzystać te informacje. Mimo że postanowili się rozwieść, to za każdym razem, gdy mój klient czuł smutek i ból z powodu rozpadu swej rodziny, powracał do bardziej bezosobowego sposobu patrzenia na ten kryzys życiowy. Wkrótce po naszej pierwszej rozmowie Pete odkrył, że żona miała romans z jego przyjacielem, ale już się to skończyło. Zrozumiał, że nie kochała tamtego mężczyzny, tylko próbowała znaleźć odskocznię dla swoich problemów. Powiedziałam Pete'owi, że przypuszczalnie nadal będzie starała się z nimi uporać, szukając innego partnera, ale nie odniesie to skutku. Każda tego rodzaju znajomość była skazana na porażkę, ponieważ wiązanie się z innym człowiekiem – a więc znów wchodzenie w rolę niańki – nie pomoże jej się uwolnić od emocjonalnego bólu. Powinna wejrzeć w siebie i popracować nad uleczeniem prawdziwego źródła swych cierpień.

Mieć dystans i być świadomym to znaczy przenieść pewne spostrzeżenia z umysłu do ciała. Oznacza to, że musimy przyjąć te spostrzeżenia, które są prawdziwe, i właśnie na nich opierać się w życiu, tak aby ich siła połączyła się w jedno z naszą energią.

Weźmy na przykład zasadę: „Wszystko się zmienia". Mentalnie możemy ją przyjąć bez żadnych oporów. Ale gdy zmiana następuje w naszym życiu – gdy spostrzegamy, że się starzejemy; gdy umierają ci, których kochamy; gdy bliski związek zmienia się w luźną znajomość – zasada ta nas przeraża. Czasem potrzebujemy lat, aby po pewnych zmianach dojść do siebie, bo spodziewaliśmy się, że zawsze będzie tak samo. Wiedzieliśmy w głębi duszy, że coś się zmieni, ale mieliśmy nadzieję, że energia zmian ominie choć tę jedną cząstkę naszego życia.

Ale nawet jeśli zasada: „Wszystko się zmienia" wydaje nam się wrogiem, który zabrał nam szczęście, to w końcu czas samotności przeminie i rozpocznie się nowy etap życia. Obietnica zawarta w tej zasadzie mówi, że gdy jedno się kończy, zaczyna się coś innego.

Świadomość jest umiejętnością uwalniania się od starego i przyjmowania nowego z myślą, że wszystko się kończy we właściwym czasie i że we właściwym czasie wszystko się zaczyna. Trudno żyć z tą prawdą, bo człowiek chce stabilności, pragnie, by nic się nie zmieniało. Dlatego poszerzanie świadomości oznacza, że żyjemy całkowicie tu i teraz, wiedząc, że jutro żadna sytuacja ani osoba nie będzie dokładnie taka sama. A gdy pojawia się zmiana, starajmy się uznać ją za naturalną część życia i „płynąć razem z nią", jak radzi *Daode jing**, a nie przeciw niej.

---

* *Daode jing* – dzieło chińskiego myśliciela Laozi (VI w. p.n.e.), które zainicjowało koncepcję taoizmu (przyp. red.).

Usiłowania, aby wszystko pozostało po staremu, są zarówno bezsensowne, jak i daremne. Naszym zadaniem jest jak najlepiej korzystać z naszej energii w każdej sytuacji, ze świadomością, że wywieramy wpływ na to, czego doświadczymy jutro – ale nie kontrolujemy tego.

Często po moich wykładach na temat dystansowania się słuchacze stwierdzali, że pojęcie to brzmi zbyt zimno i bezosobowo. Nie w taki sposób jednak należy rozumieć to pojęcie. Na jednym z warsztatów poprosiłam, by każdy z uczestników przypomniał sobie sytuację, w której czuł się bardzo zagrożony. Pewien mężczyzna powiedział, że było mu bardzo przykro, gdy wrócił po chorobie do pracy i dowiedział się, że jego obowiązki przejął ktoś inny. Poprosiłam go, aby sobie wyobraził, że jest wolny od wszelkich związków z tą pracą i że potrafi znaleźć dla siebie inne opcje. Powiedziałam, by stworzył sobie obraz, że jego praca jest zaledwie kroplą energii, a nie oceanem, i że jego życie zalewa fala twórczej mocy. Następnie poprosiłam, by wyobraził sobie, że przychodzi do biura i dowiaduje się, iż go zwolniono. I jak by teraz na to zareagował? Roześmiał się i odparł, że wziąwszy pod uwagę obraz siebie, który stworzył obecnie w swym umyśle, wcale by się nie przejął tym zwolnieniem. Czułby się zupełnie dobrze, ponieważ dzięki temu otworzyłaby się przed nim możliwość podjęcia pracy gdzie indziej.

Na tym polega znaczenie zasady dystansu, nieprzywiązywania się: jest to uświadomienie sobie, że żaden człowiek czy grupa ludzi nie ma wpływu na kierunek twej ścieżki życiowej. A więc kiedy w twoim życiu następuje zmiana, to znaczy, że jakaś siła wyższa wskazuje ci nową drogę. Może ci się wydawać, że straciłeś pracę na skutek zmowy jakichś osób – ale to tylko złudzenie. Jeśli zechcesz wierzyć w tę iluzję, staniesz się jej więźniem, może do końca życia.

Gdyby nie nadeszła właściwa pora, byś ruszył dalej, ta „zmowa” nie odniosłaby żadnego skutku. Na tym polega wyższa prawda tej życiowej zmiany, a patrzenie symboliczne, które towarzyszy zdolności zachowywania dystansu, pozwala ci tę prawdę dojrzeć.

Oczywiście nikt nie oświadcza pewnego ranka: „Dziś stanę się człowiekiem świadomym”. Pragnienie, by poszerzyć horyzonty myślowe, budzi się w nas dzięki tajemnicom życia, z jakimi się spotykamy. Wszyscy doświadczamy – i zawsze tak będzie – wydarzeń i związków, które każą nam weryfikować nasz obraz rzeczywistości. Każdy element konstrukcji naszego umysłu zmusza nas do zastanawiania się, dlaczego dzieje się tak a nie inaczej, choćby powodowało to zamęt w naszych myślach.

Danny zwrócił się do mnie o pomoc, ponieważ stwierdzono u niego raka prostaty. Poprosił tylko o jedno: „Po prostu pomóż mi zrozumieć, co takiego robię i myślę, czego nie powinienem”.

Gdy oceniłam jego stan energetyczny, zrozumiałam, że Danny obsesyjnie wręcz pragnie pomagać innym ludziom, tylko nie sobie. Zapytałam go, co chciałby teraz robić, na co odparł: „Chciałbym rzucić pracę w handlu, przeprowadzić się na wieś, uprawiać rolę i zajmować się stolarką”. Następnie rozmawialiśmy o konsekwencjach takiej zmiany. Miał pewne zobowiązania w stosunku do firmy, był aktywnym członkiem różnych grup, a przede wszystkim jego rodzina była zadowolona z ich stylu życia. Wszystko to musiałoby się zmienić. Danny stwierdził: „Od dłuższego czasu myślę o tym, że chciałbym żyć inaczej. Nie chcę już zaprzątać sobie głowy wynikami sprzedaży. Pragnąłbym myśleć o czymś innym, na przykład o przyrodzie. Ale rzecz jasna, myślami o przyrodzie nie spłacę rachunków, toteż nigdy nie podjąłem żadnych kroków, by cokolwiek zmienić. Coś mi jednak mówi, że powinienem zacząć żyć inaczej. Trwa to już od dawna, ale teraz czuję, że muszę posłuchać tego głosu". Powiedziałam mu, że otrzymał przewodnictwo i że powinien mu zaufać, bo wówczas otworzy się przed nim nowy świat, w którym jego zdrowie rozkwitnie. Dwa miesiące później Danny zawiadomił mnie, że jego rodzina zgodziła się na przeprowadzkę i że latem przenoszą się na południowy zachód. Dodał, że nigdy w życiu nie czuł się lepiej i że wie z całą pewnością, iż w jego ciele nie pojawi się już żaden złośliwy nowotwór.

Danny był gotów porzucić pracę handlowca i rozpocząć nowe życie. Uwalniając się od dotychczasowego wizerunku i od swojej pracy, uwolnił się także od przeświadczenia, że jego wpływ na świat materialny jest ograniczony. Podążając za głosem wewnętrznym, zdołał się otworzyć na swoją wewnętrzną rzeczywistość i zadać sobie pytania: „Na czym polega życie? Co powinienem robić? Jakich ważnych rzeczy mam się nauczyć?". I mógł odpowiedzieć: „Świat zewnętrzny wcale nie ma nade mną takiej władzy. Decyduję się słuchać mojego świata wewnętrznego".

Oto jak stajemy się ludźmi świadomymi – pojawia się tajemnica, podejmujemy działanie i spotykamy się z kolejną tajemnicą. Gdy postanawiamy zatrzymać ten proces, wchodzimy w stan zawieszenia, który coraz bardziej oddala nas od źródła siły życiowej. Przechodzenie od myślenia osobistego do zdystansowanego może być jednak bardzo naturalne i łatwe.

Karen, uczestniczka moich warsztatów, straciła pracę trzykrotnie w ciągu niespełna roku. Zastanawiała się, czy źródło niepowodzeń tkwi w niej samej. A kiedy już zadała sobie to pytanie, zapragnęła znaleźć odpowiedź. Poświęciła czas na to, aby lepiej siebie poznać, i stwierdziła, że sama jest źródłem swoich problemów. Te trzy posady, z których ją zwolniono, w ogóle jej nie interesowały. Tak naprawdę chciała zmienić zawód. Ta myśl była dla niej jak objawienie. Dzisiaj Karen zaangażowana jest w różnego rodzaju działalność i z każdym nowym doświadczeniem odkrywa w sobie nowe upodobania i niechęci, ambicje i lęki. Dla niej jest to naturalnym sposobem prowadzenia świadomego życia. Gdy wspomina czasy „zanim zapaliło się światło", dziwi się, jak w ogóle potrafiła egzystować, nie myśląc o rzeczach, które nadają życiu sens. „Życie bez świadomości to nic więcej jak nieświadomość. Nawet nie wiesz, że o czymś nie wiesz. Myślisz tylko o podstawowych rzeczach – o jedzeniu, ubraniu, pieniądzach. Nigdy nie przychodzi ci do głowy myśl, by zastanowić się, w jakim celu zostałaś stworzona. Ale kiedy już postawisz sobie to pytanie, nie przestajesz pytać dalej, bo każda odpowiedź prowadzi cię do szukania kolejnej prawdy".

ŚWIADOMOŚĆ I JEJ ZWIĄZEK ZE ZDROWIEM

W ciągu ostatniego czterdziestolecia pojawiło się mnóstwo informacji na temat wpływu umysłu na zdrowie. Nasza postawa odgrywa ogromną rolę w tworzeniu lub niszczeniu naszego zdrowia fizycznego. Depresja, na przykład, nie tylko opóźnia proces leczenia, lecz bezpośrednio osłabia układ odpornościowy. Złość, zgorzknienie, wściekłość i żal utrudniają powrót do zdrowia, a nawet go całkowicie hamują. W woli wyzdrowienia tkwi ogromna siła, a bez niej nasze ciało jest bezbronne wobec choroby. W obliczu tych nowych odkryć siła świadomości w sposób oficjalny znajduje dziś miejsce w medycznym modelu zdrowia i choroby.

To zdumiewające, jak doświadczenia związane z chorobą motywują wielu ludzi do zwrócenia baczniejszej uwagi na własne wnętrze oraz na swoją postawę i tryb życia. I nieodmiennie opisują oni w zasadzie ten sam proces powrotu do zdrowia – przejście od myślenia osobistego do bezosobowego.

Na początku, gdy usłyszą diagnozę, są przerażeni. Ale gdy już wezmą się w garść, większość z nich mówi, że już wcześniej czuli, iż dzieje się coś złego, lecz ze strachu zlekceważyli to uczucie. Jest to znamienne, ponieważ widać, że intuicja zawczasu ostrzega nas przed utratą sił fizycznych. Chorzy mówią, że gdy ich lęk zaczynał powoli ustępować, zwracali się ku swemu wnętrzu, przyglądając się treści swojego umysłu i swoim emocjom. W taki właśnie sposób rozpoczynamy proces zestrajania sfery mentalnej i emocjonalnej, stajemy się świadomi rozdźwięku pomiędzy tym, co czujemy, a tym, co myślimy. Aby nastąpiło uzdrowienie, potrzebne jest zespolenie się umysłu i serca i zwykle to umysł trzeba dostosować do naszych odczuć. Jednak zbyt często o tym zapominamy przy dokonywaniu codziennych wyborów.

Tak więc ludzie często opowiadają, jak zaczęli odmieniać swoje życie, dopuszczając do głosu twórczą siłę uczuć. Opowieść Sylvii ilustruje tę wędrówkę ku pogłębieniu świadomości zarówno serca, jak i umysłu. U Sylvii stwierdzono nowotwór i usunięto jej obie piersi. Pojawiły się jednak przerzuty na węzły chłonne. Naturalne jest, że w takiej sytuacji człowieka nie opuszcza myśl o tym, że ma raka, ale Sylvia zdystansowała się od tej myśli i skoncentrowała się na swych życiowych stresach, które zatruły jej energię. Przyjrzała się swoim lękom, i temu, jaki wpływ wywierały one na jej psychikę. Zrozumiała, że panicznie bała się samotności. Zachorowała wkrótce po tym, jak się rozwiodła. Normalne byłoby to, że skupia się na swojej samotności i jest rozgoryczona z powodu rozstania się z mężem, ale

Sylvia przyrzekła sobie, że w każdym następującym dniu będzie starała się znaleźć coś wartościowego. Postanowiła nie rozmyślać nad tym, co było wczoraj, lecz docenić wszystkie dobre rzeczy, które ją spotkały, i uwolnić się od bolesnych wspomnień, także tych o rozwodzie. Często odczuwała smutek z powodu swej sytuacji, ale zamiast trwać w tym smutku, wypłakiwała go i szła naprzód. Później zajęła się udzielaniem wsparcia innym osobom powracającym do zdrowia po chorobie nowotworowej, co nadało jej życiu nowy cel i sens. Patrząc na to z perspektywy symbolicznej, można by powiedzieć, że została „wyświęcona" – siła, jaką dawała innym ludziom, powracała do niej w postaci ich wdzięczności i uznania. Nigdy wcześniej nie czuła się tak potrzebna. W ciągu sześciu miesięcy jej organizm ostatecznie uwolnił się od raka.

Jeden z aspektów poszerzania świadomości polega na tym, aby żyć chwilą obecną i cenić każdy kolejny dzień. Sylvia umiała nabrać dystansu do swojej przeszłości i stworzyć sobie nowe życie, mające cel i sens – to właśnie jest definicja bezosobowego stosunku do własnych problemów życiowych. Mimo że w jej organizmie pojawił się nowotwór, zdołała odkryć prawdę, iż wzmocniona dusza może uzdrowić ciało dotknięte chorobą – bezosobowy umysł jest silniejszy niż osobiste doświadczenia. Wiele razy obserwowałam, że odzyskanie zdrowia jest kwestią poszerzenia własnej świadomości – nie świadomości choroby, lecz sił życiowych, których wcześniej nie wykorzystaliśmy.

ŚWIADOMOŚĆ A ŚMIERĆ

Czy to znaczy, że ludziom, którzy nie mogą wyzdrowieć, nie udało się poszerzyć swej świadomości? Wcale nie. Taki pogląd stał się jednak bardzo kontrowersyjnym aspektem myślenia holistycznego. Konstrukcja naszego umysłu skłania nas do rozpatrywania wszelkich sytuacji w kategoriach albo–albo, wygrana lub przegrana, dobrze lub źle. Gdy stan czyjegoś zdrowia się nie poprawia, ludzie mogą mylnie sądzić, że człowiek ten po prostu nie dość się starał.

Śmierć nie jest skutkiem porażki w leczeniu. Jest ona nieodłączną częścią życia. Zresztą wiele osób wyleczyło się ze swych cierpień emocjonalnych i psychicznych i umarły „uzdrowione".

Historia Jacksona pokazuje, co to znaczy umrzeć świadomie. Jackson poprosił mnie o odczyt intuicyjny – miał złośliwy guz mózgu. Odczuwał nieustanny silny ból. Powiedział, że chce zrobić wszystko, co tylko można, aby „osiągnąć pełnię", niezależnie od tego, czy przeżyje, czy nie. Omówiliśmy wszystkie niedokończone sprawy w jego życiu, od związków i znajomości, które należało doprowadzić do końca, aż do lęków, którym trzeba było stawić czoło. Jackson pomyślał nawet o tym, by wysłać kartki z podziękowaniami ludziom, którym powinien był wcześniej podziękować. Skoncentrował się na doprowadzaniu wszystkiego do końca – nie na kończeniu życia, lecz na świadomym kończeniu niezałatwionych spraw. Stale zadawał sobie pytanie: „Czego mam się w swoim życiu nauczyć?". I za każdym razem pojawiała się w jego umyśle jakaś wizja lub odpowiedź, na której podstawie dalej działał. Zauważył na przykład, że nigdy nie wyjaśnił swojej byłej żonie, dlaczego zdecydował się z nią rozwieść. Pewnego dnia po prostu jej powiedział, że ma tego małżeństwa dosyć i, jak to ujął, chce, aby zwolniła go z przysięgi. Zdawał sobie sprawę, że żona jest zdruzgotana i zdezorientowana, i choć poprosiła go o wyjaśnienie, on stanowczo odmówił.

Zrozumiał, że tego rodzaju zachowanie powtarzało się w jego życiu jak schemat; w podobny sposób zranił też inne osoby, choć żonę skrzywdził najbardziej. Jackson przyznał, że lubił to poczucie władzy, które rodziło się w nim, gdy widział zamęt, jaki powodował swoim odejściem. Zdolność czynienia chaosu sprawiała, że czuł się ważny. Teraz postanowił to uporządkować. Do każdej osoby, którą skrzywdził, wysłał listowne wyjaśnienie swoich postępków wraz z przeprosinami. Jackson wielokrotnie badał ciemną stronę swej osobowości i robił, co tylko mógł, by ten mrok rozjaśnić. Ale nadal był śmiertelnie chory. Powiedział mi jednak, że czuje się teraz spokojny, gdyż jest przekonany, że opanował do końca wszystkie życiowe lekcje.

Celem poszerzania własnej świadomości nie jest uniknięcie śmierci ani nawet uodpornienie się na chorobę. Chodzi raczej o to, by zyskać zdolność radzenia sobie bez strachu ze wszystkimi zmianami pojawiającymi się w naszym życiu – i w naszym ciele – starając się jednocześnie poznać i zrozumieć przesłanie prawdy zawarte w każdej zmianie. Poszerzanie świadomości, na przykład przez medytację, jako sposób zabezpieczenia się przed chorobą fizyczną, jest wypaczeniem tego procesu. Jego celem jest bowiem panowanie nad duszą, a nie nad fizycznością. Świat materialny i ciało fizyczne odgrywają tylko rolę nauczycieli.

Z takiego punktu widzenia uwolnienie się od strachu przed śmiercią i umieraniem polega na osiągnięciu spokoju, do czego umysł ludzki jest zdolny dzięki swej wędrówce ku poszerzonej świadomości. Gdy ludzie, którzy zdołali dzięki swej świadomości przerzucić most między tym światem a innymi, mówią o swym poczuciu komfortu, jakie dała im świadomość ciągłości życia, wówczas ustępują także niektóre z naszych lęków.

Doświadczyłam tego, kiedy poznałam Scotta i Helen Nearingów. Opisuję tu ich historię, ponieważ bardzo przyczynili się oni do wzbogacenia mojej wiedzy na temat świadomości człowieka i jego zdolności zmiany poglądów, które przeszkadzają mu żyć w zgodzie z prawdą.

Scott i Helen Nearingowie

Scott i Helen znani są ze swego zaangażowania w ruch ochrony środowiska i w propagowanie samowystarczalności. W młodości uważano ich za buntowników, gdyż ich styl życia, oparty na haśle „powrotu do natury", był w latach 30. czymś zupełnie nowym. Zbudowali własnoręcznie dom i żywili się owocami i warzywami, które sami uprawiali. Przez ponad siedemdziesiąt lat żyli spokojnie, korzystając z darów ziemi, a Helen kontynuowała ten styl życia aż do 1995 roku, kiedy to zmarła. Napisali oboje mnóstwo artykułów i wygłosili wiele wykładów, które miały na celu uczyć ludzi samowystarczalności i poszanowania dla przyrody. Wydali m.in. książkę *Living the Good Life*, w której opisują korzyści, jakie daje nieustające docenianie obfitości natury. Ich ideały i świadomość Boskiego cyklu przyczyny i skutku nadal dzisiaj inspirują liczne rzesze ludzi. Scott zmarł na początku lat 80. w wieku stu lat.

Miałam zaszczyt poznać Helen na jednym z moich warsztatów. Opowiedziała mi o tym, jak jej mąż wybrał śmierć. Podjął taką decyzję świadomie, kiedy poczuł, że nie może dłużej żyć w sposób, który uniemożliwia mu dalszy rozwój duchowy.

„Pewnego dnia Scott wszedł do domu, niosąc drzewo do kominka. Położył kłody na ziemi i oznajmił, że przyszła pora umierać. Powiedział, że wie o tym, bo widzi, iż nie może już wykonywać swoich obowiązków. Ma głęboko w swoim wnętrzu «świadomość», że jego czas nadszedł. Oświadczył mi, że przyjmie śmierć, przestając jeść. Przez trzy tygodnie byłam przy nim, gdy leżał w łóżku, odmawiając jedzenia. Nie próbowałam go zmuszać do zmiany decyzji, bo rozumiałam, że głęboko przemyślał swój wybór".

Scott Nearing odszedł po trzech tygodniach od czasu, gdy postanowił umrzeć, czując się niezdolny do samowystarczalnego życia, jakie było podstawą jego stuletniej egzystencji. Helen dodała: „Zamierzam postąpić tak samo, kiedy już nie będę sama mogła o siebie zadbać. Nie należy bać się śmierci. Po prostu uznajesz, że nadeszła chwila twojego odejścia, i współpracujesz z nią, rezygnując z jedzenia. Potem opuszczasz tylko swoje ciało. To nic wielkiego".

Scott i Helen osiągnęli poziom świadomości i dokonywania osobistych wyborów, który może wzbudzać kontrowersje – ale przecież całe ich życie było kontrowersyjne. Wybrany przez nich sposób odejścia kłóci się ze zbiorowymi przekonaniami o nieingerowaniu w proces umierania oraz z religijnym przeświadczeniem, że o chwili naszej śmierci decyduje wyłącznie Bóg. Może to prawda, lecz jeśli uświadamiamy sobie, że owa chwila nadchodzi, czyż nie mamy prawa współdziałać z tą świadomością? Być może Scott dzięki swemu dążeniu do życia niemal bezosobowego – zgodnego z ideałami prawdy – zasłużył sobie na łaskę, by otrzymać „wewnętrzną" informację, że jego czas właśnie nadszedł. Zamiast załamać się w obliczu choroby, współdziałał ze swoją intuicją i odszedł z tego świata w pełni świadomy do samego końca. Czyż nie na tym polega poszerzanie świadomości? Świadome umieranie jest bez wątpienia jednym z wielu błogosławieństw wynikających z prowadzenia świadomego życia.

We wrześniu 1995 roku, gdy pisałam tę książkę, odeszła również Helen. Podczas prowadzenia samochodu dostała zawału serca. Kiedyś mi powiedziała, że odejdzie z tego świata, gdy skończy pisać swą kolejną książkę. Dotrzymała słowa.

Nasz strach przed śmiercią jest tak wszechogarniający, że w myśleniu zbiorowym temat ten często zdominowany jest przez przesądy. Scott i Helen powinni pozostać w naszej pamięci jako ludzie, którzy uświadomili nam naszą samowystarczalność i którzy głęboko wierzyli w kontynuację życia poza naszą formą materialną.

Sogyal Rinpoche

Sogyal Rinpoche to słynny nauczyciel i autor książki *Tybetańska księga życia i umierania*. Zdobył światową sławę jako „śmiejący się Rinpoche", ponieważ zawsze ma ogromne poczucie humoru.

W 1984 roku odwiedziłam Sogyala w jego domu w Paryżu. Wcześniej się z nim nie spotykałam, ale wiele czytałam o tybetańskich nauczycielach i byłam bardzo ciekawa, czy te wszystkie książki mówią prawdę. Przeczytałam, na przykład, że wielu tybetańskich mistrzów przekracza zwykłe prawa fizyki i że niektórzy z nich potrafią lewitować lub biec z prędkością sięgającą siedemdziesięciu kilometrów na godzinę. Czytałam również, że kiedy pyta się takiego mistrza o jego „moc", zawsze woli on kierować uwagę rozmówcy ku jakiemuś innemu wysoce rozwiniętemu mistrzowi.

W drodze do rezydencji Sogyala zastanawiałam się, co będzie podane na obiad. Ponieważ nie znałam zwyczajów tybetańskich, przychodziły mi do głowy różne głupie myśli – na przykład, czy będę musiała godzinami medytować, zanim przystąpimy do jedzenia. Okazało się, że zamówił chińszczyznę. Usiedliśmy na podłodze w jego biurze i jedliśmy prosto z kartoników.

Gdy tylko atmosfera zaczęła sprzyjać poważnej rozmowie, zapytałam:

– Czy to prawda, że umiesz lewitować?

Roześmiał się, jakby trochę histerycznie, i odparł:

– Och nie, ja nie potrafię. Ale mój mistrz potrafił.

– A czy to prawda, że dzięki stosowaniu medytacji potrafisz biegać z niezwykłą prędkością?

Znów się roześmiał i odpowiedział tak jak przedtem:

– Ja nie. Ale mój mistrz potrafił.

Jego reakcje były zgodne z tym, co czytałam: gdy tybetańskiego mistrza pyta się o jego osobę, zawsze odwraca uwagę słuchacza od siebie, kierując ją na zasługi innego mistrza. Nagle zaświtało mi w głowie, że może Sogyal czyta w moich myślach i dokładnie wie, skąd się biorą moje pytania. W rezultacie stwierdziłam:

– Nie mam więcej pytań. A może sam chciałbyś mi o czymś powiedzieć?

– Powiem ci, w jaki sposób mój mistrz przygotował się do śmierci. Wezwał do siebie swoich astrologów i poprosił, aby sporządzili mu horoskop i określili, kiedy będzie najlepsza dla niego pora, aby wycofać swą duszę z ziemskiego pola energetycznego. Jego dusza miała ogromną siłę, toteż chciał odejść, nie wywołując żadnych konsekwencji energetycznych. Może sobie tego nie uświadamiasz, ale gdy dusza człowieka opuszcza Ziemię, ma to wpływ na całe ziemskie pole energetyczne. A kiedy ta dusza jest wyjątkowo silna, jej odejście wpływa na naszą planetę jeszcze bardziej. Astrolodzy wyznaczyli więc najlepszy dzień i moment na jego śmierć fizyczną. Mistrz poinformował wtedy uczniów o chwili swojego odejścia. I tak rzeczywiście się stało. Tego dnia razem z nimi medytował, potem ich pobłogosławił, zamknął oczy i uwolnił swoją duszę od ciała.

Zapytałam Sogyala, czy jego mistrz postanowił umrzeć dlatego, że był chory. I znów moje pytanie doprowadziło go do niepohamowanego wybuchu śmiechu, po czym odparł:

– Chory? Co choroba ma z tym wspólnego? Po prostu tak jak pojawiamy się na Ziemi w najlepszym dla nas momencie energetycznym, tak samo ją opuszczamy. Mój mistrz nie był chory. Po prostu osiągnął pełnię. Wcale nie mamy umierać w bólu i chorobie. Świadomy umysł potrafi uwolnić duszę od ciała, nie odczuwając przy tym cierpienia wynikającego z fizycznego rozkładu. Każdy może postanowić umrzeć w taki sposób.

Sogyal opisał mistrzostwo duchowe jako osiągnięcie stanu świadomości, który „nie zna konfliktu z Bogiem", a więc stanu, w którym nasze własne decyzje zgodne są ze zrządzeniem Boskim. Zdaniem Sogyala, jego mistrz rozwinął świadomość, w której dylemat wyboru – przekonanie, iż jedna decyzja jest lepsza niż druga – przestał w ogóle istnieć. Każda decyzja, jak stwierdził Sogyal, jest trafna na tym poziomie doskonałości, jaki osiągnął jego mistrz. Dla Sogyala był on żywym – i umierającym – przykładem oświeconego umysłu.

ROZWÓJ ZDOLNOŚCI BEZOSOBOWEGO MYŚLENIA I PATRZENIA SYMBOLICZNEGO

Nearingowie i Sogyal Rinpoche sięgnęli do źródła siły myślenia bezosobowego. Jednak opisywanie świadomości na papierze ma swoje ograniczenia, gdyż cechy duchowe trudno jest ująć słowami. Jak mówią teksty koanu w filozofii zen: „Jeśli możesz powiedzieć, co to jest, to znaczy, że to nie jest to".

Dobrze pamiętam swoją nauczycielkę, panią profesor, która wprowadzała mnie w tajniki buddyzmu i hinduizmu. W ramach egzaminu końcowego zabrała pięcioro swoich studentów na weekend w odosobnionym miejscu i określiła obowiązujące nas zasady: nie wolno się odzywać i nie wolno korzystać z zegarków. Nocą budziła któregoś z uczniów, prosiła, by przyjął pozycję jogi, a następnie zadawała mu pytania: co chrześcijanin mówi o naturze Boga? Co budddysta mówi o naturze rzeczywistości? Na czym polega prawda życia wiecznego? Jaki jest cel życia ziemskiego? Pytania były głębokie i poważne. Nie oceniała naszych odpowiedzi, lecz raczej nasze przywiązanie do określonych światopoglądów. Uważała, że jeśli jesteśmy zbyt przywiązani do pewnych schematów myślowych, nie zrozumiemy lekcji, której chciała nas nauczyć: na poziomie czystej prawdy istnieje tylko jedna prawda. Pogląd, że prawda zależy od kultury, jest fałszywy. Istotą poszerzenia świadomości, jak mówiła, jest szukanie prawdy, która nie ma nic wspólnego z normami społecznymi i kulturowymi. Gdy myślę o tym, jaki wpływ wywarła pani profesor na moje życie, widzę, że dała mi ona podstawy do rozwoju mojej własnej zdolności symbolicznego patrzenia na rzeczywistość.

Jak mamy współdziałać ze swoim umysłem, aby doskonalić nasz mentalny system postrzegania i opanować sztukę przenikania iluzji? Jak w przypadku dążenia do wszystkich chwalebnych celów, potrzebna jest nam pewna forma samodyscypliny, abyśmy mogli czynić widoczne postępy. Niżej opisany przypadek ilustruje niewłaściwe podejście do kwestii poszerzania świadomości.

Oliver odnosił duże sukcesy w sferze biznesu, lecz doszedł w swoim życiu do punktu, w którym zapragnął zająć się czymś, co jest bardziej wartościowe. Próbował realizować rozmaite przedsięwzięcia związane z działalnością społeczną. Nic jednak nie dawało mu satysfakcji. W modlitwach prosił o radę, co ma robić ze swym życiem. W końcu umówił się na spotkanie ze światowej sławy mistrzem duchowym. Całe to spotkanie trwało dziesięć minut; mistrz powiedział Oliverowi, że jego zadaniem jest „czekać i być gotowym". Tak więc Oliver „czekał" – czekał w Paryżu, w Rzymie, w krajach Wschodu. Czekał w hotelach pierwszej klasy, popijając cappuccino na Rivierze. W końcu doszedł do wniosku, że wskazówka, by „czekał", jest bez sensu. Wrócił do poszukiwania klientów i wypisywania faktur. Lecz w jego sercu pozostała pustka. Myślę, że ten mistrz duchowy dał mu jedyną instrukcję, której Oliver nie mógł wypełnić za pomocą pieniędzy. Gdyby umiał „czekać" w sensie duchowym, „wejść w siebie" i z pokorą uczynić wszystko, o co go poproszono, znalazłby odpowiedź na swoje pytanie.

Duchowe zadanie, by „czekać" i stawać się innym człowiekiem, na wiele sposobów przynosi światu większe korzyści niż na przykład ufundowanie nowego szpitala. Może trudno to pojąć. Nie przywykliśmy uważać za wartościowe coś, czego nie możemy zobaczyć, a nie możemy zobaczyć siły, jaka płynie ze zdrowej psychiki. I dlatego ludzi, których praca polega na „czekaniu i stawaniu się", często uważa się za bezużytecznych.

„Czekanie i stawanie się" ma symboliczne znaczenie „powołania do kapłaństwa" – to znaczy przyzwolenia Bogu, by ożywił tę część naszej duszy, która zawiera kwintesencję tego, co jesteśmy zdolni uczynić dla innych i dla siebie. Kobieta, która stała się znana jako Peace Pilgrim (Pielgrzym Pokoju), uosabia ów proces duchowy, który zachodzi wówczas, gdy pozwalamy Bogu, by wskazywał nam drogę.

Peace Pilgrim – jedyne imię, jakiego używała przez ostatnie dwadzieścia pięć lat swego życia – wiodła skromne i głęboko uduchowione życie, modląc się, by wskazano jej drogi służby bliźnim. Gdy miała pięćdziesiąt dwa lata, usłyszała wewnętrzny głos, który poradził jej, aby zaczęła przemierzać kraj, wszędzie głosząc pokój. To były instrukcje związane z jej „wyświęceniem". A więc, skromnie odziana, rozpoczęła wędrówkę, korzystając z miejsca na spoczynek i z pożywienia, które oferowali jej ludzie. Jej życie stało się świadectwem niezachwianej wiary w to, że Bóg może zaspokoić wszystkie nasze potrzeby.

W ciągu dwudziestu pięciu lat swego pielgrzymowania poznała setki tysięcy osób, które z nabożną czcią podziwiali jej kontakt z Boską interwencją. Dwie opowiedziane przez nią historie bardzo mnie poruszyły.

Kiedyś, gdy szła wiejską drogą, nagle bardzo się ochłodziło. Nieprzygotowana na tak nagłą zmianę pogody, szybko przemarzła do szpiku kości. W pobliżu nie było żadnego miejsca, gdzie mogłaby znaleźć schronienie. I nagle usłyszała głos: „Wejdź pod najbliższy most". Tak też uczyniła i znalazła tam wielkie pudło, na tyle duże, że mogła się w nim położyć, a w środku poduszkę i koc. Opowiadając o tym, liczyła, iż zrozumiem, że te rzeczy zostały tam umieszczone przez Boga.

Peace Pilgrim stwierdziła, że w życiu wielokrotnie dowiadywała się, czym jest konflikt. Najpierw musiała doświadczyć konfliktu zewnętrznego, później wewnętrznego. Gdy w końcu poddała się woli Bożej, została obdarzona łaską zdobywania wiedzy bez konieczności przeżywania konfliktu. Stała się źródłem nieskończonej mądrości, co jest przymiotem sefiry Chochma, oraz Boskiego zrozumienia, będącego atrybutem Biny. Stała się także ucieleśnieniem wyświęconej duszy, biegłej w sztuce patrzenia symbolicznego i żyjącej w pełnej zaufania harmonii z Bogiem. Wskazówki, których udzielała innym ludziom, były zgodne z zasadą prawdy i niezwykle proste: „Nie jem byle czego i nie myślę o byle czym", co miało znaczyć: „Trzeba szanować swoje ciało, swój umysł i swoją duszę".

Rozwijanie bezosobowego myślenia jest naszym zadaniem życiowym, częściowo ze względu na swoją ogromną wagę, a częściowo dlatego, że ukazuje nam głębię naszych złudzeń i lęków. Musimy siebie przeobrazić, począwszy od naszego wnętrza, a proces ten zawsze przynosi liczne zmiany w naszym życiu. Nie spotkałam jeszcze nikogo, kto podążając ścieżką duchowego przebudzenia, nie doświadczył okresu „czekania", podczas którego jego wnętrze ulegało wewnętrznej przemianie. I podobnie jak w przypadku innych spraw dotyczących duszy, kiedy już wstępujemy na ową ścieżkę, nie ma z niej powrotu.

Niżej podane wskazówki stanowią punkt wyjścia do rozwoju myślenia bezosobowego i zdolności symbolicznego patrzenia na rzeczywistość, do zdobycia umiejętności przenikania wzrokiem iluzji i docierania do energii znajdującej się w tle wydarzeń. Gdy formułowałam te rady, nie zapominałam o sefirach Chochma i Bina, odpowiadających szóstej czakrze.

Postępowanie według tych instrukcji pomoże ci opanować zdolność patrzenia symbolicznego i zwiększy szansę dotarcia do poziomu Boskiego zrozumienia.

- Stosuj introspekcję i pracuj nad tym, by stać się świadomym, w co wierzysz i dlaczego.
- Miej otwarty umysł i ucz się wyczuwać, kiedy się on „zamyka".
- Uświadom sobie, że przyjmując postawę obronną, nie dopuszczasz do swego umysłu nowych idei.
- We wszystkich sytuacjach i związkach szukaj symbolicznego znaczenia, nawet jeśli na razie nie potrafisz go zrozumieć.
- Bądź otwarty na przewodnictwo i wskazówki, które otrzymujesz za pośrednictwem swoich snów.
- Staraj się odsuwać od siebie wszelkie myśli zawierające gniew, użalanie się nad sobą lub obwinianie innych za to, co ci się przydarzyło.

- Stosuj praktykę dystansowania się. Podejmując decyzje, kieruj się jak najrozsądniejszymi przesłankami, które są ci dostępne w danej chwili, a nie myślami o określonych korzyściach.
- Wystrzegaj się wszelkich osądów – dotyczących nie tylko ludzi i sytuacji, ale także skali i wagi twoich zadań. Stale natomiast przypominaj sobie wyższą prawdę, która głosi, że człowiek nie potrafi zrozumieć wszystkich faktów i szczegółów danej sytuacji ani wyobrazić sobie odległych konsekwencji swoich czynów.
- Naucz się rozpoznawać, kiedy znajdujesz się pod wpływem lęku. Natychmiast zdystansuj się od tego uczucia, obserwując z dala, jak oddziałuje ono na twój umysł i emocje, a następnie podejmij decyzję, która osłabi jego wpływ.
- Zdystansuj się od wszelkich wartości, które podtrzymują przekonanie, że sukces w życiu polega na osiąganiu określonych celów. Zamiast tego za życie pełne sukcesów uznaj takie, które jest procesem rozwijania kontroli nad samym sobą i zdolności radzenia sobie z wyzwaniami, jakie niesie życie. Wyobraź sobie sukces w postaci siły energetycznej, a nie siły fizycznej, materialnej.
- Postępuj zgodnie ze swoim głosem wewnętrznym i porzuć potrzebę znajdowania „dowodów", że twoje wewnętrzne przewodnictwo jest autentyczne. Im usilniej szukasz takich dowodów, tym mniejsze prawdopodobieństwo, że je znajdziesz.
- Całą uwagę skupiaj na chwili teraźniejszej – wystrzegaj się życia przeszłością i martwienia się o przyszłość. Naucz się bardziej wierzyć w to, czego nie widzisz, niż w to, co możesz zobaczyć.

STAWANIE SIĘ CZŁOWIEKIEM ŚWIADOMYM

Stawanie się człowiekiem świadomym nie jest łatwe. Moje życie było o wiele prostsze, zanim dowiedziałam się o głębszym znaczeniu podejmowanych przez nas decyzji, o odpowiedzialności za własne wybory. Zrzucenie odpowiedzialności na jakąś siłę zewnętrzną wydaje się, przynajmniej przez chwilę, o wiele łatwiejsze. Ale gdy zaczynasz rozumieć więcej, nie możesz już dłużej siebie oszukiwać.

Całym sercem jestem z ludźmi, którzy ciężko pracują nad tym, by uwolnić się od swojej negatywnej postawy i od bolesnych wspomnień. „Powiedz mi tylko jak, a ja to zrobię" – mówią mi. Wiecznie szukamy łatwych medytacji, łatwych ćwiczeń, które pomogą nam wydobyć się z mgły, ale świadomość nie działa w taki sposób. Jak na ironię, wiedzie ku temu prosta droga, ale nie jest ona łatwa: tylko się uwolnij. Uwolnij się od myślenia o tym, jak powinno wyglądać twoje życie, i przyjmij je takim, jakie próbuje przedrzeć się do twojej świadomości.

Iluż to ludzi, którzy z trudem szukają swej drogi, znajduje się w tym koniecznym, choć niepokojącym stanie „czekania". Część ich osobowości gotowa jest pozwolić Bogu, by kierował ich życiem, lecz nadal dręczy ich strach, że kiedy się naprawdę Mu poddadzą, utracą wygody ziemskiego życia. Tak więc trwają w stanie wyczekiwania, aż stają się na tyle silni, by opanować lęk i przyjąć tę głębszą prawdę, że „wszystko będzie dobrze" – nie „dobrze" według naszej definicji, lecz na pewno zgodnie z definicją Boską.

Toby zwrócił się do mnie z prośbą o odczyt intuicyjny, ponieważ cierpiał na poważną depresję, artretyzm i impotencję. Oceniając jego stan energetyczny, odebrałam wrażenie, że zdrowie pogorszyło mu się niemal natychmiast po jego pięćdziesiątych urodzinach. W gruncie rzeczy uważał, że skoro przekroczył pięćdziesiątkę, najlepsze lata ma już za sobą. Gdy podzieliłam się z nim moimi spostrzeżeniami, odparł:

– No tak, rozejrzyj się. Widzisz jakieś szanse zawodowe dla mężczyzn w moim wieku? Żyję w ciągłym strachu, że stracę posadę i przyjmą na moje stanowisko kogoś młodszego. Co wtedy pocznę?

Zasugerowałam, aby zaczął uprawiać gimnastykę i skoncentrował się na odbudowie kondycji fizycznej. Musiał robić coś, co pozwoliłoby mu odczuć powrót sił fizycznych, a więc i powrót do życia. Ku mojemu zdziwieniu przyjął tę radę, tym bardziej, że już wcześniej chciał się zapisać do jakiegoś klubu czy siłowni.

Powiedziałam mu następnie, aby poczytał trochę tekstów buddyjskich na temat iluzji i aby sam przyjął za iluzję myśl o starzeniu się i upływie czasu. Wtedy jednak Toby się zawahał.

– Jak upływ czasu może być iluzją? – powiedział.

– Możesz postanowić, że nie będziesz się starzeć zgodnie z przyjętym czasem liniowym. Możesz wyrzucić kalendarz i co dzień dawać z siebie wszystko, co najlepsze – odparłam.

Toby zaczął się śmiać.

– Och, jak by to było cudownie – zawołał.

– No więc spróbuj – powiedziałam. – Zawsze możesz znów stać się starcem. Zawsze masz taką możliwość. Ale najpierw spróbuj. – A potem, słysząc w jego głosie pogodne nuty, spytałam: – Czy wiesz, że teraz przez te parę chwil nie byłeś w depresji?

Zamyślił się na moment, po czym odparł:

– Masz rację. W ogóle nie czułem przygnębienia.

– Czy teraz bolą cię stawy? – spytałam.

– Muszę przyznać, że nie. Nie w tej chwili. Ale ten ból ciągle pojawia się i znika.

– Lecz teraz, gdy rozważasz możliwość, że znowu poczujesz się wolny i zdrowy, nic cię nie boli i nie czujesz oznak depresji, zgadza się?

– Zgadza się – przytaknął.

– Załóżmy więc, że im więcej pozytywnych myśli dopuścisz do siebie i im bardziej pozytywne działania podejmiesz, tym lepiej się poczujesz i odzyskasz siły, w tym także energię płciową.

– No dobrze – odparł Toby. – Ale co będzie, gdy nie zdołam zachować pozytywnego podejścia do życia? Wszystko wtedy powróci, prawda?

– Prawda.

– Twierdzisz więc, że moje nastroje i mój artretyzm zależą tylko ode mnie, a depresja tylko zwiększa mój ból? I że mam nad tym wszystkim kontrolę?

– Przyjmij, że tak jest – odpowiedziałam.

– Powinnaś być prawnikiem – rzekł Toby. – Twoje słowa dają mi dużo do myślenia. Zrobię, co w mojej mocy.

Cztery miesiące później dostałam od niego pocztówkę. Wraz z żoną wybrał się na rejs statkiem. Napisał: „Cudownie spędzamy tutaj czas – i dnie, i noce".

Nieczęsto się zdarza, aby jedna rozmowa tak radykalnie zmieniła czyjeś życie, Ale Toby gotów był przyjrzeć się swojej postawie i zrozumieć, że widzi wszystko w negatywnym świetle. Nie mogę oprzeć się wrażeniu, że kiedy chcemy przyjąć energię mądrości, siły duchowe obecne w naszym polu energetycznym, takie jak Chochma, sefira mądrości, tylko czekają na okazję, by przeniknąć do naszej świadomości.

Trzydziestoczteroletnia Carrie przedstawiła mi się przez telefon, mówiąc:

– Coś jest ze mną nie w porządku.

– Co takiego? – spytałam.

– Nie umiem już pracować. Nie umiem myśleć. W ogóle nic już nie umiem – odparła.

Kiedy badałam jej stan energetyczny, od razu zauważyłam, że jej umysł, mówiąc symbolicznie, nie przebywa „w ciele". Był wypełniony obrazami, które nie miały nic wspólnego z jej teraźniejszym życiem, lecz przedstawiały samotną uduchowioną egzystencję gdzieś w odległym wiejskim zakątku.

– Jakie książki czytasz? – zapytałam.

Przedstawiła mi długą listę książek; wszystkie poświęcone były duchowości. A potem stwierdziła:

– Nie mogę przestać myśleć, że moim miejscem jest Nowy Meksyk. Byłam tam na urlopie rok temu i towarzyszyło mi wtedy to cudowne uczucie, że kiedyś się tam przeprowadzę. Nie znam nikogo, kto tam mieszka, ale nie mogę pozbyć się tej myśli.

Kiedy rozmawiałyśmy o intensywności tego jej odczucia, wytłumaczyłam Carrie, używając symboliki sakramentu kapłaństwa, że czasem ludzie powoływani są do życia w pewnych miejscach i może byłoby mądrze posłuchać tego wewnętrznego głosu.

Carry zaczęła płakać, mówiąc, że boi się zarówno wyprowadzić, jak i zostać.

– Czuję, że moje miejsce jest tam i że muszę się stąd wyrwać, lecz zarazem nie wiem, co mnie tam czeka.

Zapytałam, co ją skłoniło do spędzenia tam urlopu.

Okazało się, że ogromnie ją zainspirowała historia pewnej kobiety, która zwróciła się do Boga: „Po prostu ukaż mi prawdę. Nie pragnę w życiu nic innego". I od tamtej pora zaczęła prowadzić niezwykłe życie.

– Nie jestem misjonarką – rzekła Carrie – ale chcę żyć prawdziwym życiem. Nie sądzę, abym mogła tak żyć tutaj, jako prawniczka w Detroit. Szanuję ludzi, z którymi pracuję, i cieszę się, że dzięki swej pracy mam możliwość pomagać innym, lecz stale czuję w sobie pustkę i nie potrafię tego dłużej znieść.

– Nie jestem powołana do tego, by mówić ludziom, gdzie mają spędzać życie, ale stanowczo uważam, że powinnaś posłuchać swego wewnętrznego głosu – powiedziałam.

Carrie rzeczywiście przeprowadziła się do Nowego Meksyku. Zrezygnowała z praktyki prawniczej i ze zdumieniem stwierdziła, że chce zostać akuszerką, co w Detroit nigdy nie przyszło jej do głowy.

Pisała do mnie kilkakrotnie, by poinformować mnie, co się z nią dzieje, i za każdym razem wspominała, że czuje się tak, jakby wstąpiło w nią nowe życie. „Zawsze gdy zbliżam się do kobiety w ciąży, czuję przypływ energii. Zaczynam teraz rozumieć, czym jest ta substancja zwana energią. Kiedy mieszkałam w Detroit, sądziłam, że to tylko wymysł, ale teraz uważam, że we wszechświecie istnieje jakaś świadoma siła, która nieustannie nas w życiu wspiera i przez nas przepływa" – napisała Carrie w jednym z listów.

Moim zdaniem Carrie odnalazła swoje powołanie. Zawsze do głębi poruszają mnie ludzie, w których życiu widać tak wiele śladów Boskiego przewodnictwa.

Droga do poszerzenia świadomości często jest bardziej atrakcyjna w teorii niż w praktyce. Stawanie się człowiekiem świadomym w teorii, dzięki książkom i dyskusjom, sprawia, że fantazjujemy o dotarciu do Ziemi Obiecanej, lecz nie wprowadzamy w swym życiu żadnych zmian. Nawet sama myśl, że ta Ziemia Obiecana istnieje, może wywołać chwilowy przypływ dobrego samopoczucia. Do pewnego stopnia ujawnia się w ten sposób „uzależnienie" od warsztatów – ludzie osiągają wyżyny w dyskusjach, lecz potem wracają do domu i do swojego życia, niczego w nim nie zmieniając.

Brytyjski pisarz Graham Greene czekał dwa i pół roku na piętnastominutowe spotkanie z mistykiem katolickim ojcem Pio, przebywającym w klasztorze we Włoszech. Ojciec Pio już za życia zdobył ogromną sławę jako święty z kilku bardzo ważnych powodów – a głównie dlatego, że nosił stygmaty, „rany Chrystusowe", które pojawiły się na jego ciele, gdy był jeszcze młodym kapłanem. W dniu umówionego spotkania z mistykiem Greene uczestniczył w odprawianej przez niego mszy. Mieli spotkać się po nabożeństwie, ale Greene wyszedł z kościoła, udał się na lotnisko i poleciał z powrotem do Londynu. Kiedy go spytano, dlaczego tak uczynił, odparł: „Nie byłem jeszcze przygotowany na zmiany, jakie ten człowiek mógłby wprowadzić w moim życiu".

W końcu jednak nasz umysł staje się przeładowany informacjami i nadchodzi dzień, gdy nie możemy dłużej egzystować równocześnie w dwóch rzeczywistościach. Nawet gdybyśmy się starali, nie potrafimy co pewien czas „spotykać" się z prawdą, a potem wracać do życia w iluzji. W pewnym momencie sam proces zmiany popycha nas do przodu.

Kilka lat temu poznałam Dana, który uczestniczył w zajęciach poświęconych świadomości i praktykom biznesu. Stwierdził, że bardzo poruszyła go moja prezentacja, która dotyczyła stosowania w biznesie zasad uzdrawiania holistycznego – takich jak kształtowanie pozytywnej postawy lub łączenie siły serca i umysłu. Kilka tygodni po zakończeniu seminarium Dan powiedział, że tą wiedzą, którą zdobył na zajęciach, podzielił się otwarcie ze swymi kolegami z pracy. Wierzył, że zarazi ich swoim entuzjazmem i zachęci do bardziej świadomego podejścia do obowiązków zawodowych.

Pierwszym oficjalnym sprawdzianem jego nowego optymizmu było podjęcie w firmie prac nad nowym projektem. Poradził współpracownikom, aby „wizualizowali" sukces i spore zyski. Zgromadził ich nawet pierwszego dnia realizacji projektu, aby wspólnie pomedytowali. Po tym spotkaniu szef powiedział mu w prywatnej rozmowie, że byłby bardzo wdzięczny, gdyby Dan trzymał swoją nowo odkrytą „magię" z dala od firmy. Gdy realizacja projektu się nie powiodła, Dan wraz ze swoimi ideami stał się obiektem bezlitosnej krytyki, do tego stopnia, że zrezygnował z pracy w spółce. Po kilku miesiącach wpadł w spiralę zamętu i rozpaczy. Któregoś dnia była współpracownica poprosiła go o spotkanie. W rozmowie powiedziała mu, że kiedy z takim zapałem mówił o swoich nowych pomysłach, kilku kolegów wyraziło przypuszczenie, że stał się członkiem jakiejś sekty.

Dzięki temu spotkaniu Dan zrozumiał, że źle ocenił sytuację. Ponieważ sam był gotów żyć według nowych zasad duchowych, założył, że inni również są do tego gotowi. Chciał, aby jego otoczenie natychmiast stało się żywym przykładem koncepcji, które poznał na seminarium – głównie dlatego, że zdawał sobie sprawę, iż trudno będzie mu pracować tam dalej według swych nowych zasad wewnętrznych, tak różniących się od zewnętrznych reguł firmy. W końcu zrozumiał, że otrzymał największy z możliwych dar – motywację, aby uwolnić się od tej sytuacji i znaleźć korzystniejsze dla siebie środowisko pracy. Wkrótce potem rozpoczął nowe życie.

Stawanie się człowiekiem świadomym oznacza zmianę zasad, według których żyjemy, oraz przekonań, którym hołdujemy. Nasze wspomnienia i postawy stanowią wzorzec, który decyduje o jakości naszego życia, jak również o sile naszych więzi z innymi ludźmi. Zmiana w świadomości zawsze skutkuje okresem izolacji i samotności, kiedy to przystosowujemy się do nowego poziomu prawdy. A potem zawsze znajdujemy nowych towarzyszy. Nikt nie pozostaje długo sam.

Pogłębiając sferę świadomości, nieodmiennie korzystamy z energii sefir Chochma i Bina, związanych z wewnętrznym pragnieniem odnalezienia swojej drogi powołania – drogi służby, która pozwoli nam w pełni wykorzystać najwyższy potencjał naszego umysłu, ciała i duszy.

JAKI JESTEŚ?

1. Jakie przekonania sprawiają, że oceniasz negatywnie czyny innych ludzi?
2. Jakie negatywne wzorce zachowań stale ujawniają się w twoich związkach z innymi ludźmi?
3. Które twoje postawy odbierają ci siłę?
4. Jakie przekonania nadal pielęgnujesz, choć wiesz, że nie odpowiadają prawdzie?
5. Czy łatwo wydajesz osądy? Jeśli tak, to jakie sytuacje i znajomości budzą w tobie chęć osądzania?
6. Czy usprawiedliwiasz przed sobą swoje negatywne zachowania?
7. Czy przypominasz sobie sytuację, w której stanąłeś w obliczu prawdy głębszej niż te głoszone wokół i fakt ten cię zaniepokoił?
8. Które swoje postawy i przekonania chciałbyś zmienić? Czy możesz się zobowiązać do wprowadzenia tych zmian?
9. Czy potrafisz bez trudu myśleć o swoim życiu w kategoriach bezosobowych?
10. Czy przerażają cię zmiany, które mogłyby nastąpić w twoim życiu, gdybyś otwarcie zaczął żyć w sposób świadomy?

Rozdział 7

Czakra siódma: nasz duchowy łącznik

Siódma czakra łączy nas z naszą duchową naturą i pozwala, aby ta duchowość stała się integralną częścią naszego życia na Ziemi i nam przewodziła. Podczas gdy nasz układ energetyczny jako całość ożywiany jest przez naszą duszę, czakra ta zajmuje się bezpośrednio poszukiwaniem bliskiego kontaktu z Bogiem. To czakra modlitwy. Jest ona również naszym „bankowym kontem łaski", magazynem, w którym gromadzimy energię dzięki dobrym myślom i czynom oraz aktom wiary i modlitwom. Pozwala nam osiągnąć głęboką świadomość wewnętrzną dzięki medytacji i modlitwie. Siódma czakra symbolizuje naszą łączność z transcendentnym wymiarem egzystencji.

Miejsce: czubek głowy.

Energetyczne połączenie z ciałem fizycznym: czakra siódma jest niejako furtką dla siły życiowej człowieka, która nieustannie wpływa do naszego układu energetycznego z wszechświata, od Boga lub od Tao. Siła ta pielęgnuje nasze ciało, umysł i duszę. Rozchodzi się po całym organizmie i dociera do sześciu niżej położonych czakr, łącząc w ten sposób całe ciało z czakrą siódmą. Zawarta w niej energia oddziałuje na wszystkie ważniejsze układy: ośrodkowy układ nerwowy, mięśniowy i skórę.

Energetyczne połączenie z ciałem emocjonalnym i mentalnym: czakra siódma mieści w sobie energię, która budzi oddanie określonej sprawie, inspirację, prorocze myśli, wzniosłe idee i kontakty mistyczne.

Związek z symboliką i sposobem postrzegania: w czakrze tej znajduje się najczystsza forma energii łaski, czyli prana. Tutaj przechowywana jest energia wytwarzana przez modlitwę i medytację. Czakra ta czuwa nad naszą zdolnością patrzenia symbolicznego i stanowi ośrodek duchowych przemyśleń, wizji i intuicji, które w znacznym stopniu przekraczają możliwości zwykłej ludzkiej świadomości. To poziom mistyczny, wymiar świadomego kontaktu z Bogiem.

Podstawowe lęki: obawy związane z problemami duchowymi, takimi jak „ciemna noc duszy"; strach przed duchowym osamotnieniem, utratą tożsamości, oderwaniem się od życia i otaczających nas ludzi.

Podstawowe wartości: wiara w obecność Boga i we wszystko, co wiara symbolizuje w naszym życiu – na przykład wewnętrzne przewodnictwo; zrozumienie istoty uzdrawiania oraz ufność usuwająca w cień ludzkie lęki; poświęcenie.

Związek z sefirą i sakramentem: czakrze siódmej odpowiada sefira Keter, oznaczająca koronę. W duchowych tradycjach Wschodu nazywa się ją czakrą korony. Keter symbolizuje „nicość", energię, z której wywodzą się formy materialne. Mówi się o niej, że jest wieczna, nie ma początku ani końca. Wiąże się z nią chrześcijański sakrament ostatniego namaszczenia, udzielany osobie umierającej. W ujęciu symbolicznym ostatnie namaszczenie odzwierciedla proces wycofywania duszy z wszelkich „zakamarków" naszego życia, w których tkwią jeszcze jakieś „niedokończone" sprawy; jest to pozbywanie się wszelkich żalów, które nadal niepokoją naszą świadomość, na przykład żalu, że nie powiedzieliśmy słów, które powinny były paść, albo żalu, że powiedzieliśmy coś, czego nie powinniśmy. Wśród niedokończonych spraw mogą znaleźć się również znajomości, które chcielibyśmy zakończyć w inny sposób, albo ścieżki, którymi powinniśmy byli pójść, lecz tego nie zrobiliśmy. U schyłku życia świadomie przywołujemy te wspomnienia, akceptując decyzje, które wówczas podjęliśmy, i uwalniając się od poczucia, że coś mogłoby być inaczej. Na tym polega „przywoływanie z powrotem własnej duszy", aby opuścić ten świat i w pełni wrócić do wymiaru duchowego.

Być może zapoczątkowały ten sakrament ostatnie słowa Jezusa na krzyżu. Powiedział wtedy do matki i swojego ucznia Jana: „Niewiasto, oto syn Twój. Oto Matka twoja". Następnie zwrócił się do Boga: „Ojcze, przebacz im, bo nie wiedzą, co czynią" i: „Wykonało się! Ojcze, w Twoje ręce powierzam ducha mego". Słowa te odzwierciedlają świadome zakończenie życia i przygotowanie się do powtórnego przyjęcia wiecznej duchowej tożsamości.

Z punktu widzenia innej perspektywy duchowej ostatnie namaszczenie jest symbolem rytuału, który powinniśmy regularnie odprawiać w swoim życiu. W naszej wędrówce wielokrotnie stajemy na rozdrożach, kiedy to musimy pozwolić „umrzeć" jakiejś dotychczasowej fazie naszego życia. Im mniej kurczowo trzymamy się świata fizycznego, tym mamy większą możliwość świadomego dotarcia do energii Keter, czyli do czakry korony, transcendentnego ogniwa łączącego nas z Bogiem.

Święta zasada: energia siódmej czakry motywuje nas do szukania bliskiego kontaktu z Bogiem we wszystkim, co robimy. To duchowe pragnienie łączności znacznie różni się od chęci kontaktu z religią. Religia jest przede wszystkim doświadczeniem zbiorowym i głównym jej celem jest chronienie grupy, przede wszystkim przed zagrożeniami fizycznymi: chorobą, biedą, śmiercią, kryzysami społecznymi, a nawet wojną. Religia ma korzenie w energiach pierwszej czakry. Duchowość natomiast jest doświadczeniem indywidualnym, którego celem jest uwolnienie się od lęku przed światem fizycznym i szukanie kontaktu z Bogiem. Święta zasada tej czakry głosi: „Żyj tu i teraz".

Poszukiwanie osobistego duchowego kontaktu porusza nas do głębi. Nasza świadoma lub nieświadoma modlitwa o to, abyśmy poznali Boga, brzmi mniej więcej tak: „Nie chcę już dłużej być chroniony przez grupę i nie potrzebuję pośrednika, który filtruje płynące ku mnie wskazówki. Teraz pragnę, abyś Ty sam przyszedł bezpośrednio do mojego życia i usuwał z niego każdą przeszkodę – czy będzie to osoba, miejsce, czy praca – blokującą moją zdolność tworzenia z Tobą bliskiego związku". Mistrz Eckhart w swoich *Kazaniach i traktatach* napisał, że ostatecznym celem mistyka jest poznanie prawdy, że Bóg jest miłością, a więc człowiek, który kocha, jest w Bogu, a Bóg jest w nim.

Szukając jedności z Bogiem, prosimy o to, aby zostały usunięte z naszego życia wszelkie iluzje fizyczne, psychiczne i emocjonalne. Gdy ów proces oczyszczania się rozpocznie, budzimy w sobie wewnętrzny autorytet, który natychmiast zaczyna konkurować z autorytetami zewnętrznymi, wskutek czego możemy popaść w zamęt lub nawet „duchową schizofrenię".

Pewien mężczyzna, pracownik socjalny, zgłosił się do mnie dlatego, że odczuwał wokół siebie obecność aniołów. Przytłaczało go uczucie, że nie robi nic, aby pomóc wielu biednym i zdesperowanym ludziom, z którymi stykał się w swojej pracy. „Któregoś wieczora wróciłem do domu i padłem na kolana przed Bogiem, mówiąc: «Czy Ty w ogóle jesteś z tymi ludźmi? Czy słyszysz ich modlitwy? Potrzebują pomocy, a ja czuję się taki bezsilny». Nazajutrz, gdy siedziałem właśnie z pewną kobietą, próbując jej pomóc rozwiązać problemy życiowe, zobaczyłem obok niej anioła. Uśmiechał się. Byłem oszołomiony. Dalej rozmawiałem z tą kobietą, jakby nie stało się nic niezwykłego, lecz nie mogłem oprzeć się temu dziwnemu uniesieniu, które ogarniało całą moją istotę. Powtarzałem: «Proszę mi wierzyć, wiem, że wszystko będzie dobrze», gdy nagle moja rozmówczyni rzekła: «Ja naprawdę w to wierzę» – i z uśmiechem wyszła. Teraz widuję anioły wszędzie. Chciałbym powiedzieć wszystkim ludziom, że otaczają ich niebiańskie istoty. Przed tym wydarzeniem byłem zdesperowany. Miałem w sobie wiarę, ale również rozpacz. Wiem, że to brzmi jak sprzeczność, ale nią nie jest. Chciałem po prostu, z głębi mojego serca, zdziałać coś więcej".

PRZEBUDZENIE DUCHOWE

Wiele już powiedziano o wędrówce duchowej człowieka, ale najbardziej znana jest jedna z pierwszych książek na ten temat, a mianowicie *Noc ciemna*, napisana w szesnastym wieku przez św. Jana od Krzyża. W tym klasycznym już dziele autor opisuje etapy odchodzenia od myślenia zbiorowego (według mojej terminologii), konieczne do tego, aby stworzyć w pełni świadomą więź z Bogiem. Na każdym etapie pojawiają się mistyczne transcendentne przeżycia, jak również okresy desperacji, szaleństwa i dotkliwej samotności nieznane zwykłym ludziom.

W tradycji katolickiej dzieło św. Jana od Krzyża pozwala jednostkom oddzielić się w pewnym stopniu od wspólnoty religijnej i samodzielnie dążyć do rozwoju osobistego. Życie klasztorne stało się sposobem wychodzenia poza zwykłe religijne poznawanie Boga, aby spotkać się z Nim bezpośrednio. W następnych stuleciach, gdy Europejczycy zaczęli się stykać z innymi kulturami, stało się jasne, że we wszystkich kulturach głęboka modlitwa, badanie samego siebie i samodyscyplina prowadzą do przeżyć mistycznych.

Podobnie jak oficjalni przywódcy religijni, tak klasztory i aśramy „pielęgnowały" Boską siłę za swymi dobrze strzeżonymi murami. Ludzie, którzy mówili, że mają wizje, słyszą głosy, doświadczają niezwykłych kontaktów telepatycznych i posiadają umiejętność uzdrawiania przez modlitwę i nakładanie rąk, jednocześnie pościli aż do skrajnego wyczerpania, medytowali całymi tygodniami i wpadali w depresje, które zwykłych śmiertelników doprowadziłyby do myśli samobójczych. Osoby postronne, nawet jeśli mieszkały w klasztorze, trzymały się z daleka od niektórych takich mistyków, nie chcąc „zwracać na siebie Boskiego wzroku". Wiedziano powszechnie, że tylko nieliczni potrafią znieść „bezpośredni kontakt" z Niebem.

Ustalenia II Soboru Watykańskiego w latach 60. stały się punktem zwrotnym w zachodnim świecie religii. To zgromadzenie hierarchów Kościoła rzymskokatolickiego zerwało z wieloma dawnymi tradycjami i zapewniło nową wolność duchową wszystkim, bez względu na wyznanie. Samo słowo katolicki oznacza „powszechny" – jest więc znaczącym symbolem, który mówi, że religia rzymskokatolicka ma swe pierwotne źródło w Kościele chrześcijańskim. I właśnie dzięki temu soborowi z owej pierwotnej struktury wypłynęło przesłanie powszechnego liberalizmu duchowego.

Na całym świecie ludzie zaczęli sprzeciwiać się ograniczeniom narzucanym im przez ich własne religie i chcieli badać inne światopoglądy. Kobiety zapragnęły święceń kapłańskich; chrześcijanie przybywali do buddyjskich klasztorów zen i hinduskich aśram; buddyści i hinduiści przystąpili do zgłębiania nauk chrześcijańskich, a religijni przywódcy tradycji wschodnich i zachodnich organizowali wspólne oficjalne spotkania. Usuwano bariery między Wschodem a Zachodem i robiły to nie tylko buntownicze osoby świeckie, ale także uczeni, tacy jak nieżyjący już trapista, mnich Thomas Merton, który w swym klasycznym dziele *Dziennik azjatycki* wyraził potrzebę badania prawd wspólnych dla buddyzmu i chrześcijaństwa.

Dla osób rozwiniętych duchowo ta nowa wolność stanowiła punkt zwrotny w możliwościach „poznania Boga", co miało swoje rewolucyjne, niespotykane dotychczas na świecie implikacje w postaci buntu Marcina Lutra. Gdy „niewyświęceni" opanowali zdolności konieczne do interpretowania głębszych znaczeń pism świętych, ta edukacja osób świeckich osłabiła rolę kapłanów i katechetów. Symbolicznie rzecz ujmując, mury klasztorne – tak długo skrywające najsilniejsze źródło Boskiego Światła – zaczęły się kruszyć. I oto w latach 50. Chińczycy wkroczyli do Tybetu, zmuszając Dalajlamę, by opuścił swój klasztorny dom. Wygnanie tego państwowego przywódcy religijnego należy do najbardziej bolesnych rozdziałów historii Tybetu, ale jego nauki oraz nauki innych utalentowanych mistrzów wywarły znaczący wpływ na społeczności duchowe świata. Boskie Światło zostało uwolnione i rozjaśniło życie wielu „mistyków nieklasztornych" – osób świeckich, samodzielnie przyswajających sobie niezwykłe nauki duchowe.

To przejście od religii do duchowości jest nie tylko kulturowym trendem. Jest archetypiczną przebudową naszej ziemskiej społeczności, która teraz ma dostęp do prawd uniwersalnych, poznawanych dzięki umiejętności patrzenia symbolicznego. Symboliczne postrzeganie rzeczywistości to także korzystanie z intuicji szóstej czakry, która wyczuwa łączność między wszystkimi żywymi istotami posiadającymi układ energetyczny.

Na jednym z moich warsztatów pewna kobieta opowiedziała o swojej łączności z naturą. „Codziennie, gdy przygotowuję się do prac w ogrodzie, odmawiam modlitwę, prosząc o pomoc istoty będące opiekunami przyrody. I wtedy natychmiast zaczynam czuć przy sobie ich obecność. Gdyby kilka lat temu ktoś mi powiedział, że będę mówić takie rzeczy, uznałabym go za pomyleńca. Ale przed ośmiu laty, kiedy byłam świadkiem katastrofy ekologicznej, ogarnął mnie tak głęboki żal, jakiego nigdy wcześniej nie doświadczyłam. Nie mogłam się od niego uwolnić. I gdy któregoś popołudnia spacerowałam po lesie, usłyszałam głos dochodzący jakby z wysokości moich kolan: «Pomóż nam». Chciało mi się płakać, bo zrozumiałam w głębi duszy, że woła tak do mnie świat przyrody. Tego wieczora skontaktowałam się ze swoim szefem i oznajmiłam mu, że rezygnuję ze swojej posady kierowniczki sklepu. Nawet nie pomyślałam, z czego będę żyć. Musiałam po prostu posłuchać tego głosu. Odmówiłam wtedy modlitwę, prosząc, aby ukazano mi sposób, w jaki mogłabym pomóc przyrodzie. Po dwóch tygodniach pewna osoba, którą znałam wówczas tylko przelotnie, zapytała, czy interesuje mnie założenie firmy zajmującej się uprawą i sprzedażą ziół. Wtedy rozpoczęłam nowe życie".

To intuicyjne poczucie łączności zwraca nas, jako całą planetę, ku holistycznemu pojmowaniu zdrowia i choroby, środowiska naturalnego i jego biologicznej różnorodności, a także społecznych priorytetów, jakimi są służba bliźnim i dobroczynność. Ten ruch nastawiony na współdziałanie nas wszystkich jako „jednego wielkiego organizmu" symbolizuje rozprzestrzenianie się Boskiego Światła po całym świecie. Wydaje się, że ludzkość ma teraz obowiązek dojrzeć duchowo do poziomu holistycznego pojmowania rzeczywistości i służby bliźnim i że otworzyły się przed nami wszelkie możliwości wypełnienia tego obowiązku.

Mistykiem, który działa w sferze polityki międzynarodowej na rzecz zjednoczenia ludzi i państw oraz poprawy warunków życia na Ziemi, jest czterdziestoczteroletni Jim Garrison, przewodniczący Fundacji Gorbaczowa, prezes Międzynarodowego Stowarzyszenia Polityki Zagranicznej oraz dyrektor naczelny Korporacji Diomedesa. Jim jest również teologiem, a tytuł doktorski zdobył na uniwersytecie Cambridge. Zainspirował on Gorbaczowa do założenia fundacji, stworzył możliwości współpracy między astronautami amerykańskimi i rosyjskimi, a także zainicjował Pierwsze Forum Światowe, zjazd, na którym liczni przywódcy światowi, jak George Bush, Margaret Thatcher, Michaił Gorbaczow, spotkali się z autorytetami życia duchowego, jak Deepak Chopra czy Thich Nhat Hanh, aby omówić nową wizję społeczności globalnej. Jimowi dodają sił jego idee i moc ducha.

Urodzony w Chinach jako dziecko amerykańskich misjonarzy, Jim opisuje swoje pierwsze przeżycia duchowe w ten sposób: „Kiedy miałem pięć lat, odwiedziłem świątynię buddyjską w małej wiosce na Tajwanie i po raz pierwszy zobaczyłem medytującego mnicha. Gdy go obserwowałem, zauważyłem muchę łażącą mu po twarzy. Bardzo mnie to poruszyło, ponieważ mnichowi nie drgnął ani jeden mięsień. Mucha odleciała, po czym wróciła, a on nadal się nie poruszył. Zrozumiałem, że przebywał gdzie indziej. Usiadłem w świątyni i dalej na niego patrzyłem, a w głowie krążyła mi tylko jedna myśl: gdzież on teraz jest?

W następną niedzielę, kiedy mój ojciec wygłaszał kazanie, zdałem sobie sprawę, że nie wierzę w to, czego naucza. Nagle doszedłem do wniosku, że Orient jest skarbnicą prawdy i że kulturę Wschodu należy szanować, zamiast ją nawracać. Gdy miałem siedem lat, posłano mnie do szkoły protestanckiej z internatem, gdzie często dostawałem rózgi, bo nie zgadzałem się z tym, czego nauczali o Bogu misjonarze. W tych trudnych chwilach powracał do mnie obraz mnicha, przypominając mi o miejscu poza czasem i przestrzenią, do którego wszyscy możemy pójść. Obraz ten pomógł mi przetrwać okres szkolny.

Gdy skończyłem dziewięć lat, zacząłem wypowiadać swoje zdanie na tematy teologiczne. Pamiętam, jak stanąłem w obronie katolickiej dziewczynki, Jackie, która też uczyła się w tej szkole. Inni uczniowie mówili jej, że pójdzie do piekła, bo jest katoliczką, a ja powiedziałem, że do piekła nie pójdzie nikt, kto wierzy w Boga, i że nie ma znaczenia, iż Jackie wyznaje wiarę katolicką. Kazano mi za to siedzieć przez dwa tygodnie w izolatce. Wkrótce po tym wydarzeniu jedna z opiekunek zebrała wszystkie dzieci, by dać im cukierki. Z sąsiedniego pokoju słyszałem, jak im mówiła, że dostaną więcej słodyczy, jeśli nie będą się ze mną bawić, dopóki nie przyjmę Chrystusa. I znowu ujrzałem obraz medytującego mnicha, przypominający mi, że niezależnie od wszelkich okoliczności istnieje miejsce, w którym można schować się przed światem zewnętrznym.

Kiedy zacząłem udawać się do tego miejsca, nauczyłem się pewnej zasady: gdy spotykasz się z małostkowością, musisz stać się częścią Światła – bronić słabszych i przeciwstawiać się tym, którzy myślą w sposób negatywny. Z tych przemyśleń wyłoniła się wizja sprawiedliwości społecznej, którą obecnie realizuję w swym życiu. Uważam, że jesteśmy narzędziami, przez które działa Duch, aby wykonać swe zadanie – przyśpieszyć rozwój człowieka. Tej wizji się poświęciłem. Moje życie duchowe i praca możliwe były dzięki temu, iż nie zapomniałem autentyczności swego doświadczenia z medytującym mnichem. W dniu, gdy go ujrzałem, musiałem w jakiś sposób pójść z nim do tego duchowego miejsca. Od tamtej chwili nigdy nie powróciłem do swojej zwykłej świadomości. Myślę, że czasem potrzebna jest nam medytacja, czasem modlitwa, a czasem trzeba stawić czoło jakimś wyzwaniom dnia codziennego. Kiedy indziej zaś powinniśmy wielbić całe stworzenie i wielorakość Boskich przejawów. Na tym polega zadanie ludzkiej duszy".

Jim jest współczesnym mistykiem. Kiedy na Pierwszym Forum Światowym zgromadził światowych przywódców, aby wszyscy wspólnie „dogłębnie przemyśleli kolejny etap rozwoju ludzkości", stał się wzorem pełnego potencjału ludzkiego ducha oraz przykładem człowieka, który uzbrojony jedynie w wiarę, może się ogromnie przyczynić do uzdrowienia naszej planety.

KRYZYS DUCHOWY I POTRZEBA POŚWIĘCENIA

„Symptomy" kryzysu duchowego są niemal identyczne jak objawy załamania psychicznego. Ponieważ kryzys duchowy obejmuje psychikę, „początkujący mistyk" może sobie nie uświadamiać, że jego kłopoty są natury duchowej, i opisywać swój stan jako depresję psychiczną. Symptomy problemów duchowych są jednak inne i bywają trojakiego rodzaju.

Początkiem takiego kryzysu jest przeważnie poczucie **braku celu i sensu**, którego nie można się pozbyć za pomocą żadnych zewnętrznych zabiegów i zmian. Człowiek czuje jakąś głęboką tęsknotę, której nie może zaspokoić perspektywa podwyżki, małżeństwa czy zawarcia nowej znajomości. Zwykłe rozwiązania nie wydają się satysfakcjonujące. Oczywiście, niektórzy ludzie nigdy nie dostrzegają w życiu sensu ani celu, prawdopodobnie daremnie licząc na to, że ów „sens" zostanie im dostarczony pod nos. Ludzie, którzy stale narzekają i nie mają żadnych ambicji, nie cierpią z powodu kryzysu duchowego. Ci jednak, którzy go przeżywają, odnoszą wrażenie, że coś w ich wnętrzu próbuje się przebudzić. Nie wiedzą tylko, jak to rozpoznać.

Drugim objawem kryzysu duchowego są **nowe dziwne lęki**. Nie są one zwyczajne, tak jak strach przed porzuceniem czy starzeniem się. Sprawiają one raczej, że czujemy się tak, jakbyśmy tracili poczucie swojego ja, swojej tożsamości. „Sam już nie wiem, kim jestem i czego pragnę od życia" – to typowa wypowiedź osoby przepełnionej energią siódmej czakry.

Trzecim symptomem jest **potrzeba poświęcenia** się czemuś wspanialszemu i większemu niż my sami. W wielu dostępnych dzisiaj tekstach psychologicznych, opisujących ludzkie potrzeby, rzadko wspomina się o fundamentalnym pragnieniu oddania się większej sprawie, a przecież wszyscy pod względem biologicznym i energetycznym mamy potrzebę dotarcia do źródła siły wolnej od ludzkich ograniczeń i zamętu. Chcemy mieć kontakt ze źródłem cudów i nadziei. Poświęcenie sprawia, że część naszej świadomości przekazujemy nieświadomemu wiecznemu ja, które z kolei łączy nas bezpośrednio z Boską obecnością. Nawet krótkie i przelotne spotkania z tą obecnością i jej nieskończoną mocą pomagają naszej świadomości uwolnić się od lęków życiowych, a moc ludzka przestaje przyciągać naszą uwagę.

Potrzeba poświęcenia się wyższej sile znajdowała swój wyraz w wielu nieodpowiednich zamiennikach, jak poświęcenie się firmie, partii politycznej, drużynie sportowej, własnemu programowi ćwiczeń fizycznych, a nawet gangowi ulicznemu. Wszystkie te ziemskie substytuty w końcu zawodzą. Bez względu na to, ile czasu ćwiczysz, i tak się zestarzejesz. Możesz długo zachowywać zdrowie, ale będziesz coraz starszy. Wielu ludzi cierpi, gdy zostają zwolnieni z firm, dla których z taką lojalnością pracowali przez długie lata, a ich ból bierze się bez wątpienia stąd, iż ich lojalność wynikała z nieświadomej potrzeby poświęcenia. Liczymy na to, że poświęcanie się ludziom i ziemskim rzeczom da nam w zamian siłę, dzięki której zadbamy o wszystkie nasze potrzeby, lecz żaden człowiek i żadna firma nie dysponuje taką siłą. Żaden guru, pastor ani ksiądz nie mogą przez dłuższy czas kierować energią poświęcającej się osoby, nie wywołując przy tym jakiegoś skandalu. Naszym celem nie jest poświęcanie się innemu człowiekowi; powinniśmy raczej kierować nasze oddanie ku górze i tam dzięki niemu docierać.

Brak sensu życia, utrata poczucia własnej tożsamości i potrzeba poświęcenia to trzy najwyraźniejsze objawy wejścia w stan „ciemnej nocy". Z pewnością przypominają one zwykłe kłopoty psychiczne towarzyszące ludzkiemu życiu. Ale gdy ich przyczyna ma charakter duchowy, człowiek nie ma powodów, aby obwiniać za nie innych ludzi. Rozumie, że źródło kryzysu tkwi w nim samym. Negatywna ocena zewnętrznych elementów życia jest skutkiem owego kryzysu, a nie jego przyczyną.

Dobry doradca duchowy może pomóc przejść tę „ciemną noc", bo wiele związanych z nią problemów ma charakter psychologiczny. Przeważnie będzie on szukać przyczyn, przyglądając się negatywnym schematom występującym w związkach uczuciowych danej osoby, począwszy od okresu dzieciństwa. Chociaż rozpoznanie tych wzorców może być pomocne, to najważniejsze jest zbadanie treści dialogu wewnętrznego dotyczącego kwestii duchowych. A więc doradca duchowy pyta na przykład:

- Jakie zadawałeś sobie pytania, próbując znaleźć sens swego życia?
- Jakie twoje lęki dotyczyły pojmowania Boga?

- Czy oceniając swoje życie w kontekście duchowym, uznałeś ja za bezwartościowe?
- Jakie masz marzenia związane z duchowością? Czy uważasz, na przykład, że podążając ścieżką duchową, stajesz się lepszy od innych albo że Bóg bardziej zwraca uwagę na ciebie niż na ludzi, którzy nie są tak zaangażowani w sprawy ducha?
- Czy w swoich modlitwach lub myślach prosiłeś o wyjaśnienie powodów, dla których tak trudno zachować ci wiarę w Boga?
- Czy odnosisz wrażenie, że popełniłeś jakiś błąd w swoich wyborach życiowych?
- Czy uważasz, że zdarzyło ci się kiedyś sprzeniewierzyć własnym zasadom duchowym?
- Czy pragnąłeś kiedyś uzdrowienia?
- Czy kiedykolwiek chciałeś poznać Boga głębiej niż dotychczas?

Nie są to zwykłe pytania psychologiczne. Odpowiedź na nie można uzyskać o wiele łatwiej, gdy spojrzy się na swoje życie w sposób wolny od wszelkich blokad mentalnych i emocjonalnych. Na początku sprawi to, że poczujemy się gorzej, doświadczając „ciemnej nocy duszy". Poznamy bowiem treści kryjące się w naszym sercu i umyśle, zmierzymy się ze swoimi lękami i przekonaniami, zobaczymy swoją ciemną stronę i fałszywych bożków, które nie oddają bez walki władzy nad ludzką psychiką.

Katalizatorem transformacji duchowej i „ciemnej nocy" bywa często choroba. Per, który ma teraz czterdzieści dziewięć lat, projektuje statki pasażerskie – dzięki tej pracy odniósł ogromny sukces finansowy. Przez wiele lat podróżował po całym świecie, spotykał się z ważnymi osobami ze świata biznesu i prowadził bogate życie towarzyskie. I nagle, gdy miał czterdzieści trzy lata, stwierdzono u niego wirusa HIV. W rok później zmarła jego matka, z którą był blisko związany. W rezultacie tych dwóch traumatycznych wydarzeń wpadł w depresję.

Wcześniej Per nie miał szczególnie bogatego życia duchowego. Jak powiedział, ten wymiar nie był mu do niczego potrzebny. Jednak po śmierci matki szukał wsparcia u pastora, ale w religijnej tradycji swej rodziny nie znalazł wielkiego pocieszenia.

Pracował nadal, nie mówiąc nikomu ani słowa o swoim stanie fizycznym i duchowym. Zamknął się w sobie i bał się coraz bardziej, że ludzie dowiedzą się o jego chorobie. Strach i poczucie osamotnienia doprowadziły go niemal do załamania. Zrezygnował z pracy i postanowił na pewien czas wyjechać z miasta. Wrócił do domu swojej matki, znajdującego się w odludnym zakątku w górach. Chcąc się czymś zająć, odremontował cały dom. Wieczorami jedynym sposobem wypełnienia czasu było czytanie książek, toteż pewnego ranka wyruszył do miasta w poszukiwaniu księgarni. I tak oto zetknął się z literaturą poświęconą alternatywnym metodom uzdrawiania i duchowości.

Per wrócił do domu obładowany książkami i przez wiele miesięcy nie robił nic innego poza zdobywaniem wiedzy na temat leczenia alternatywnego, w tym także na temat korzyści płynących z medytacji i wizualizacji. Zainspirowany tą wiedzą, zaczął medytować. Równocześnie zmienił swoje nawyki żywieniowe, wprowadzając zdrową dietę. Odosobnienie, medytacje i makrobiotyka sprawiły, że żył jak pustelnik.

Z upływem kolejnych miesięcy Per odczuwał coraz większy optymizm i nadzieję. Starał się utrzymywać duszę „w chwili teraźniejszej" i świadomie robił wszystko, aby rozwiązać swoje niedokończone sprawy. Podczas medytacji zaczął doświadczać stanów podwyższonej świadomości. Na początku nie miał pojęcia, co się z nim dzieje; wiedział tylko, że ma cudowne doznania.

Zaczął czytać książki na temat mistycyzmu, w których znajdował opisy przeżyć mistycznych, przypominających jego własne. Potem w czasie medytacji, kiedy to, jak mówi, „złożył wizytę w niebie", poczuł, jak jego dusza oddziela się od ciała i wchodzi w wymiar „ekstazy niewyobrażalnej dla człowieka". Gdy przebywał w tym stanie, wszystkie jego lęki się rozwiały i poczuł, że posiadł „życie wieczne".

Po tym wydarzeniu Per postanowił wrócić do pracy. Z każdym kolejnym dniem czuł się coraz silniejszy. Odwiedził swojego lekarza i poprosił go o powtórne badanie krwi. Chociaż nadal był nosicielem wirusa HIV, stan jego układu immunologicznego powrócił do normy. Per mówi, że czuje się „bardziej żywy teraz, kiedy stanął twarzą w twarz ze śmiercią". Całe jego życie koncentruje się obecnie wokół praktyk duchowych i nawet jego kreatywność osiągnęła nowy poziom.

„Nie wiem, jak długo jeszcze pożyję – powiedział mi – ale gdybym nie był nosicielem, też bym tego nie wiedział. Jak na ironię jestem przekonany, że dzięki temu wirusowi jestem zdrowy duchowo. Przeżywam w pełni każdy nadchodzący dzień i czuję, że mam kontakt z miejscem bardziej dla mnie rzeczywistym niż ta Ziemia i to życie. Gdyby ktoś mi zaproponował całą tę wiedzę i doświadczenie, jakie obecnie posiadam, i powiedział, że jedynym sposobem dotarcia do tego miejsca jest zarażenie się HIV, zgodziłbym się, ponieważ to duchowe miejsce ma więcej realności niż wszystko, czego wcześniej doznałem".

Duchowa podróż Pera nie tylko odzwierciedla „ciemną noc", ale świadczy o sile duszy, która może stać się potężniejsza niż ciało. To historia człowieka, który odnalazł drogę do tego, czego od dawna mu brakowało: do oddania się czemuś większemu niż on sam.

PRZETRWAĆ „CIEMNĄ NOC"

Przetrwanie „ciemnej nocy" wymaga wiary, modlitwy i, jeśli to możliwe, pomocy doradcy duchowego. Jeżeli nie można go znaleźć, trzeba szukać wsparcia w literaturze duchowej. Szukanie kogoś, kto rozumie charakter tej wędrówki, przypomina szukanie deski ratunku. Prowadź dziennik, zapisuj swoje myśli i modlitwy, a przede wszystkim nie zapominaj, że pod koniec każdej ciemnej nocy zapala się światło wskazujące nową ścieżkę.

Oddawaj się codziennej modlitwie w sposób najbardziej dla siebie odpowiedni. Oddanie się – ale nie obsesja – ma nadzwyczaj uzdrawiające i kojące działanie. Każdego dnia módl się o tej samej porze: po wstaniu z łóżka, w południe, przed pójściem spać. Wartość modlitwy mierzy się nie czasem, lecz siłą intencji. Wystarczy choćby pięć minut rano i wieczorem Jeśli niektóre modlitwy dają ci poczucie spokoju, uczyń je częścią swojej codziennej praktyki oddania.

Pięćdziesięciosiedmioletni Ron jest byłym księdzem katolickim, który zdobył sławę dzięki swej zdolności uzdrawiania. Odkrył w sobie tę umiejętność, kiedy był młodym kapłanem. Swoje pierwsze doświadczenia z uzdrawianiem opisuje następująco:

„Wiosną 1976 roku poproszono mnie, abym dla grupy osób różnych wyznań wygłosił wykład na temat mocy Boskiej. W tamtym okresie zajmowałem się budowaniem płaszczyzny porozumienia między różnymi tradycjami religijnymi. Pod koniec wykładu jeden z mężczyzn zapytał, czy mógłbym «pomodlić się za chorych obecnych wśród słuchaczy». Zrozumiałem, że mam to zrobić w domu, toteż zapewniłem go, że to zrobię. Wtedy ów mężczyzna wszedł na podium i oznajmił, że «Ron chciałby pomodlić się o zdrowie dla tych słuchaczy, którzy są chorzy».

Kiedy to usłyszałem, mało mi serce nie stanęło. Jako teolog wierzyłem we wszechmoc Boga, lecz «Boska moc uzdrawiania» to przecież coś zupełnie innego. Prawie połowa spośród czterech setek słuchaczy podniosła się z miejsc, aby uczestniczyć w modlitwie. Nie wiedząc, co robić, poprosiłem w myślach o wskazówkę i intuicja podpowiedziała mi, bym po prostu kładł na każdej osobie ręce i zezwolił mocy Boskiej czynić, co trzeba.

Dobrze pamiętam kobietę, która pierwsza stanęła przede mną. Położyłem jedną rękę na jej głowie i z przyzwyczajenia uczyniłem drugą ręką znak krzyża na jej ciele. Nie poczułem nic oprócz lęku. Szybko przesuwałem się od jednej osoby do drugiej, aby w razie czego szybko wyjść z sali. Mniej więcej po czterech miesiącach ta sama kobieta pojawiła się na progu mego kościoła, aby mi opowiedzieć, co się od tamtego czasu wydarzyło w jej życiu. Owego dnia poczuła, jakby błyskawica przeszyła jej ciało. Jednocześnie usłyszała w duszy głos mówiący, aby poszła jeszcze raz do swego lekarza i poprosiła o dalsze badania. Kiedy udała się na wizytę, okazało się, że jest zupełnie wyleczona z nowotworu. Byłem zaszokowany.

Od chwili kiedy mi o tym opowiedziała, moje życie potoczyło się w kierunku, jakiego w ogóle nie planowałem. Skupiłem się na uzdrawianiu ludzi. Zaczęli oni licznie przychodzić do mnie, prosząc o pomoc i chociaż nie miałem pojęcia, jak jej udzielić, przypomniałem sobie pewne zdanie wypowiedziane przez świętego Franciszka: «Uczyń mnie narzędziem Twojego pokoju». Modlitwa ta sugerowała, że mam się poddać sile o wiele większej ode mnie i zaufać, że ona dokona dzieła. Miałem tylko dostarczyć tej «duchowej sile» narzędzia, za pomocą którego będzie mogła działać".

„Ciemna noc" Rona rozpoczęła się w 1987 roku, kiedy zrozumiał, że chce porzucić stan kapłański. Seria wydarzeń doprowadziła go do wniosku, że nie wytrzyma politycznej atmosfery panującej w Kościele i nie przyjmie jego nauk, które uważał za niezgodne z nauczaniem Jezusa.

„Byłem do głębi zrozpaczony, przygnębiony i miałem poczucie, że nie jestem na swoim miejscu. Ale to nie wystarczało, aby odejść. Bałem się, co powiedzą inni, zwłaszcza moja rodzina. Żyłem w strachu przed opinią publiczną, ale okazało się, że kiedy postanowiłem odejść, rodzina mnie wsparła.

I wtedy różne wydarzenia zmusiły mnie, abym stawił czoło samemu sobie, swojej samotności, w sytuacji, która wszystko w moim życiu wywróciła do góry nogami. Naprawdę wierzyłem, że moim celem jest rozwinięcie świadomości duchowej, ale popadłem w głęboki konflikt z pewnym biskupem. W tym samym czasie otrzymałem zaproszenie do programu telewizyjnego Joan Rivers. Przechodziłem akurat kryzys tożsamości. Choć przez dwadzieścia pięć lat byłem księdzem, Joan przedstawiła mnie jako uzdrowiciela duchowego, który leczy za pomocą modlitwy. Poczułem się, jakby uderzył we mnie grom z jasnego nieba i ktoś powiedział: «Oto twoja nowa tożsamość». Właśnie w owej chwili do mojego życia zaczęło powracać światło.

Gdy po programie leciałem samolotem z Nowego Jorku do domu, postanowiłem porzucić kapłaństwo. Wkrótce poznałem głęboko uduchowionego nauczyciela, który mi powiedział, że zdołam wznieść się ponad religię i dzięki temu stanę się bardziej wiarygodny, niż byłem jako kapłan – ta uwaga niezwykle mnie zaskoczyła, bo mimo że porzuciłem zinstytucjonalizowany stan kapłański, nadal czułem się księdzem w głębszym znaczeniu słowa «powołanie».

Wyszedłszy z tego kościelnego grobowca, wkroczyłem na ścieżkę duchowego uzdrawiania. Uwolniłem się od wszelkich znanych mi przywiązań. Pozostałem wierny prawdom mistycznym, które poznałem jako ksiądz, ale zerwałem z naukami religijnymi. Natychmiast zaczęły się przede mną otwierać nowe możliwości, na przykład współpraca ze światem medycznym".

Ron jest obecnie czołowym uzdrowicielem, pomagając nie tylko chorym, ale też ludziom, którzy sami pragną uzdrawiać. Jego przemyślenia dotyczące natury uzdrawiania przez modlitwę są cenne dla wszystkich.

„Przede wszystkim chcę powiedzieć, co znaczy dla mnie określenie «uzdrowiciel z powołania». Jest to człowiek otwarty na przyjęcie Boskiej energii poprzez modlitwę i wykorzystujący ową energię do leczenia poszczególnych osób, a także całej Ziemi. Wielu ludzi uważających się za uzdrowicieli nie ma powołania, mimo że mają dobre chęci. Znakiem rozpoznawczym uzdrowiciela z powołania jest przebyte doświadczenie «ciemnej nocy duszy» i opuszczenia przez Boga. Teraz rozumiem, że to opuszczenie jest zadanym przez Boga pytaniem: «Czy gotów jesteś wierzyć we Mnie nawet w najciemniejszą noc?».

Kiedy czujesz się opuszczony, twoja dusza przechodzi załamanie i zaczynasz rozumieć, że jedynym sposobem przejścia tego piekła jest powrót do Boga i przyjęcie Jego warunków, bez względu na to, czego od tej chwili będą od ciebie żądać niebiosa. Wspomnienie «ciemnej nocy» pozostaje w twojej świadomości jako punkt odniesienia i sprawia, że poddajesz się Bogu, jesteś pokorny oraz wiesz, że zawsze możesz zostać wskrzeszony, choćby noc była najciemniejsza.

Jacy ludzie szukają u mnie pomocy? Przychodzą do mnie nieuleczalnie chorzy – i większość z nich uważa, że Bóg ich opuścił albo ukarał. Zachowują się tak, jakby chcieli powiedzieć: «Jeśli Bóg chce właśnie tego, potrafię to zaakceptować», lecz w głębi duszy z pewnością tak nie myślą. Jest oczywiste, że przeżywają konflikt, ale poza tym, że są fizycznie chorzy, czują również lęk przed poznaniem przyczyny cierpień swej duszy. Niektórzy, kiedy się za nich modlę, mają odwagę powiedzieć Bogu: «Jestem gotów przyjąć Twoją łaskę i korzystać z niej tak jak Jezus, aby uzdrawiać własne lęki i przebaczać tym, którym muszę». Myślę, że otrzymują łaskę, która pokonuje ich fizyczną chorobę.

Czym właściwie jest uzdrawianie przez modlitwę? Polega ono na przywoływaniu Boskiej energii, aby «obdarzyła nas łaską» w sposób, który pozwoli nam poczuć się silniejszymi niż nasza choroba.

Czy wszystkie choroby można leczyć? Oczywiście, ale nie znaczy to, że każda choroba będzie uleczona. Czasem ktoś musi doświadczyć choroby, gdyż pomaga mu to stawić czoło własnym lękom i negatywizmowi. A czasem przychodzi czas śmierci. Śmierć nie jest wrogiem; wrogiem jest strach przed nią. Równie dobrze może stać się ona ostatnim etapem doświadczenia, jakim jest osamotnienie – dlatego czujemy wewnętrzny przymus, by skontaktować się z tymi, którzy odeszli wcześniej, upewnić się, że gdy tam przybędziemy, będzie na nas czekało przyjęcie powitalne.

Czy uzdrawianie przez modlitwę zdobędzie sobie coraz większe uznanie w wyniku rozwoju świadomości duchowej związanego z ruchem New Age? Tak, jeśli zrozumiemy, czym naprawdę jest autentyczna modlitwa. Modlitwa jest świadomym kontaktem człowieka z Bogiem. Nie polega ona na tym, aby zwracać się do Niego, by coś otrzymać – lecz raczej aby z Nim być. Modlitwą nie są słowa kierowane do

Boga, lecz nasze życie z Bogiem. Gdy to zrozumiemy, modlitwa staje się «energetycznym lekarstwem».

Kiedy ludzie ode mnie odchodzą, muszą kontynuować swoją modlitwę, swoje życie z Bogiem. Myślenie o mnie jako o człowieku ponoszącym za to jakąkolwiek odpowiedzialność albo mającym siłę, której im brakuje, jest błędem, który wynika z przekonania, iż księża mają głębszy kontakt z Bogiem niż zwykli śmiertelnicy. To poważne nieporozumienie. Człowiek sam musi mieć własne, odpowiedzialne życie duchowe. Ja tylko «uruchamiam» ową energię, ale ludzie sami muszą utrzymywać pojazd w ruchu".

Praca Rona to jakby odrodzenie się formy uzdrawiania, która istniała zawsze – uzdrawiania przez modlitwę, tu i teraz.

Celem naszego pobytu na Ziemi jest odrzucenie złudzeń i odkrycie wrodzonej mocy własnej duszy. Ponosimy odpowiedzialność za to, co tworzymy, i dlatego musimy nauczyć się działać i myśleć z miłością i mądrością i żyć, służąc bliźnim i całemu stworzeniu.

JAKI JESTEŚ?

1. Na jakie pytania poszukujesz odpowiedzi podczas medytacji i modlitwy?
2. Jakie odpowiedzi na te pytania najbardziej by cię przestraszyły?
3. Czy targujesz się z Bogiem? Czy częściej mu się skarżysz, niż dziękujesz? Czy skłonny jesteś raczej modlić się o coś konkretnego, niż oddawać Mu cześć?
4. Czy podążasz z oddaniem jakąś ścieżką duchową? Jeśli nie, to czy czujesz potrzebę odnalezienia takiej ścieżki? Czy znalazłeś sobie jakieś zamienniki, któ-

rym się poświęcasz? Jeśli tak, wymień je i oceń swój stosunek do nich.

5. Czy uważasz, że Bóg, w którego wierzysz, jest bardziej prawdziwy niż Boska Istota w innych religiach?
6. Czy oczekujesz od Boga, że wyjaśni ci przyczyny twoich bolesnych doświadczeń? Jakie to doświadczenia?
7. Jak zmieniłoby się twoje życie, gdyby nagle Bóg postanowił odpowiedzieć na twoje pytania? I jak by się ono zmieniło, gdyby odpowiedź brzmiała: „Nie mam zamiaru wyjaśniać ci czegokolwiek na tym etapie twojego życia"? Co byś wtedy zrobił?
8. Czy zacząłeś medytować, a potem tego zaniechałeś? Jeśli tak, to z jakich powodów nie udało ci się wytrwać?
9. Jakich znanych sobie świętych zasad nie przestrzegasz?
10. Czy boisz się głębszego kontaktu duchowego z Bogiem ze względu na zmiany, jakie mogłyby nastąpić w twoim życiu?

Posłowie

Przewodnik współczesnego mistyka

Wiem, że nie ja pierwsza głoszę, iż żyjemy w najbardziej ekscytujących czasach. Takich czasów nie było nigdy dotąd. Żyjemy pomiędzy dwoma rodzajami siły, między dwiema rzeczywistościami – wewnętrzną i zewnętrzną, energetyczną i fizyczną. Przekształcamy siebie i nasze związki w bardziej osobistym i duchowym kierunku. Zmiana ta nieuchronnie doprowadzi do przeobrażenia wszystkich aspektów światowej kultury zgodnie ze świętą zasadą: „Wszystko jest jednością".

To, że ludzkość przeżywa dziś kryzys, który dotyka każde państwo, każdy narząd i układ naszego globalnego ciała, ma znaczenie symboliczne. Skażenie radioaktywne, wyczerpywanie się zasobów czystej wody, zanieczyszczenie środowiska i kurczenie się warstwy ozonowej to tylko kilka z wielu problemów o zasięgu ogólnoświatowym. W skali makrokosmicznej groźba katastrof globalnych zmusza nas do prowadzenia polityki zjednoczenia, podobnie jak człowiek stojący w obliczu poważnej choroby musi połączyć wszystkie siły swego organizmu i poukładać swoje sprawy życiowe tak, aby przetrwać. Wyczerpaliśmy możliwości systemu władzy opartego na zasadzie „dziel i rządź". Jego miejsce zastępuje system jednoczenia sił różnych państw, abyśmy mogli przeżyć i bezpiecznie wejść w nowe tysiąclecie. Nasz „wiek informacji", będący układem wzajemnych wewnętrznych powiązań, jest symbolem świadomości globalnej.

Technika informacyjna jest fizycznym odzwierciedleniem naszych energetycznych interakcji. Zbudowaliśmy na zewnątrz to, co już istnieje w naszym polu energetycznym. Z przekazów energetycznych korzysta się wszędzie: w holistycznym modelu zdrowia; w programach i na seminariach „zdrowia i rozwoju" uczących pozytywnych postaw; na treningach sportowych, gdzie nastawienie psychiczne i wizualizację uważa się za równie ważne jak kondycję fizyczną zawodników. Pionierzy działający w rozmaitych dziedzinach, niezależnie od tego, czy ich motywem są pieniądze, pragnienie sukcesów sportowych, czy wyleczenie się z choroby, zwracają się ku płaszczyźnie energetycznej, aby osiągnąć jak najlepsze rezultaty fizyczne.

Z punktu widzenia naszej pierwszej czakry energetyczny wiek cywilizacji określa się mianem „ery informacji", opartej na komputeryzacji biznesu, szkół i domów. Jednak z perspektywy siódmej czakry widzimy, iż jest to era świadomości, która wymaga opanowania właściwych mistykowi zdolności pracy z energią, a więc modlitwy, medytacji, ciągłego poznawania siebie oraz zjednoczenia się wszystkich ludzi.

Jak na ironię, obie te ery są jednym i tym samym; wszyscy kroczymy tą samą drogą.

PRZEWODNIK WSPÓŁCZESNEGO MISTYKA

Myśl w kategoriach jedności.

Oglądaj rzeczywistość z perspektywy patrzenia symbolicznego. Pamiętaj, że wszystkie przeszkody fizyczne i uczuciowe są tylko złudzeniem. W każdej sytuacji szukaj znaczenia energetycznego i nim się kieruj.

Analizuj swoje codzienne decyzje i ich skutki w twoim układzie energetycznym. Dzięki temu zorientujesz się, kiedy tracisz energię wskutek swych lęków i negatywnego myślenia.

Aby uzyskać przewodnictwo, codziennie patrz na święte przesłanie zawarte w twym biologicznym układzie energetycznym (zob. rys. 6.). Pamiętaj o siedmiu świętych zasadach ciała i duszy, czyli:

1. Wszystko jest jednością.
2. Szanujcie siebie wzajemnie.
3. Szanuj samego siebie.
4. Miłość jest Boską siłą.
5. Swoją wolę poddaj woli Boga.
6. Szukaj tylko prawdy.
7. Żyj tu i teraz.

Zasady te, proste i pełne mocy, pomagają umysłowi, ciału i duszy ponownie połączyć się z Boską świadomością. Dopóki korzystasz z tych zasad jako punktów odniesienia, możesz rozpoznać każdy moment, gdy tracisz siłę, i odzyskać swą duszę, jeśli zastanowisz się, której z zasad nie przestrzegasz.

CODZIENNA MEDYTACJA

Podczas codziennej medytacji świadomie koncentruj uwagę na kolejnych czakrach, począwszy od pierwszej i idąc w górę. Gdy skupiasz na nich uwagę:

1. Zadawaj sobie pytania: „Czy tracę energię? Jeśli tak, to jakiego rodzaju lęk pozbawia siły tę część mojego ciała?". Weź głęboki wdech i świadomie odłącz swoją energię od tego lęku.

Rys. 6. Układ energetyczny człowieka: powiązania.

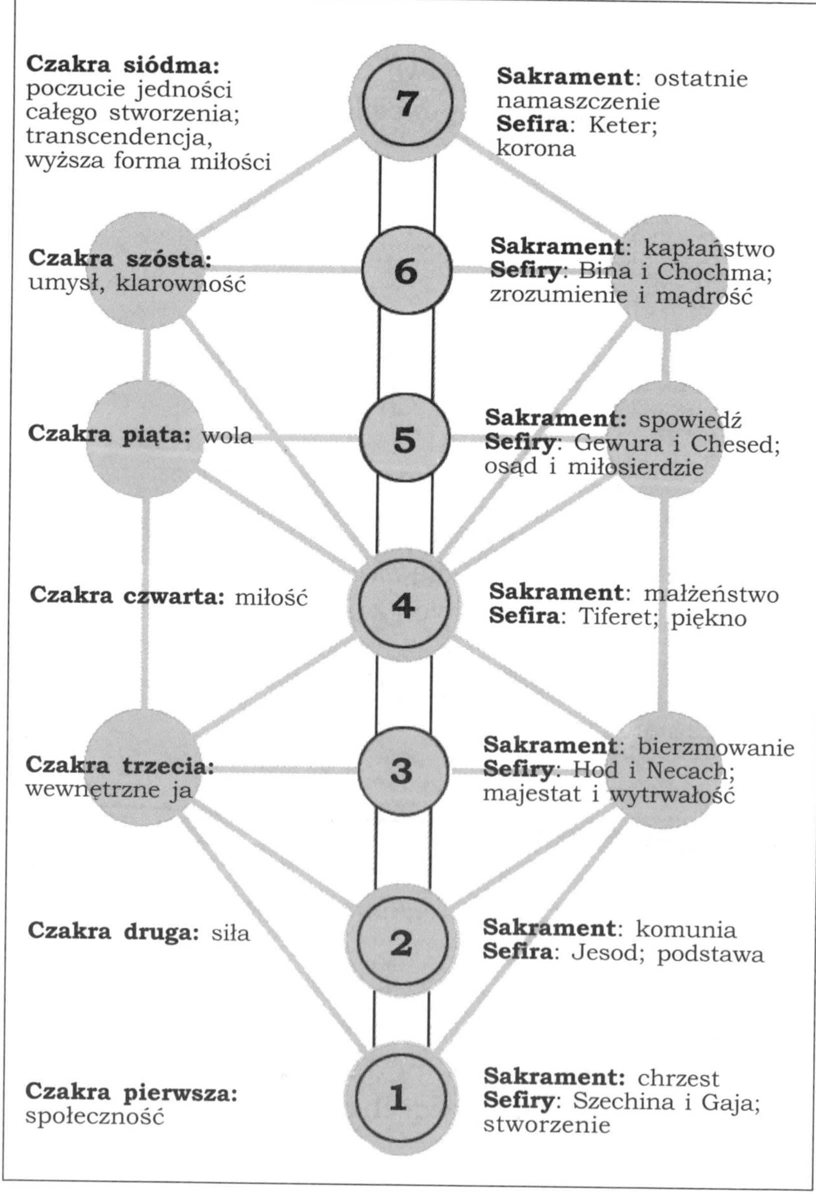

2. Przywołaj ochronne energie duchowych opiekunów, sefir i sakramentów, odpowiadających określonej czakrze.
3. Wejdź świadomie w energię danej czkary i wyczuj działanie energii wzmagające się w tej części ciała.

Przechodź kolejno przez wszystkie czakry, koncentrując się na nich w niżej opisany sposób.

Przy czakrze pierwszej skup się na energii sefiry Szechina i poczuj, jak łączysz się z całym stworzeniem. Następnie skup się na symbolicznym znaczeniu chrztu i pobłogosław życie, które zgodziłeś się przyjąć, oraz rodzinę – własną i w szerszym znaczeniu – która kształtuje ci to życie.

Przy czakrze drugiej skup uwagę na energii sefiry Jesod i wyczuj, jaką energię uwolniłeś z tej części swego ciała w aktach tworzenia. Jeśli jest zanieczyszczona – wypełniona strachem i negatywizmem – zbadaj jeszcze raz swoje intencje. Skoncentruj myśli na energii sakramentu komunii: popatrz na każdą osobę ze swojego życia jako na kogoś, kogo obecność przy tobie ma Boski cel. Jeżeli nie możesz wyraźnie dostrzec tej Boskiej przyczyny, poproś o energię, by zobaczyć ja poprzez iluzje, które tobą władają.

Przy czakrze trzeciej pomyśl o energii sefir Necach i Hod, o integralności i wytrwałości. Oceń własny kodeks postępowania i przypomnij sobie, czy kiedyś zachowałeś się niehonorowo. Jeśli tak, zastanów się nad znaczeniem honoru i poproś o pomoc w dochowywaniu wierności swoim zasadom. Następnie skup się na energii sakramentu bierzmowania, na zobowiązaniu wobec siebie, że będziesz szanować własną godność.

Przy czakrze czwartej skoncentruj się na energii sefiry Tiferet oraz energii miłości i współodczuwania. Zastanów się, czy okazujesz miłość innym ludziom tak samo jak sobie, czy wyrażasz ją również w aktach wybaczania. Pomyśl, czy się o siebie troszczysz i czy realizujesz swe symboliczne powołanie, jakim jest sakrament małżeństwa z samym sobą.

Przy czakrze piątej poświęć uwagę sefirom Chesed i Gewura, miłosierdziu i osądowi, i zastanów się, co myślisz o innych ludziach i o sobie. Oceń swoje wypowiedzi, a jeśli w stosunku do kogoś padły z twoich ust raniące słowa, prześlij mu pozytywną energię. Jeśli powiedziałeś coś niezgodnego z prawdą, świadomie przyznaj przed sobą, że chciałeś innych oszukać, i zbadaj istniejący w tobie lęk, który spowodował to kłamstwo. Na tym polega korzystanie z energii sakramentu spowiedzi. Poproś, aby Światło rozjaśniło ten lęk i dało ci odwagę, byś powstrzymał się od negatywnych zachowań w przyszłości.

Przy czakrze szóstej skup się na energii sefir Chochma i Bina, Boskiej mądrości i zrozumieniu, i nadal oceniaj swoje codzienne postępki. Poproś o mądrość i zrozumienie sytuacji, w których czułeś się zdezorientowany lub przerażony. Przypomnij sobie, jaką obietnicę zawiera sakrament kapłaństwa: każdy z nas ma złożyć życiu określony dar i każdy znajdzie drogę, aby to zadanie wykonać. Nie jest możliwe, byśmy rozminęli się z naszym życiowym celem.

Przy czakrze siódmej zwróć uwagę na energię sefiry Keter, na swój kontakt z Bogiem oraz na sakrament ostatniego namaszczenia. Świadomie doprowadź do końca niedokończone sprawy i uwolnij się od nich. Pozwól energii Boga wpłynąć do twojego umysłu, ciała i duszy i wchłoń ją wraz z oddechem do całej swojej istoty.

Podczas tej codziennej praktyki medytacyjnej ocenisz zdrowie swojego ciała, swojego umysłu i swojej duszy. Stosując tę medytację, zwiększysz poczucie równowagi sił w swoim układzie energetycznym.

Co pewien czas przypominaj też sobie archetyp Ziemi Obiecanej. Nie ma on inspirować nas do poszukiwania „jednorazowych" zewnętrznych rozwiązań wszystkich naszych problemów. Ma raczej zwrócić nas ku naszemu wnętrzu, abyśmy odkryli siłę kryjącą się przed naszym wzrokiem. Mocą naszej duszy możemy rozwiązać każdy dylemat – taka jest Boska obietnica.

Oceniając samego siebie, rozwiniesz zdolność odczytywania energii i wyczuwania wskazówek intuicyjnych. Wymaga to jednak codziennej praktyki – a w trudnych chwilach analizowania siebie nawet co godzinę. Ten prosty świadomy akt połączony z chęcią uczenia się na własnych doświadczeniach, osłabi twoje lęki i wzmocni twą duszę.

Jednak przede wszystkim, gdy nauczysz się mowy swej duszy, stwórz sobie kodeks honorowy odzwierciedlający duchową treść twojej biologicznej istoty. Obecna era świadomości nie zwraca nas jedynie ku temu, byśmy angażowali się w nowe teorie duchowe lub uprawiali gry myślowe polegające na przykład na łączeniu fizyki z buddyzmem zen. Mamy raczej zająć się poznawaniem siebie i osiąganiem dojrzałości duchowej, aby prowadzić życie pełne znaczenia dla nas i dla tych, którzy nas otaczają.

Mamy w sobie mądrość świętych pism. Mamy w sobie boskość. Jesteśmy boskością. Jesteśmy kościołem, synagogą, aśramą. Musimy tylko przymknąć oczy i poczuć energię sakramentów, sefir, czakr jako źródło naszej siły – jako energię napędzającą nasz układ biologiczny. A kiedy zrozumiemy, z jakiego materiału jesteśmy zbudowani, nie będziemy mieć innego wyboru, jak tylko żyć w sposób duchowy.

Podziękowania

Jestem wdzięczna wielu osobom, które wspierały mnie w mojej pracy i brały udział w procesie pisania tej książki. Najgłębszą wdzięczność wyrażam mojemu agentowi, Nedowi Leavittowwi, za to, że skierował mnie ku temu przedsięwzięciu, oraz za jego uczciwość i kompetencje. Zawsze będę wdzięczna mojej redaktorce, Leslie Meredith, za jej niewyczerpany optymizm, niebywały talent oraz ciepłe słowa i troskę. Przede wszystkim jednak zachowam dla niej szczególne miejsce w sercu dlatego, że potrafiła zrozumieć wizję, jaką pragnęłam przedstawić w tej książce, zwłaszcza gdy już podczas pracy wprowadzałam zmiany. Umiała zrozumieć moją ideę. Ogromnie podziwiam jej akademicki umysł i prawdziwe poświęcenie, z jakim przekazuje czytelnikom prace swoich autorów, w tym również moją. Dziękuję także Karin Wood, drugiej redaktorce, za wiele życzliwych słów i niezwykłą pracowitość. Mam też dług wdzięczności wobec Janet Biehl za jej niezwykłe kompetencje w pracy korektorskiej. Z głębi serca składam podziękowania i wyrazy miłości mojej osobistej redaktorce, Dorothy Mills, zarówno za jej profesjonalne wsparcie, jak i za przyjaźń. Dorothy stała się dla mnie źródłem siły i optymizmu i zawsze będę dziękować losowi za to, iż wiele lat temu dał nam okazję się poznać.

Doktor medycyny C. Norman Shealy przez ponad dziesięć lat towarzyszył mi w pracy badawczej. Jest również jednym z moich najbliższych przyjaciół, powiernikiem, doradcą i przewodnikiem. Nie sądzę, bym mogła dziś zajmować się moją pracą, gdyby nie stał się on częścią mojego życia. Słowa wdzięczności to za mało, by wyrazić, co czuję w związku z tym, co dla mnie uczynił. Gorące podziękowania składam też jego cudownej żonie, Mary-Charlotte, która stała się moją serdeczną przyjaciółką i nieodłączną towarzyszką mej pracy, i Robercie Howard, naszej wspaniałej, zawsze pomocnej sekretarce spod znaku Panny.

Wokół siebie mam mnóstwo przyjaciół, których kocham i podziwiam i których życie i praca są dla mnie stałym źródłem inspiracji. Pięć lat temu doktor Christiane Northrup, wspaniała lekarka i autorka, poprosiła mnie o współpracę. Od tamtej pory nadal razem się uczymy. Zaraża mnie swoim poczuciem humoru i energią, jak również poświęceniem się medycynie holistycznej.

Głęboko mnie wzruszały słowa uznania dla mojej pracy, które nieustannie słyszałam od doktor Joan Borysenko. To uznanie jest wzajemne. Doktor medycyny Mona Lisa Schulz, wizjonerka i niezwykle mądra kobieta, dodawała mi otuchy, kiedy najbardziej tego potrzebowałam, i wiele się od niej dowiedziałam na temat uzdrawiania. Ron Roth, utalentowany uzdrowiciel, i Paul Fundson, serdeczny przyjaciel, nieustannie udzielali mi wsparcia duchowego i zawsze będę sobie cenić ich obecność w moim życiu, szczególnie w trudnych chwilach, których nie brakowało w ciągu ostatnich dwóch lat.

Doktor Clarissę Pinkolę Estes poznałam na krótko przed rozpoczęciem pracy nad tą książką. Znalazłam w niej dozgonną przyjaciółkę i zawsze będę wdzięczna za jej poczucie humoru, geniusz, mądrość, głębię duchową oraz wiarę, jaką nam obu dało nasze dziedzictwo duchowe. Słowa podziękowania i miłości kieruję także ku Tami Simon, założycielce Sounds True Recording, która wspierała mnie w pracy, była mi przyjaciółką, okazywała hart ducha i wspaniałomyślność.

Pragnę też podziękować doktorowi Elmerowi Greenowi, „ojcu" metody biofeedback, który służył mi fachową radą podczas realizacji tego projektu. Doktor Green zdobył światowe uznanie za swą pracę w dziedzinie ludzkiej świadomości. Czuję się zaszczycona, że udzielał mi pomocy przez te wszystkie lata mojej pracy nad książką.

Nancy W. Barlett, mistrzyni komputerów, często przychodziła mi na ratunek, gdy pracowałam nad tą książką. Z całego serca dziękuję jej za to, iż wiele razy odwiedzała mnie w domu, wykazując cierpliwość, gdy nie mogłam nauczyć się najprostszych operacji na komputerze. Dziękuję także wspaniałemu zespołowi Danny's Deli za dostarczanie mi co dzień kawy cappuccino – bez cynamonu. Nie macie pojęcia, jak bardzo wasze ciepłe słowa i gościnność pomagały mi znów poczuć się tak jak w rodzinnym domu, w miejscu, gdzie dorastałam.

Wyrazy miłości przekazuję M.A. Bjorkman, Rhei Baskin, Carol Simmons, Kathalin Walker i pozostałym członkom zespołu The Conference Works. W waszej organizacji spotkałam się z troską, która poruszyła mnie bardziej, niż potrafię to wyrazić słowami. Praca z wami była więcej niż przyjemnością, nie tylko dlatego, że szczerze troszczyliście się o moje dobre samopoczucie, ale również dlatego, że w działaniu jesteście tak uczciwi i konsekwentni. Jesteście błogosławieństwem mojego życia.

Na zawsze pozostanę wdzięczna wielu moim bliskim przyjaciołom, którzy są i będą w moim życiu największym skarbem, a których obecności potrzebowałam szczególnie podczas pisania tej książki. Na słowa podziękowania zasługują: Eileen Kee, Susie Marco, Kathy Musker, wielebna Suzanne Fageol, David Luce, Jim Garrison, Penny Tompkins,

Lynn Bell, Carole Dean, Carol Hasler, Ron Roth, Paul Fundsen, Tom Williams, Peter Brey, Kaare Sorenson, Kevin Todeshi, John May, Sabine Kurjo, Siska Pothoff, Judy Buttner, Paula Daleo, Fred Matzer, DeLacy Sarantos i wielu innych, którzy z mojego życia uczynili bogatą tkaninę przyjaźni.

Wyrażam również ogromną wdzięczność wielu osobom, które wspierały mnie w pracy, przychodząc na moje wykłady i warsztaty. Żadne słowa nie oddadzą uznania, jakie czuję dla was wszystkich, którzy odegraliście tak ważną rolę w udoskonalaniu mojego dzieła. Bez waszego entuzjazmu i waszych uwag nie miałabym inspiracji, by kontynuować i wzbogacać tę pracę.

Bardzo przepraszam wiele osób, które zaniedbałam w ciągu tych minionych dwóch lat, gdyż ze względu na napięty plan zajęć nie odpowiadałam na ich listy i telefony.

Ale najbardziej pragnę podziękować za miłość i pomoc, które zawsze otrzymywałam od swojej rodziny, zwłaszcza od mojej drogiej matki. Uważam ją za jedno z błogosławieństw, jakimi Bóg mnie w życiu obdarował. Jej troska, miłość, siła charakteru, wielkie serce i niewyczerpana energia pomogły mi nie tylko napisać tę książkę, ale również uzdrowić siebie samą. Ona zawsze z otwartością witała moje pomysły, bez względu na to, jak były radykalne. Ciepło wspominam nasze rozmowy o Bogu, często trwające do późna w nocy, jakie prowadziłyśmy, gdy byłam na studiach. Nigdy mnie nie zniechęcała, gdy poszukiwałam prawdy. I jako wzór kobiety znającej moc wiary nadal stanowi dla mnie źródło inspiracji. Mój brat Edward, jego żona Amy oraz ich dzieci, Rachel, Sarah i Eddie junior, wypełniają moje życie radością, podobnie jak moja bratowa Mary Pat, brat Joseph i ich dzieci Angela, Alison i Joey. Ci wspaniali ludzie pomogli mi przetrwać trudne chwile. Wiedząc, że wszyscy jesteście nieodłączną częścią mojego życia, czuję wdzięczność za to, że żyję. Wszyscy jesteście moim „domem".

Dziękuję moim drogim kuzynom, których bardzo kocham, za nieustanne wsparcie i dodawanie mi otuchy, choć wiem, że przez większość czasu nie mieliście pojęcia, co robię. Po prostu tak dobrze mieć poczucie, że wierzyliście we mnie w sposób bezwarunkowy. Słowa miłości kieruję ku Marilyn i Mitchowi, Chrissy i Ritchiemu, Pam i Andy'emu, Wandzie, Mitchowi, ojcu Lenowi, cioci Virginii oraz wszystkim pozostałym, jak również ku mojej cudownej ciotce Gen, która niedawno odeszła od nas do nieba. Tak bardzo się cieszę, że mamy siebie nawzajem.

Spis treści

DOTYK KWANTOWY
Uzdrawiająca moc dłoni

Richard Gordon

Dotyk kwantowy to niezwykła metoda uzdrawiania, opracowana i opisana przez autora. Pokazuje on, krok po kroku, jak stosować specjalne techniki oddechowe i koncentrować się na odczuwaniu własnego ciała, by podnieść poziom własnej energii – a wtedy wystarczy zaledwie lekki dotyk, by przesłać uzdrawiającą energię drugiej osobie. Metoda ta może być także z powodzeniem stosowana na odległość. Autor przytacza wiele przykładów skuteczności tej metody, dowodząc jednocześnie, że każdy może ją szybko i bez trudu opanować.